대전환 시대의
사람경영

이 책은 연세대학교 경영연구소의 '전문학술저서 및 한국기업경영연구총서' 프로그램의 지원을 받아 출간되었습니다.

연세경영연구소 총서 시리즈 2022-02

대전환 시대의 사람경영

양혁승 지음

혁신의 시대,
사람경영의 통념 넘어서기

변함없이 함께 동행해준 동연과
'사랑한다는 것은 내가 변하는 것'이라는 깨우침을 주고
감사의 이유가 되어준 사랑하는 석영, 동혁, 혜성,
마음의 여유를 갖고 사랑하는 것이 주는 기쁨을 일깨워준
라온, 여준, 라윤, 여울에게
이 책을 바친다.

서평 및 추천사

패러다임 전환기의 사람과 조직경영에 대한 탁월한 통찰력

신동엽, 연세대학교 경영대학 교수

이 책은 거대한 역사적 변동의 과정에서 자칫 묻혀버릴 수 있는 사람의 문제를 놀라울 정도로 깊이 있으면서 동시에 명쾌하게 다루고 있는 탁월한 저술이다. 지금 전 세계 모든 조직과 개인들의 삶을 근본적으로 변화시키고 있는 역사적 사건이 바로 '디지털 전환 Digital Transformation'이라고도 불리는 '4차 산업혁명The Fourth Industrial Revolution'이다. 전 세계가 이 정도로 광범위하고 급격하게 바뀐 것은 인류 역사상 최대의 변혁으로 불리는 20세기 초의 현대 산업사회 도래 이후 100여 년 만에 처음이다.

'디지털 전환'이라는 명칭에서 알 수 있듯이 4차 산업혁명의 촉발제가 인공지능, 빅데이터, 사물인터넷, 블록체인 등 최근 디지털 기술의 급속한 발전이기 때문에 국내는 물론 해외에서도 논의의 초점이 주로 기술과 시장에 맞춰져 왔고, 사람에 대한 관심은 인공지능에 의한 선발과 평가 같은 인사 기능의 대체에 주로 한정되어왔다. 이 새로운 환경의 발전 방향과 속도를 결정할 뿐 아니라 그 과정에서 초래될 엄청난 변화와 혼란을 현장에서 감당해야 하는 주체가 사람이라는 사실을 고려하면 서둘러 극복되어야 할 심각한 한계이다. 이 책은 바로 이 시대적 요구를 충족시켜주는 세계적으로도 가장 앞선 시도일 뿐 아니라 그 내용의 깊이와 폭에서 국내외를 막론하고 단연 가장 뛰어난 명저이다.

무엇보다 제목부터 시작해 책 전체에서 반복적으로 사용되고 있는 '사람경영'이라는 낯선 표현이 눈길을 사로잡는다. 저자가 국내외 학계에서 20년 이상 꾸준히 사용해온 이 표현은 매우 중요한 시사점을 가진다. 김춘수 시인이 그의 절창 「꽃」에서 꽃이라고 '이름을 불러주었을 때 나에게로 와서 꽃이 되었다.'라고 했듯이 인간의 사고와 행동에는 명칭이 중요한 의미를 가진다. 학자와 실무자들 대다수가 당연시하며 사용해온 '인적자원관리'라는 일반적 명칭을 거부하고 굳이 '사람경영'이라는 낯선 표현을 고집하는 저자의 의도는 사람은 원자재나 자금 등 일반적 자원과 같은 관리의 대상이 아니라 모든 조직과 경영의 주체라는 의미를 강조하기 위한 것이다. 이런 맥락에서 4차 산업혁명이라는 역사적 대변동에 대한 고찰에서도 저자는 주체로서의 사람의 문제에 중심을 두고 있는 것이다.

이 책은 역사적 패러다임 전환기에 반드시 생각해보아야 할 사람경영의 이슈들을 광범위하게 다루고 있지만, 특히 뛰어난 점은 4차 산업혁명이 가지는 패러독스, 즉 양면성을 꿰뚫어보는 역사적 통찰력과 이를 창조적으로 극복하기 위한 변증법적 해결 방안의 제시이다. 이 책은 4차 산업혁명에 대해 봇물처럼 쏟아져 나오고 있는 국내외 다른 책들과 달리 이 새로운 기술 환경의 상상을 초월하는 놀라운 가능성을 맹목적으로 극찬하지 않고, 그 위험과 부작용들도 균형 있게 토론한다. 그중에서도 특히 저자는 이 책의 처음부터 마지막 장까지 다음 세 가지 핵심 패러독스를 반복해서 고찰하면서 변증법적으로 극복하려고 시도한다.

첫 번째는 규범주의Prescriptivism와 실용주의Pragmatism 간 패러독스이다. 저자는 4차 산업혁명의 위험과 부작용을 명확히 인식하고 있지만, 경직된 규범주의에 사로잡힌 일부 비판적 좌파 학자들과 달리 이 새로운 기술 환경이 조지 오웰George Orwell의 소설 『1984』에서 묘사한 디스토피아를 초래할 것이라고 보지 않고, 오히려 무수한 긍정적 가능성을 창출할 것이라고 전제한다. 그러나 동시에 대다수의 기능주의Functionalism적 우파 학자들과 달리 이 과정에서 자칫 사람과 그들의 삶이 사회의 주변부로 밀려날 위험을 명확히 인지하고 새로운 시대가 요구하는 새로운 사람경영 패러다임으로 적극적으로 대응할 것을 요구한다. 저자가 이 책에서 사람을 강조하는 것은 단순히 인간에 대한 깊은 개인적 몰입과 공감 때문만은 아니다. 시대 환경이 규모의 경제에 기반한 양적 효율성 경쟁에서 상시 창의적 혁신 경쟁으로 전환하면서 시스템이나 전략보다 사람이 경쟁력의 핵심이 되기 때문이기도 하다. 즉 이 책의 사람 중심 관점은 인간존중의 규범주의적 가치관과 새로운 환경에서 전략적 경쟁우위를 달성하기 위한 실용주의적 사고를 동시에 강조하고 있는 것이다.

두 번째는 이론Theory과 실천Practice 간 패러독스를 멋지게 극복한다. 기존 경영학 저술은 대부분 이론 중심적 접근과 실천 중심적 접근이 극단적으로 양분화되어 있다. 대중들에게 인기 있는 '경영 구루'들의 저술은 통찰력은 뛰어나나 논리적 기반이 약하다. 이에 비해 연구 중심적 학자들에 의한 저술은 이론적 논리는 탄탄하나 실세계 경영 상황에 대한 실천적 시사점 제공에는 한계가 있다. 그런데 이 책은 글로벌 학계의 최첨단 이론들을 광범위하게 자유자재로 활용하면서도 이들이 어떻게 실제 경영 현장에서의 의사결정과 행동에 연결될 수 있을지를 너무나 이해하기 쉽게 토론하고 있다.

예를 들면 이 책은 4차 산업혁명 시대의 경쟁의 규칙인 창의적 혁신의 조건들과 구체적 실행 방안을 제시하여 현장 경영자들이 즉시 활용할 수 있도록 하지만, 그 실천적 실행 방안의 도출 과정에서는 깊이 있는 최첨단 순수 이론들의 통찰력을 적극 활용하고 있다. 이를 위해 저자는 창의적 혁신의 원천으로서 합리적 선택이론에서 전제하는 이기적 효용 극대화의 양면성과 한계를 재검토하고, 그 대안으로 내재적 동기 관점을 제시하며, 조직학습이론의 관점에서 창의적 혁신을 위한 여유자원Slack의 중요성을 강조하면서 기존 효율성 극대화 관점의 양면성과 한계를 고찰하는가 하면, 네 가지의 대안적 사람경영 모델에 전제된 실물옵션이나 양손잡이 조직과 같은 서로 다른 이론적 기반들을 비교 설명한다. 또한 구성원과 조직 간 관계의 대안적 모형들을 제로-섬과 포지티브-섬 게임 이론 간 대비를 통해 토론하고, 그 외에도 실패로부터의 학습 등 무수한 사회과학이론들을 광범위하게 활용하고 있다.

세 번째는 많은 사회이론이 당면한 동시성Synchronism과 통시성Diachronism 간 패러독스를 능숙하게 극복하고 있다. 이 책은 바로 지금 현재 동시대를 살아가는 전 세계 개인과 조직들이 당면한 생생한 경험인 디지털 기술에 의한 일상생활의 근본적 변화를 광범위한 영역에 걸쳐 최신 발전 상황에 초점을 맞추어 현재진행형으로 다루고 있다. 그러나 저자는 이런 현상의 의미와 원인은 100여 년 전 현대 산업사회를 도래하게 했던 대량생산 기술과 테일러리즘식 조직경영의 한계를 극복하기 위한 지난 100년간의 다양한 시도들의 연속선상에서 찾는 역사적 통시성을 보여주고 있다. 즉 저자는 20세기 대표 경영 패러다임인 테일러와 포드 등에 의한 과학적 관리법과 관료제의 통제 지향적 인적자원관리로부터 20세기 후반에 대안으로 등장한 자율경영과 이 책에서 강조하고 있는 몰입 지향적 사람경영으로의 100여 년에 걸친 역사적 대전환 과정 속에서 현재 진행 중인 4차 산업혁명의 사람경영을 설명하고 있는 것이다.

이 세 가지 역사적 패러독스에 대한 토론의 내면에는 저자의 인간과 조직과 사회의 미래에 대한 깊은 애정과 희망이 굳건하게 자리잡고 있다. 따라서 저자는 독자들에게 미래에 대해 진취적이고 긍정적인 자세로 힘차게 대응할 것을 권유하고 있다. 이런 의미에서 저자는 노자의 『도덕경』의 첫 구절인 "도가도비상도道可道非常道 명가명비상명名可名非常名'으로 이 역작을 마무리한다. 본 추천인이 짐작하기에 '도는 한 번 규정되면 결코 변하지 않는 고정된 것이 아니며, 같은 명칭도 항상 같은 의미를 가지는 것이 아니다.'라는 고전을 인용하는 저자의 의도는 독자들에게 역사 발전과 특히 미래에 대해 완전히 열린 자세를 가질 것을 권고하기 위한 것으로 보인다. '혁명'이나 '전환' 등 현시대 상황을 묘사하는 명칭들은 급격한 역사적 불연속성을 강조한다. 앞으로 살아갈 세상은 이제까지와는 전혀 다르다. 우리가 이제까지 당연시해오던 사람과 조직, 경영에 대한 많은 전제, 이론, 상식들이 더 이상 통하지 않게 될 것이다. 대신 역사 발전에 대한 열린 자세로 이전과 전혀 다른 시대 환경에 적합한 완전히 새로운 이론, 개념, 그리고 실천 방안들을 적극적으로 찾아나가야 할 것이다.

이런 면에서 저자는 보다 긍정적이고 희망적인 자세로 이 역사적 환경 변화가 가져올 놀라운 가능성들을 적극적으로 실현하면서 동시에 의도치 않은 부작용과 문제에 대해 철저하게 대비하고 해결하라는 양면성을 요구한다. 이 책의 대전제는 이런 모순 극복의 해결책은 물론 창의적 혁신이며, 그 한가운데 자리 잡고 이 과정을 아름답게 이끌어나가는 것이 바로 사람이라는 것이다. 이런 면에서 저자가 대역작을 마무리하는 아래의 마지막 문장은 큰 울림을 가진다.

"기존에 확립된 사고체계와 지식체계는 변화하는 현실을 있는 그대로 담아낼 수 없기에 우리 안에 정답으로 자리 잡은 것들의 경계 너머에 있는 이질적이고 다양한 사고 및 지식체계와 끊임없이 대화해야 할 필요성을 절감한다. 오늘날과 같은 대격변기의 역동적 환경은 더 이상 정답을 전제한 사고방식을 허용하지 않으며, 앎과 모름 사이의 경계에 서 있는 개인과 조직들에게만 창의적 혁신의 길을 빼꼼히 보여줄 것이다."

결론적으로 이 책은 현재 진행 중인 21세기 전반 최대의 역사적 변동인 4차 산업혁명에 대해 국내는 물론 해외 출판계에서 나온 적

없는 탁월한 저술로서 모든 경영자와 학자는 물론 현시대의 본질에 대한 수준 높은 지식에 갈급함을 가진 모든 개인이 반드시 읽어야 할 필독서이다. 일독을 강하게 추천한다.

추천사

기업이 다양한 환경적 전환기에 어떻게 생존하고 혁신해가야 할지를 설득력 있게 논의

배종석, 고려대학교 경영대학 학장

이 책은 저자가 경영학 및 사람관리 분야의 학자로서 오랜 세월 숙고하고 연구하고 실천해오던 것을 자신의 언어로 독자와 소통하려고 정리한 총체이다. 저자와 오랜 세월 함께 사람관리와 기업조직과 경영에 대해 심도 있는 토론과 아이디어를 교류해온 경험과 저자와의 신뢰적 관계에 비추어볼 때 이 책의 내용은 경영과 사람관리에 대한 보증된 참된 믿음warranted true belief, 즉 지식에 가까울 것이라 생각된다. 그리고 이 책은 관점이 있고, 주장이 담겨 있으며, 방향을 제시한다. 무엇보다도 다양한 전문적인 문헌을 인용하면서 탄탄한 이론적 토대를 제공하면서도 쉽게 읽히도록 정리하고 있다.

이 책은 삶과 행위의 주체자인 사람과 그 주체들이 살아가고 있는 환경인 세상과 사회세계를 다루고 있고, 행위의 주체인 사람을 어떻게 관리할지에 대한 현상과 원인과 방향을 분석하고 평가하고 해석하고 제안한다. 이런 논의에서 가장 깊은 전제는 행위자에 대한 이해일 것이다. 이 책의 저변에는 사람의 다차원적 인격성에 대한 사상과 그 주체들이 함께 사회적으로 공존을 추구해야 한다는 관점이 깔려 있다. 주류 경영학에서 주장되어온 사람에 대한 통념들을 거부하는 것이다. 주체자에 대한 충분한 고려 없이 제도만 바꾸면 된다고 보고 쉽게 조직을 변화시키려는 시도를 거부하고 주체자에 대한 깊은 고민을 담았다.

그러나 이 책은 사람관리에 대해 논의하지만 주체자에 한정하지 않고 다양한 구조와 제도의 성격에 주목하고 있다. 조직사회는 구조와 제도의 총체이다. 따라서 조직에서 지위를 가지고 업무를 수행하는 사람들의 지속적 관계들의 체계라 할 수 있는 사회적 구조와 규칙, 관습, 규범, 가치, 풍습 등과 이들의 체계인 제도가 중요해진다. 전통적인 원리나 시장의 원리가 아닌 자율적 개인들이 협업을 통해 이뤄나갈 그런 구조와 제도의 구축을 제안하며 사람관리 접근에 대한 새로운 방향성을 제시하고 있다.

기업은 사람과 구조·제도의 역동적 관계를 통해 경영의 궁극적 목적으로 나아가는 것을 상정한다. 개인적으로 경영의 궁극적 목적은 인류가 더불어 좋은 삶을 누리도록 돕는 것이라고 믿고 있다. 이 책은 이러한 궁극적 방향성을 지향하는 가운데 기업이 다양한 환경적 전환기에 어떻게 생존하고 혁신해가야 할지를 논의한다. 이 논의를 하면서 우선순위와 원칙이 무엇이어야 하는지를 설득력 있게 설파한다.

마지막으로 이 책은 비환원주의적 이론을 지향한다고 생각한다. 주류 경영학에서 어느 한쪽에 치중되거나 왜곡된 주장들과 통념들에 대해 균형 잡힌 시각으로 바로잡거나 통합적 접근을 시도한다. 주체자인 사람과 구조·제도의 조화로운 접근, 사람관리에서 행위자의 존재와 역할의 강조, 혹은 사람의 누구됨whoness과 무엇됨whatness의 공존, 인사 시스템의 다층성 수용, 활용과 탐험의 균형 등에서 그런 시도를 엿볼 수 있다.

이 책은 읽히기 쉬우나 실천하기 쉽지 않은 내용을 담고 있다. 스탠퍼드 경영대학원의 제프리 페퍼Jeffrey Pfeffer 교수는 이를 '1/8 법칙'이라고 명한 바 있다. 이 책의 내용과 같은 주장에 대해 독자의 절반은 믿지 않고, 남은 절반의 사람들은 부분적으로만 적용하고, 또 남은 절반은 전체를 단기적으로만 적용하여 그 열매를 보지 못한다는 것이다. 나머지 1/8만이 전체를 장기적으로 적용하여 좋은 결과를 확보한다는 것이다. 이 책의 내용을 잘 이해하고 실천한다면 좋은 열매로 이어질 것이라 믿는다. 일독을 통해 바른 경영doing good과 능한 경영doing well의 조화를 통해 인류가 더불어 좋은 삶을 누리는 것에 기여하는 기회를 삼기를 권한다.

추천사

대변혁기 혁신 조직을 꿈꾸는 기업들에게 변화의 출발점과 지향점에 대한 혜안 제시

강성춘, 서울대학교 경영대학 교수

지금 우리는 4차 산업혁명으로 대변되는 대변혁기에 살고 있다. 새로운 기술과 경쟁원리가 시장을 지배하고 있고, 기업은 점진적 변화를 넘어 파괴적 혁신을 주도하지 않으면 하루아침에 소멸할 수 있다. 새로운 경쟁 환경에서 살아남기 위해 기업은 시장과 기술의 변화를 주목하고 사업과 전략과 구조를 재편해야 한다. 하지만 "문화는 아침으로 전략을 먹는다."라는 말이 있다. 피터 드러커Peter Drucker가 말한 이 격언처럼, 아무리 좋은 전략도 문화가 뒷받침되지 않으면 한 끼 식사처럼 사라져버릴 수 있다. 대변혁기 기업의 성장과 생존을 위해 무엇보다 시장과 전략의 변화를 선도할 수 있는 문화적 변혁이 필요하다. 양혁승 교수의 저서 『대전환 시대의 사람경영』은 폭넓은 이론과 깊이 있는 통찰력으로 대변혁기 혁신 조직을 꿈꾸는 기업들에게 변화의 출발점과 지향점에 대한 혜안을 제시한다.

제목에서도 엿볼 수 있듯 저자는 혁신 조직으로의 변화를 위한 출발점을 '사람경영에 대한 일반적 통념에서 벗어나기'로 규정한다. 지금까지 기업을 지배하는 조직운영의 원리는 관료주의와 통제였다. 전문화, 위계, 엄격한 절차를 강조하는 관료주의와 테일러의 과학적 관리론이나 성과주의와 같은 '통제형' 사람관리는 효율성과 안정성을 극대화함으로써 기업 성장을 견인해왔다. 하지만 전통적 산업의 강자들이 창의성과 파괴적 혁신으로 무장한 기업들과 경쟁에서 허망하게 무너지는 사례들에서 볼 수 있듯, 효율성과 점진적 개선만으로는 더 이상 기업의 생존과 성장이 보장되지 않는다.

탈관료주의는 이제 기업 생존의 필수조건이다. 하지만 표면적인 제도와 구조적 개선만으로는 관료주의를 타파할 수 없다. 관료주의와 통제형 사람관리의 이면에는 인간의 이기심과 합리성, 능력주의와 경쟁, 자율보다 통제의 효율성 등 사람에 대한 일반적 통념이 자리 잡고 있다. 일찍이 더글러스 맥그리거Douglas McGregor는 인간 동기화에 관한 X이론과 Y이론 중 어떤 인간관이 보다 유용한지 판단하기 어렵지만, 기업이 X이론에만 의지하다 보면 인간에게 동기를 부여할 수 있는 많은 강력한 원천들을 간과할 수 있다는 점을 경고했다. 사람에 대한 기존의 통념 위에 세워진 새로운 제도와 구조는 구성원들이 이해하기도, 신뢰하기도 어렵다. 혁신적인 제도와 구조를 도입한 기업에서 내부의 반발과 냉소주의가 자주 목격되는 이유이다. 저자는 경영자들의 사고를 지배하는 일곱 가지 일반적 통념들을 제시하면서, 이런 통념들이 어떻게 사람들이 창의성과 혁신을 추구하는 것을 부자연스럽게 만드는지를 아주 명쾌하게 설명한다.

　책의 전반부는 경영자들에게 사람에 대한 일반적인 통념에서 벗어날 수 있는 확신을 심어주고 후반부에서는 창의성과 혁신이 발현될 수 있는 사람에 대한 새로운 가정과 신념 그리고 '혁신 지향 몰입형 인사 시스템'이라는 제도적 변화 방향을 제시한다. 경영자들이 인사 시스템을 설계하고 실행할 수 있는 구체적인 가이드라인을 제공한다. 특히 저자가 제시한 '혁신 지향 몰입형 인사 시스템'은 전통적인 몰입형 인사 시스템에 토대를 두지만 4차 산업혁명 시대에 필요한 유연성과 혁신의 요소를 통합했다는 점에서 이론적·실무적으로 큰 의미를 지닌다.

　인사는 종종 이론적 근거가 부족하고 학문적으로 깊이가 얕다는 비판을 받곤 한다. 하지만 양혁승 교수의 이번 저서 『대전환 시대의 사람경영』은 인사가 경제학, 사회학, 철학, 생물학 등 다양한 학문으로부터 통찰력을 얻을 수 있다는 것을 보여준다. 저자의 학문적 깊이를 음미하는 것도 즐겁지만, 이 책은 기업이 대변혁기를 헤쳐나갈 수 있는 구체적이고 현실적인 가이드라인을 제시한다는 점에서 매우 실용적인 사람관리 지침서라 할 수 있다. 이 시대를 살고 있는 평범한 사람들의 '감추어진 힘'과 잠재력을 믿는 경영자들과 모든 사람에게 이 책의 일독을 권한다.

추천사

좋은 인재가 머물고 싶은 회사를 만들고 싶다면 꼭 읽어야 할 책

김승일, 모두의연구소 대표

코로나 팬데믹, 4차 산업혁명, MZ세대 등 이 시대를 대표하는 키워드들을 생각해보자. 이 키워드들은 다양한 특성을 가지고 있지만, 그중에서도 가장 대표적인 특성을 꼽자면 '빠른 변화'이다. 이제 기업들은 이렇게 빠른 변화의 속도 속에서 끊임없이 새로운 아이디어를 만들어내고, 린lean하게 구현해내며, 시장의 니즈와 그 변화에 맞춰 제품을 수정할 수 있어야 살아남는다. 또한 언제든지 제품이 시장에서 실패할 수 있기 때문에 창의적인 설계와 구현 역시 필수적이다.

나 역시 스타트업에 6년간 몸담으며 세상에 없던 새로운 AI 연구 커뮤니티 서비스인 모두의연구소도 만들어보고, 더욱 발전시켜 AI 혁신학교 AIFFE(아이펠)을 설립하기도 했다. 하지만 그런 새로운 시도들이 성공할 수 있었던 것은 단연코 사람, 즉 우리 회사의 임직원들 때문이었다.

2015년 1인 기업으로 시작했던 모두의연구소는 이제 100여 명 임직원 규모의 회사로 성장하였다. 이 성장은 일찌감치 문화 디자이너Culture Designer를 채용하고 피플팀을 강화했던 사람경영에 기인한다고 단언할 수 있다. 2017년 10여 명의 직원이 함께하던 시절부터 조직문화와 운영전략의 중요성을 깨닫고 수평적 조직구조 설계, 정보의 투명성과 그로부터 얻어지는 소통과 신뢰, 주어진 목표와 전략 속에서 실행 방법의 자율성 및 자기주도성 확보, 애자일한 프로젝트 관리 등 우리만의 일하는 문화를 지속적으로 갖춰나갔다.

이렇게 회사를 성장시킬 수 있었던 가장 큰 요인이 '사람'이라고 말했지만, 반대로 회사를 운영하는 데 가장 어려운 요인이 되는 것 역시 아이러니하게도 '사람'이다. 인간은 다양하게 생각하고 판단하며, 서로 다르게 행동하고, 각자 원하는 것도 모두 다르다. 이런 다양성이야말로 회사의 발전에 큰 밑거름이 될 수 있다. 그럼에도 불구하고 그들 모두를 하나의 방향을 바라보게 만드는 것은 쉽지 않은 일이다.

이 책은 요즘과 같이 빠르게 변하는 시장 상황 속에서 신뢰, 수평, 상호협력, 자율, 창의, 혁신을 이끌어낼 수 있는 사람경영이 무엇인지 명확히 알려주고 있다. 이제는 자율성을 확보한 사람경영을 위해 낡은 인사 시스템을 버리고 혁신을 지향해야 할 때이다. 그리고 이 시기에 이 책은 여러분들에게 정말 좋은 이정표가 될 것이라고 확신한다. 좋은 인재가 오고 싶어 하고, 좋은 인재가 마음껏 역량을 발휘하고, 그 좋은 인재가 떠나지 않는 회사를 만들고 싶다면 꼭 이 책을 읽기를 추천한다.

Contents

서평 및 추천사 패러다임 전환기의 사람과 조직경영에 대한 탁월한 통찰력 • 6
      (신동엽, 연세대학교 경영대학 교수)

추천사 기업이 다양한 환경적 전환기에 어떻게 생존하고 혁신해가야 할지를 설득력 있게 논의 • 13
      (배종석, 고려대학교 경영대학 학장)

추천사 대변혁기 혁신 조직을 꿈꾸는 기업들에게 변화의 출발점과 지향점에 대한 혜안 제시 • 16
      (강성춘, 서울대학교 경영대학 교수)

추천사 좋은 인재가 머물고 싶은 회사를 만들고 싶다면 꼭 읽어야 할 책 • 19
      (김승일, 모두의연구소 대표)

프롤로그 혁신의 시대가 요구하는 경영 패러다임으로의 전환 • 26

1부 | 조직경영 패러다임의 대전환

1장 4차 산업혁명 전개와 조직 변화
  01 지금까지 존재하지 않던 세상 • 38
  02 비즈니스 경쟁 생태계의 지각변동 • 43
  03 조직경영 패러다임 변화 • 46
  04 혁신의 시대, 전략보다 사람이 먼저 • 49

2장 경영 패러다임에 영향을 미치는 요인
  01 경영 환경의 특성 • 55
  02 인간관과 조직구성원들의 역량 수준 • 63
  03 정보기술의 발전 수준 • 68

3장 경영 패러다임의 세기적 변화 방향

01 과학적 관리법과 관료제, 20세기형 조직관리 모델 • 76
02 자율경영 패러다임의 부상 • 81
03 통제 지향 사람경영에서 몰입 지향 사람경영으로 • 84

2부 | 사람경영에 대한 전략적 접근

4장 전략적 사람경영의 이해

01 전략적 접근을 뒷받침하는 이론들 • 94
02 다층구조의 인사 시스템 • 102
03 보편론과 상황론의 통합적 이해 • 106
04 효과적 사람경영의 필요조건 • 109

5장 사람경영에 관한 일반 통념 넘어서기

01 인간은 합리적 존재인가? • 121
02 이기적 경제인이라는 기본 전제는 타당한가? • 124
03 능력주의는 공평한가? • 131
04 내부경쟁을 강화하면 경쟁력이 높아지는가? • 138
05 개인 동기 극대화가 조직 성과 극대화로 직결되는가? • 149
06 20:80 현상은 자연발생적일까? • 154
07 시장규칙이 사회규범보다 더 효과적일까? • 160

3부 | 혁신 지향 사람경영의 토대

6장 창의성과 혁신의 발현 조건
- 01 혁신, 지속 성장을 위해 가야만 하는 길 • 176
- 02 혁신의 부자연성, 혁신에 대한 현실적 이해 • 181
- 03 창의성과 혁신의 발현 조건 • 186

7장 새로운 인사 시스템의 기초 모델
- 01 고몰입 인사 시스템 • 213
- 02 유연 지향 인사 시스템 • 219
- 03 실물옵션형 인사 시스템 • 225
- 04 양손잡이 조직 모델 • 228

4부 | 혁신 지향 사람경영의 구현

8장 혁신 지향 몰입형 인사 시스템

- **01** 관료제 조직운영 패러다임 탈피 • 235
- **02** 신뢰, 혁신 지향 몰입형 인사 시스템의 토대 • 238
- **03** 디지털 전환, 21세기 조직운영의 기본 인프라 • 240
- **04** 관리 범위의 확대와 조직의 수평화 • 246
- **05** 21세기형 인재 확보 전략 • 249
- **06** 구성원의 혁신역량과 고용적격성 제고 • 255
- **07** 성과관리 패러다임의 전환 • 261
- **08** 보상 패러다임의 전환 • 274
- **09** 인사 시스템의 유연성 제고 • 284

9장 패러다임 전환을 위한 변화관리

- **01** 패러다임 전환 시 부닥치는 난관 • 295
- **02** 자율경영을 제약하는 관행과 제도 철폐 • 299
- **03** 기본 골격 위에 자율경영의 점진적 확대 • 303
- **04** 리더들의 역할 전환 • 307
- **05** 국부적 변화부터 시작 • 311

에필로그 기존 사고의 경계를 넘어 • 314
참고문헌 • 319
주석 • 323

프롤로그

혁신의 시대가 요구하는 경영 패러다임으로의 전환

성과주의 경영은 IMF 외환위기 직후부터 한국 기업들 사이에 광범위하게 확산되며 대세가 되었던 경영 기조이다. 1980년대 들어 전 세계적으로 확산된 신자유주의 흐름을 타고 시장의 글로벌화가 본격화되었다. 기업들은 이 흐름에서 기업 간 경쟁이 치열해진 데 대한 대응책으로 성과주의를 채택하기 시작하였다. 잭 웰치Jack Welch는 1981년 GE의 회장 겸 CEO로 취임한 후 '1등 아니면 2등'이라는 기준을 적용하여 대대적으로 사업부 구조조정, 인력 구조조정, 식스 시그마, 상대평가 등을 시행함으로써 방만했던 조직을 전면적으로 개혁했다. 그는 취임 당시 시가총액 120억 달러 10위 기업을 2001년 4,800억 달러 1위 기업으로 탈바꿈시켰다. 잭 웰치는 이를 통해 가장 상징적이고도 영향력이 큰 성과주의 경영의 아이콘으로 떠올랐다. 한국의 주요 기업들도 IMF 외환위기라는 전대미문의 위기를 겪으면서 GE를 비롯한 글로벌 기업들을 벤치마킹하며 성과주의 경영에 본격적으로 뛰어들기 시작하였다.

하지만 2000년대 후반기에 접어들자 시장경쟁 생태계에 지각변동이 본격적으로 나타나기 시작했다. 2007년 애플이 모바일 스마트폰을 출시함으로써 컴퓨터와 휴대폰 시장의 지각판을 뒤흔들었고, 구글, 아마존, 페이스북, 넷플릭스, 우버 등 디지털 플랫폼을 기반으로 한 새로운 비즈니스 모델들이 오프라인 기반의 비즈니스 생태계를 본격적으로 뒤엎기 시작했다. 이러한 흐름 속에서 급기야 2018년에는 20세기 산업화 시대를 대표하며 화려하게 꽃피웠던 GE가 미국의 대표 기업들의 리스트라 할 수 있는 다우존스 산업평균지수DJIA에서 퇴출되었다. 효율성 기반 경쟁에서 강한 면모를 보였던 거대 기업들이 시장경쟁에서 밀려나고 혁신 게임에 강한 신흥 강자들이 전면에 등장하기 시작하였다.

그동안 산업화 후발주자의 이점이라 할 수 있는 모방에 기반한 효율성 극대화 전략을 통해 압축성장을 경험해온 한국 기업들도 지각판의 변동에서 자유로울 수 없기에 새롭게 형성된 혁신 기반의 초경쟁 환경에서 커다란 위기에 직면했다. 산업화 시대에 경쟁우위의 주 무기로 유효했던 규모의 경제와 그에 기반한 효율성 극대화 전략이 20세기 말에 정점을 찍은 후 이곳저곳에서 돌발하는 파괴적 혁신 앞에 무기력함을 드러내고 있기 때문이다. 오히려 효율성 극대화를 뒷받침해온 관료제 조직운영과 통제 지향 사람경영 패러다임은 창의적 혁신을 제약하며 기업들의 변화 적응력을 떨어뜨리는 역작용을 불러일으키고 있다.

지각판이 바뀌면 게임의 룰이 바뀌고 과거의 성공 공식이 더 이상 효력을 발휘하지 못할 뿐 아니라 과거의 성공 공식에 대한 집착이 미래로 나아가는 데 덫으로 작용한다. 그럼에도 이 같은 대격변의 환경에 직면한 조직 리더들은 과거의 경영 패러다임을 전제로 한 성공 공식으로 대응하려는 경향을 보인다. 더구나 비교적 안정된 경영 환경에서 높은 예측성과 확실성을 기반으로 조직을 경영해온 리더들로서는 높은 모호성과 불확실성의 안개에 뒤덮여 있는 새로운 길에 발을 들여놓는 것을 주저하지 않을 수 없다. 그러나 오늘날과 같은 불연속적 대전환기에는 기존의 경영 패러다임을 유지한 채 경영체계를 부분적으로 수정·보완하는 선에서 대응해서는 안 된다. 경영 패러다임의 전면적 전환[1]으로 대응해야 한다.

패러다임의 전환 필요성과 절박성을 이해하고 공감한다고 하더라도, 기업 현장의 리더들이 겪는 현실적 고충이 해소되는 것은 아니다. 혁신 게임에 능한 새로운 강자들의 조직경영 방식을 벤치마킹하다 보면 기업마다 시행하고 있는 제도와 시스템들이 각양각색이다. 혁신 게임을 위한 경영 패러다임의 밑그림이 완성된 형태로 존재하지 않고 다양한 실험적 시도와 사례 속에 매우 흐릿한 형태로 존재하기 때문이다. 그러기에 그러한 사례들의 기저에서 작동하는 공통분모를 찾아 새로운 경영 패러다임의 밑그림을 그려봄으로써 불확실성을 조금이나마 완화하는 작업이 절실하게 요청된다.

때마침 안식년을 맞아 그동안 연구하고 정리해온 사람경영에 관한 지식체계에 타 학문 분야의 관련성 높은 연구와 선도 기업들의 사례들에서 추출한 시사점 등을 통합하여 4차 산업혁명 시대가 요구하는 새로운 사람경영 패러다임이 어떤 지향점 아래서 어떤 원리에 따라 작동되는지 필자 나름의 밑그림을 그려보는 시간을 가질 수 있었다. 필자가 이 책에서 제시하는 혁신 시대의 사람경영 패러다임에 대한 밑그림은 하나의 엉성한 밑그림일 뿐이다. 그러나 이 분야 동료 연구자들이 완성도 높은 그림을 그려나가는 데 초기 밑그림으로, 또한 패러다임 전환을 시도하려는 비즈니스 현장의 리더들이 낯선 여정을 향해 첫발을 내디딜 때 하나의 디딤돌로 사용될 수 있다면 더 이상 바랄 것이 없겠다.

이 책은 총 4부로 구성된다. 1부는 조직경영 패러다임의 대전환에 대해 다루었다. 1장에서는 4차 산업혁명의 전개 양상과 그러한 대변혁이 조직경영에 주는 시사점을 다루었다. 2장에서는 조직경영 패러다임에 영향을 미치는 요인들에 대한 일반론적 이해를 돕는 내용을 담았다. 3장에서는 20세기 말부터 모습을 드러내고 있는 조직경영 패러다임의 세기적 변화 방향에 대해 정리하였다. 2부는 사람경영에 대한 전략적 접근의 기초를 세우는 데 중점을 두었다. 4장에서는 전략적 사람경영의 핵심 이론과 인사 시스템의 다층구조에 대한 이해와 효과적 사람경영을 위한 필요조건 등을 정리하였다. 5장에서는 20세기 산업화 시대를 관통하며 전통적 인사경영에 녹아 있던 일반적 통념들이 무엇인지 정리하였다. 이 통념들은 통제 기반 성과주의 사람경영 시스템을 설계할 때 기본 전제로 작용하며 큰 영향을 미쳐왔기 때문에 이러한 통념을 극복하지 못하는 한 창의성과 혁신을 촉진하는 사람경영 시스템을 설계하는 데 큰 어려움을 겪을 수 있다고 판단했기 때문이다. 3부는 혁신 지향 사람경영의 이론적 토대를 구축하는 데 할애했다. 6장에서는 창의성과 혁신의 발현 조건에 대해 정리하였다. 7장에서는 새로운 인사 시스템을 설계할 때 활용할 수 있는 기초 모델들을 정리하였다. 마지막으로 4부는 혁신 시대에 부합한 사람경영 구현하기에 초점을 맞췄다. 8장에서는 새로운 사람경영 패러다임에 맞는 인사 시스템을 구축하기 위해 기존 인사 시스템의 주요 제도들이 어떠한 방향으로 바뀌어야 하는지를 중점적으로 다루었다. 마지막 9장에서는 사람경영 패러다임 전환을 위한 변화관리에 대해 정리하였다.

    이 책은 주 독자층으로 인사 담당자들 외에 일반 경영자들과 중간관리자들을 염두에 두고 내용을 구성하였다. 사람경영 패러다임의 전환과 같은 심층적 변화는 인사부서가 주도적으로 추진해서 이루어질 수 있는 것이 아니기 때문이다. 패러다임 전환의 필요성과 새로운 패러다임에 대한 최고경영진의 이해와 결단이 전제되지 않으면 변화의 추진력을 얻기 어렵고, 중간관리자들의 공감과 패러다임 전환에 따른 능동적 역할 전환이 뒤따르지 않으면 변화의 결실을 보기 어렵다. 변화가 전면적일 뿐만 아니라, 과도기에 기존의 패러다임 속에서 거둬들이는 단기 성과가 저하되는 현상이 나타날 수 있으며, 패러다임 전환의 효과가 나타나기까지는 상당한 시간을 필요로 하기 때문이다. 공통의 이해와 공감에 기반한 경영진의 결단이 이루어지고 나면 그때부터 인사부서는 새로운 패러다임에 맞는 인사 시스템의 내용을 채워가는 역할을 수행하게 된다.

    이 책을 쓰는 과정에서 많은 분의 도움을 받았다. 먼저 필자의 부탁을 받아 기꺼이 초고를 읽고 소중한 검토 의견을 준 학계 전문가들께 감사를 표한다. 창의성과 혁신에 대한 깊은 통찰력과 전문성을 가진 조직이론가 연세대학교 동료 신동엽 교수께서는 평소 필자가 이 주제를 탐구하는 데 많은 지적 자극을 주었고, 또한 초고를 읽고 책 내용의 짜임새 측면에서 크게 도움이 되는 조언을 주었다. 필자와 오랫동안 인사조직 경영에 대한 지적 교류를 나누며 교회조직론에 대해 2회에 걸쳐 공동집필 작업을 한 바 있는 배종석 고려대학교 경영대학 학장께서는 바쁜 중에도 초고를 읽고 추천사로 격려해주었다. 조직이론 분야에서 수준 높은 연구로 명성을 쌓아온 연세대학교 동료 이무원 교수께서도 본서의 초고를 읽고 조직학습 관점에서 보완해야 할 점들에 대해 매우 유용한 피드백을 주었다. 또한 필자와 같은 인사전공 분야에서 수준 높은 연구와 균형 잡힌 관점으로 신망을 받아온 서울대학교 강성춘 교수께서도 본서의 초고를 꼼꼼하게 읽고 내용의 구성과 목차에 나오는 장·절의 제목에 이르기까지 내용의 흐름에 대한 가독성을 높일 수 있도록 큰 도움을 주었다.

다음으로 조직 현장의 리더로서 필자의 조직 현장에 대한 현실인식과 이론-실천 간 연계 작업에 큰 도움을 준 분들께 감사를 표한다. 아모레퍼시픽 김승환 대표와 서경배 회장께서는 구성원들이 회사생활에서 보람을 느끼며 창의성을 발휘할 수 있도록 뒷받침하기 위한 현장 경영자의 고민을 필자와 공유해줌으로써 본 책의 현장 적용성을 높이는 데 큰 자극과 도움을 주었다. 마이다스아이티 이형우 회장께서도 사람경영 패러다임과 이론체계에 대해 조예가 깊은 분으로 필자와는 2015년부터 이 주제를 중심으로 지적 교류를 나눠왔으며, 이번에도 초고 내용에 대해 종합적으로 리뷰하며 깊이 있게 토론할 수 있는 시간을 필자에게 할애해주었다. 인공지능 분야에서 누구나 하고 싶은 연구를 할 수 있도록 뒷받침하는 혁신적이고 개방적인 플랫폼형 연구소 모델을 만들어가는, 우리 사회의 인공지능 문해력을 높이고 인공지능 전문가를 육성하는 데 앞장서 기여하고 있는 모두의연구소 김승일 대표께서도 추천사로 격려해주었다.

이 책의 출간을 성심성의껏 도와준 클라우드나인 안현주 대표와 임직원분들께도 고마움을 표한다. 끝으로 책 교정을 위해 수고해준 조교 임현명에게도 고마움을 표한다.

창의적 혁신이 창발하는 사회를 꿈꾸며
연세대학교 연구실에서
2022년 2월 양혁승

1부
조직경영 패러다임의 대전환

> 연속성의 시대에는 어제의 것이 내일도 그대로 유지될 것으로 기대할 수 있다. 따라서 어제의 것을 강화하는 것은 내일의 것을 강화하는 것과 마찬가지다. 그러나 격변의 시대에, 경제의 선두 주자로서 신산업이 등장하고 기술이 급변하는 시대에 어제의 것을 강화하는 것은 내일의 것을 약화시키게 마련이다.
> – 피터 드러커

1장
4차 산업혁명 전개와 조직 변화

> 인공지능은 인류가 발명한 그 어떤 것보다도 더 중대한 발명이 될 것이다. 그것은 불이나 전기가 인류 문명에 미친 영향보다 더 심대한 영향을 미칠 것이다.[1]
> – 순다르 피차이(구글의 CEO, 2018)

2014년 마이크로소프트사의 3대 CEO에 오른 사티아 나델라Satya Nadella는 변화된 환경에 맞는 새로운 기업으로 탈바꿈하기 위해 사람경영 패러다임의 대전환을 추진했다. 1980년대 개인용 컴퓨터PC 시대를 선도했던 마이크로소프트가 2000년대 중반 이후 모바일 스마트폰, 클라우드 기술, 가상현실VR과 증강현실AR 기술, 인공지능, 양자컴퓨팅 기술 등 인류 문명에 커다란 지각변동을 일으킬 기술들이 속속 등장함에 따라 자사의 위상이 점차 추락하는 것을 경험하면서 위기감을 느꼈던 것이다.

그렇다면 사티아 나델라는 왜 사람경영 패러다임의 대전환부터 시작했을까? 그는 취임 직후 조직 진단을 시행하여 "관료주의가 혁신을 대체했고 사내정치가 팀워크를 대신했다"[2]는 결론에 이르렀다. 그리고 세상을 변화시키겠다는 마이크로소프트의 창립 목표로 다시 돌아가기 위해 혁신을 가로막는 방벽을 제거하는 데 팔을 걷어붙였다. 이를 통해 관료주의와 사내정치로 인해 무기력감에 빠져 있던 조직구성원들의 영혼과 잠재적 혁신역량을 일깨웠다. 또한 전통적인 마이크로소프트의 비즈니스 모델을 모바일 퍼스트와 클라우드 퍼스트 환경에 부합한 새로운 비즈니스 모델로 전환했다. 그 결과 마이크로소프트는 2019년

1월에 기업가치 기준 글로벌 1위 기업으로 복귀하였고 그 후 계속 상위 순위를 유지하고 있다.

 4차 산업혁명이라는 거대한 물결이 인류의 문명을 뒤바꿀 기세로 몰려오고 있다. 깊은 바다에서는 위협적으로 보이지 않던 쓰나미가 얕은 물가로 다가오면 파괴적 힘을 뭍으로 쏟아붓는다. 4차 산업혁명의 물결도 조만간 우리가 살아왔던 삶의 지각판과 생존 방식을 뒤엎는 쓰나미로 우리 앞에 그 모습을 드러낼 것이다. 구글의 CEO인 순다르 피차이Sundar Pichai는 인공지능의 파급력에 대해 "인공지능이 인류 문명의 발전에 불과 전기의 발명 못지않은 중대한 영향을 미칠 것"이라고 의미를 부여한 바 있다. 그 힘이 장기적으로 인류의 삶의 질을 긍정적 방향으로 향상시킬지, 아니면 부정적 방향으로 떨어뜨릴지는 기술혁명을 활용하는 인류의 선택에 달려 있다. 그러나 과거의 지각판에서 유효했던 생존 방식을 몸에 익혀온 대다수 사람으로서는 지각판이 흔들리는 불확실성 속에서 혼란을 겪을 수밖에 없다.

01
지금까지 존재하지 않던 세상

　인공지능 알파고는 2016년 3월 이세돌과 세기의 바둑 대국에서 4승 1패의 승리를 거두어 세상을 놀라게 했다. 인류가 개발한 두뇌 게임 중에서 가장 높은 수준의 전략적 두뇌 게임으로 알려진 바둑에서 세계 1인자를 꺾었기 때문이다. 인공지능 알고리즘의 비약적 발전을 이해하고 있었던 소수 인공지능 전문가 외 대다수 사람은 당시 알파고가 승리하리라고는 전혀 예측하지 못했다. 그런 만큼 대국의 결과를 접한 세계인들은 커다란 충격을 받았다. 그리고 인공지능의 발전이 인간의 지적 활동과 역할을 상당 부분 대체할 수 있으리라는 위기감을 느끼게 되었다.
　알파고와 이세돌 간 바둑 대국이 인공지능의 발전을 극적으로 보여준 첫 사건은 물론 아니었다. 1997년 IBM이 개발한 딥블루Deep Blue가 당시 세계 체스왕이었던 가리 카스파로프Garry Kasparov를 눌렀다. 이어서 2011년에는 IBM이 개발한 인공지능 왓슨Watson이 미국의 TV 퀴즈 게임 〈제퍼디!Jeopardy!〉에 참가하여 당시 최다 우승 기록을 가지고 있던 켄 제닝스Ken Jennings를 꺾은 바 있다. 두 사건이 인공지능의 가능성을 보여준 건 사실이다. 그렇지만 그때까지만 해도 룰 기반의 알고리즘을 정교하게 만든 인공지능 개발자들의 특별한 노력으로 이룬 예외적인 사건으로 여겨졌다. 그래서 그 충격파가 세계적으로 퍼져나가지는 않았다.

그러나 이세돌을 넘어선 알파고의 등장은 인간의 지적 활동의 최고치를 넘어섰다는 점에서 충격적이었다. 이에 덧붙여 그 발전 속도 면에서 충격을 주었다. 2011년 TV 퀴즈 게임에서 우승한 후 불과 5년여 만에 세계 최고봉 바둑 기사를 넘어선 것이다. 특별히 그동안 인공지능의 발전에 무심했던 사람들조차 인간의 지적 역량을 크게 뛰어넘는 인공지능을 접하고 큰 충격을 받았다. 그 충격이 컸던 만큼 인공지능의 발전에 대한 인식이 낙관적 희망보다는 기존의 삶의 방식을 뒤엎을 것 같은 위협감으로 경도되었다고 볼 수 있다. 2012년 딥러닝 알고리즘[3]의 등장으로 인간의 도움을 덜 받으면서 특정 영역에 축적된 빅데이터를 기반으로 스스로 학습할 수 있게 된 인공지능은 인간이 일상에서 사용하는 자연어를 이해하고 분석하는 작업, 사진과 비디오 같은 이미지의 패턴을 분석하고 변별하는 작업 등에서 발군의 성과를 보여줌으로써 그 활동 반경을 다양한 분야로 확장해가고 있다.[4]

1·2차 산업혁명이 물리적 세계에서 일어난 대변혁이었다면, 3·4차 산업혁명은 디지털 가상세계를 확장하고 디지털 빅데이터를 원재료로 활용하여 일어난 대변혁이라 할 수 있다. 빅데이터는 4차 산업혁명의 원유라 할 수 있다. 인공지능은 그것으로부터 가치 있는 정보와 예측 모델을 도출해내는 데 발군의 역량을 보여주고 있다. 인공지능이 4차 산업혁명을 이끄는 대표적인 기술이지만, 물리적 세계에 축적된 정보와 지식을 디지털 정보로 전환하는 디지털 기기들, 사회관계망SNS과 사물인터넷IoT 등과 같은 디지털 연결 플랫폼, 빅데이터와 컴퓨팅 자원에 대한 접근성을 크게 높인 클라우드 기술, 통신기술(예: 5G) 등이 디지털 가상세계의 확장에 크게 기여하고 있다.

디지털 가상세계의 특징 중 하나는 물리적 제약을 넘어선 초연결성이다. 디지털 플랫폼을 축으로 세계 어디에 있든지 서로 연결되며 정보를 주고받는 데 거의 제약이 없다. 50억 명 이상의 세계인이 실시간으로 연결될 수 있다는 것은 디지털 가상세계가 아닌 물리적 세계에서는 불가능했던 일이다. 현재 급속도로 확대되는 사물인터넷은 모든 사물까지 디지털 연결망에 포함시킴으로써 네트워크의 규모와 그에 따른 정보의 양을 기하급수적 속도로 키우고 있다. 에릭 슈미트Eric Schmidt 전 구글 회장은 인류 문명이 시작된 이래 2003년까지 3000년 동안 인류가 쌓은 문서를 모두 디지털화했다고 발표했는데 그 양이 5엑사바이트EB[5]였다. 그런데 그만한 양의 정보가 2013년에는 2일마다, 2019년에는 1분마다, 2020년에는 10초마다 생성된다고 한다.[6] 이처럼 초연결성이 확보됨으로써 정보 공유가 원활해지고 그에 기반한 새로운 비즈니스 모델이 급부상하고 있다.

디지털 가상세계의 또 다른 특징은 초지능화이다. 인공지능의 급속한 발전은 각 영역으로 그 활용 범위를 넓혀가고 있다.[7] 그뿐만 아니라 인공지능의 예측 능력이 빠르게 고도화되고 있다. 지금까지는 바둑처럼 특정한 영역 내에서 발군의 실력을 보여주었다. 하지만 갈수록 여러 영역에서 통합적인 정보처리 능력을 보여주는 다기능 인공지능이 등장하게 될 것으로 예측된다.[8] 인류 문명 측면에서 보면 인류가 인공지능과 어떻게 공존할 것인지를 심각하게 고민하고 대비해야 할 문명사적 대전환기라고 볼 수 있다. 그런 의미에서 인공지능을 단순히 인간의 삶을 윤택하게 해줄 이로운 기술로만 보지 않고 위협을 가할 수도 있는 위험한 기술로 봐야 한다는 경각심을 불러일으키는 과학자와 기술자들도 있다.[9] 초지능화가 진전될수록 인간의 지적 역량으로 처리해왔던 많은 지적 노동을 인공지능이 떠맡게 됨으로써 고용 생태계에 지각변동을 일으키게 될 수 있고 통제되지 않은 초지능 인공지능은 호모 사피엔스에게 위협이 될 수도 있기 때문이다.

디지털 가상세계는 경계 파괴를 또 하나의 특징으로 한다. 그것은 물리적 경계의 제약을 받지 않는다는 점이다. 디지털 가상세계가 새로운 인프라가 되면서 전통적 산업의 경계가 파괴되고 있고, 지리적 제약을 받던 전통적인 시장의 경계가 파괴되고 있으며, 업무수행 방식의 경계뿐 아니라 집단의 경계도 파괴되고 있다. 물리적 세계에 대한 디지털 트윈이 구축되고 확장되어가면서 물리적 제약을 받지 않는, 물리적 세계와 가상세계가 융합된 메타버스가 점차 실질적 생활공간으로 자리 잡아가고 있다. 온라인이 오프라인을 대체해갈

뿐만 아니라 온-오프 간 융합이 빠른 속도로 진행되고 있는 것이다. 코로나19 팬데믹은 이러한 불연속적 대변혁을 급속도로 앞당기는 촉매제 역할을 하고 있다.

02
비즈니스 경쟁 생태계의 지각변동

디지털 가상세계 플랫폼을 기반으로 한 새로운 비즈니스 모델이 기존의 경쟁 생태계를 뒤흔들면서 비즈니스계에 지각변동을 일으키고 있다.[10] 온라인 서점으로 시작한 아마존이 대형 오프라인 서점 체인이었던 반스앤노블을 시장에서 퇴출시켰고, 사업 영역을 확장하면서 세계 최대의 소매유통업체인 월마트와 주도권 경쟁을 벌이고 있다. DVD 대여업에서 스트리밍 서비스 모델로 전환한 넷플릭스가 오프라인을 기반으로 한 DVD 대여업계의 공룡 기업이었던 블록버스터를 쓰러뜨렸다. 숙박공간 공유 플랫폼 업체인 에어비앤비는 전통적 숙박업 생태계의 파괴자로 부상하였다. 차량 공유 플랫폼 업체들은 전통적인 택시업계를 위협하고 있다. 그 외에도 대규모 온라인 공

〈표 1-1〉 글로벌 기업의 최근 20년간 톱10 순위 변동(시가총액 기준)

순위	2000년	2007년	2010년	2014년	2021년 (07. 25. 기준)
1	코카콜라	페트로차이나	엑슨모빌	애플	애플
2	마이크로소프트	엑슨모빌	페트로차이나	엑슨모빌	마이크로소프트
3	IBM	GE	애플	마이크로소프트	아마존
4	GE	차이나모바일	BHP빌리턴	버크셔 헤서웨이	구글
5	인텔	공상은행	마이크로소프트	구글	페이스북
6	디즈니	마이크로소프트	공상은행	페트로차이나	텐센트
7	노키아	가스프롬	페트로브라스	존슨&존슨	버크셔 헤서웨이
8	맥도날드	로열더치쉘	건설은행	웰스파고	테슬라
9	말보로	AT&T	로열더치쉘	월마트	알리바바
10	도요타	시노펙	네슬레	공상은행	21세기폭스

출처: 2007·2010·2014년 순위는 영국 『파이낸셜타임스』, 2021년 순위는 미스터 캡11

    개강좌 플랫폼인 무크MOOC는 큰 파급력을 발휘하면서 교육 생태계에 지각변동을 일으킬 것이다. 또한 거래의 투명성과 신뢰성을 크게 향상시킬 것으로 기대되는 블록체인 기술은 거래 당사자들의 신용을 확인해주면서 거래를 중개했던 전통적인 기관들의 존속에 위협을 가할 수도 있다.

    이 같은 불연속적 대변혁의 여파는 기업의 판도 변화에서도 극명하게 드러나고 있다. 기업가치 기준 글로벌 기업의 순위를 보면 근래 최상위 순위에 오른 기업들이 대부분 가상 디지털 플랫폼을 기반으로 한 비즈니스 모델을 주도해온 기업들이라는 것을 알 수 있다. 1990년대 중·후반과 2000년대에 탄생한 기업들이 대부분이다. 그중 상대적으로 역사가 오랜 기업에 속하는 마이크로소프트도 클라우드 기반 기업으로 대변신을 시도함으로써 기업가치 기준 상위 순위를 회복하였다. 불연속적 환경의 변화로 인해 시장에서 경쟁의 룰이 획기적으로 바뀜에 따라 100년 이상의 역사를 가진 산업화 시대의 강자들이 기업가치 상위 순위 자리를 내주고 있다. 지금으로부터 100여 년 전인 1920년대만 해도 S&P 500 리스트에 오른 기업들의 평균 수명이 67년이었던 데 반해 1980년대에는 25년으로 줄었고, 2010년대에는 15년으로 줄었다. 2020년대에는 현재 S&P 500 리스트에 올라 있는 기업 중 약 25퍼센트만 살아남고 나머지 75퍼센트는 새로운 기업들로 대체될 것으로 예측되었다.[12]

03
조직경영 패러다임 변화

    오늘날 경영 환경은 높은 변동성volatility, 불확실성uncertainty, 복잡성complexity, 모호성ambiguity을 특징으로 하는 뷰카VUCA 환경, 즉 불안정성이 매우 높은 환경이다. 비유컨대 짙은 안개 속을 운전하는 것처럼 한 치 앞을 내다볼 수 없다. 기존의 비즈니스 모델과 경쟁 방식에 익숙한 경영자들은 기존 산업의 경쟁 생태계에 격변을 일으키는 파괴적 혁신이 여기저기에서 돌발하는 혼란스러운 현실에 직면하여 당황하지 않을 수 없다. 지금까지 체득해온 경쟁의 룰과 그 룰 아래서 축적해온 성공 경험을 바탕으로 현재의 위치에 오른 경영자들은 새롭게 부상하는 경쟁의 룰에 익숙하지 않을 뿐 아니라, 그 룰 아래서 성공한 경험을 체득하지 못했기 때문에 불안할 수밖에 없다.

이럴 때 경영자들은 보통 과거의 성공 경험에 의존하여 변화된 환경을 헤쳐나가려는 경향을 보이기 쉽다. 과거 성공 경험이 그 효과 면에서 크면 클수록, 해당 경영자에게 특별하면 특별할수록 그 성공 공식을 과신하기 쉽고 그로부터 자유롭기 어렵다. 통상 사람들은 "불확실성에 직면하게 되면, 가장 먼저 직관적으로 새로운 것은 거부하게 되고 생소한 개념이 실패할 이유를 찾게 된다. 경영자들의 경우 새로운 아이디어를 심사할 때 평가하는 마음가짐을 갖게 된다."[13] 이런 경향이 바로 '성공의 덫'으로 연결된다.[14] 과거의 성공 경험이 새로운 환경을 헤쳐나가는 데 도움이 되기보다는 오히려 환경 변화에 대한 적응력을 떨어뜨리는 걸림돌로 작용한다.

20세기 최고의 경영 사상가로 인정받는 피터 드러커(2003)는 "연속성의 시대에는 어제의 것이 내일도 그대로 유지될 것으로 기대할 수 있다. 따라서 어제의 것을 강화하는 것은 내일의 것을 강화하는 것과 마찬가지다. 그러나 격변의 시대에 경제의 선두주자로서 신산업이 등장하고 기술이 급변하는 시대에 어제의 것을 강화하는 것은 내일의 것을 약화시키게 마련이다."[15]라고 일갈했다. 불연속적 대변혁기에 경영자들이 처한 딜레마 상황의 핵심을 찌르는 말이다.

지금은 20세기에 전성기를 구가했던 산업화 시대가 퇴조하고 21세기 4차 산업혁명 시대가 전면에 부상하는 불연속적 대변혁기이다. 산업화 시대에 작동했던 경쟁의 룰과 그 속에서 성공을 뒷받침했던 조직운영 패러다임이 효과를 내리라 기대하기 어렵게 되었다. 이럴 때일수록 새로운 시대의 시장 환경, 기술 환경, 사회문화적 환경의 특성이 무엇인지, 새로운 경쟁의 룰이 무엇인지, 그 속에서 지속적

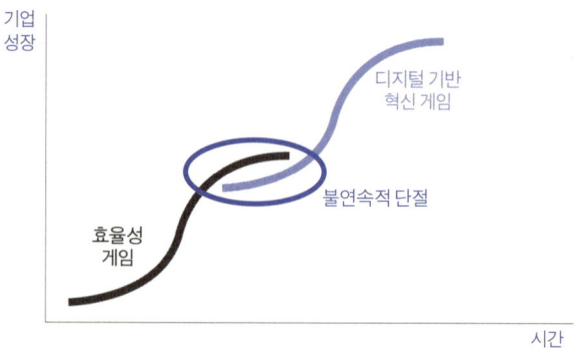

〈그림 1-1〉 불연속적 단절과 게임의 룰 변화

　인 성장과 경쟁력을 담보할 수 있는 조직운영 패러다임은 어떠해야 할지 탐구하고 그에 따른 전환을 시도해야 한다.
　특별히 유의할 점은 과거의 조직운영 패러다임을 강화할수록 새로운 조직운영 패러다임 구축을 방해하고 미래의 성장과 경쟁력을 약화시키는 결과를 가져올 것이라는 점이다. 지금은 과거 관료제 조직운영 패러다임과 시스템을 새로운 조직운영 패러다임과 시스템으로 대체해나가야 할 때이다. 육체노동자의 생산성을 극대화하기 위해 고안된 조직운영 패러다임과 시스템을 지식노동자의 생산성을 극대화할 수 있는 조직운영 패러다임과 시스템으로 전면 대체해야 한다. 효율성 게임에서 유효했던 성공 방정식을 혁신 게임에서 유효한 성공 방정식으로 대체해야 한다.

04
혁신의 시대, 전략보다 사람이 먼저

조직의 성과는 조직이 제반 환경에 얼마나 잘 적응해나가느냐에 달려 있다. 그래서 조직은 전통적으로 환경에 적합한 경영전략을 먼저 수립하고 그것을 효율적으로 달성할 수 있는 조직구조와 관리체계를 구축함으로써 구성원들이 경영전략을 효율적으로 수행하도록 유도했다. 이것이 바로 조직경영에 관해 알프레드 챈들러Alfred Chandler가 제안한 모형이다. 챈들러 모형의 개념적 전개에 따르면 경영전략은 환경을, 조직구조는 경영전략을, 사람경영은 조직구조를 순차적으로 뒤따르며 적합성을 확보해야 한다.[16]

그러나 이러한 개념적 전개는 환경의 변동성이 낮을 때는 유효하게 적용될 수 있었으나 환경의 변동성이 높을 때는 적용되기 어렵다.

왜 그럴까? 경영전략, 조직구조, 그리고 인적 자본은 그 속성상 기존 양태에서 새로운 양태로 바꾸는 데 필요한 시간과 변화관리에 수반되는 어려움의 수준이 매우 다르기 때문이다. 조직구조를 바꾸는 데 필요한 시간은 경영전략을 바꾸는 데 필요한 시간보다 훨씬 더 길다. 그리고 구성원들의 역량, 태도, 행동 방식, 더 나아가 조직문화를 바꾸는 데 필요한 시간은 조직구조를 바꾸는 데 필요한 시간보다 훨씬 더 길다.

환경이 안정적일 때는 먼저 환경과 적합성이 높은 경영전략을 수립하고 이어 환경과 경영전략에 맞는 조직구조를 구축한 후 그것을 실행하는 데 적합한 인력을 확보해놓으면 해당 환경이 지속되는 한에서는 조직이 효율적으로 작동될 수 있었다. 그러나 환경의 변동성이 커지면 특정한 시점의 환경에 맞춰 구축한 경영전략, 조직구조, 인적 자본은 수시로 변하는 환경과의 적합성이 떨어질 수밖에 없다. 매번 새롭게 부상한 환경에 맞춰 경영전략과 조직구조와 인적 자본을 순차적으로 바꾸는 데 따르는 시간이 오래 걸릴 뿐 아니라 새로운 경영전략 실행체계가 미처 정착되기도 전에 환경은 또다시 바뀔 것이기 때문이다.

그러한 이유로 오늘날과 같은 뷰카VUCA 환경에서는 유연한 조직구조와 더불어 인적 자본의 기능적 유연성functional flexibility[17] 확보가 선행되어야 한다. 불확실성이 높은 환경에서 새로운 길을 개척해가는 주체는 혁신역량을 갖춘 인재들이기 때문이다. 그 토대 위에서 환경의 변화에 맞는 경영전략을 애자일 방식[18]으로 찾아나가야 한다. 짐 콜린스Jim Collins와 모튼 한센Morten Hansen(2012)은 탁월한 성과를 내는 위대한 기업들과 그렇지 않은 기업과의 차이점 중 하나로 위대한 기업들은 '조준 후 발사'하는 방식이 아닌 '발사 후 조준'하는 애자일 방식으로 전략을 수행한다는 점을 강조한 바 있다.[19] 위대한 기업들이 그처럼 민첩하게 상황 적합성이 높은 전략을 실행할 수 있는 이유 중 하나는 운처럼 불현듯 다가오는 기회에 다양한 전략으로 유연하게 대응할 수 있는 유기적 조직구조와 기능적 유연성을 갖춘 인적 자본을 평소 확보해놓았기 때문이다. 아무리 좋은 기회가 찾아오고 아무리 탁월한 전략을 구상한다 해도 조직 내부에 실행력을 갖춘 인적 역량과 그들의 역량 발휘를 뒷받침할 수 있는 유연한 조직구조가 사전에 갖춰져 있지 않다면 결코 탁월한 전략의 이점을 살릴 수 없다. 그런 의미에서 조직구조와 경영전략은 그것들을 실행으로 옮길 수 있는 인적 자본의 질에 의존적일 수밖에 없다.

2장

경영 패러다임에 영향을 미치는 요인

●

수주대토守株待兎. 중국 춘추전국시대 송나라에 어떤 농부가 밭을 갈고 있을 때 밭 가운데 나무 그루터기가 있었다. 마침 토끼 한 마리가 달아나다가 그루터기에 부딪혀 목이 부러져 죽었다. 이를 본 농부는 이후 쟁기를 놓고 그루터기를 지키며 토끼가 재차 오기를 기다렸다. 그러나 토끼는 다시 얻을 수 없었다. 결국 그는 송나라의 웃음거리가 되고 말았다.[1]
-『한비자』

●

경영 패러다임에 영향을 미치는 주요 요인은 무엇일까? 이 장에서는 경영 환경의 특성, 인간의 본성에 대한 가정과 조직구성원들의 역량 수준, 정보의 비대칭성과 조정비용에 영향을 미치는 정보기술의 발전 수준 등이 조직경영 패러다임에 어떠한 영향을 미치는지 집중적으로 살펴볼 것이다.

01
경영 환경의 특성

경영 환경이 예측 가능한 환경인지, 아니면 변동성과 불확실성이 높은 환경인지에 따라 경영 패러다임이 달라진다. 경영 환경이 안정적일 때는 효율성이 높은 것으로 판명된 잘 짜인 조직운영 체계를 채택하여 운용하면 상당 기간 그 효과를 누릴 수 있다. 20세기 대표적 조직구조는 20세기 초 프레데릭 테일러Frederick Taylor가 과학적 관리법scientific management[2]이라고 제시한 원리에 기반하여 업무 담당자의 재량적 판단이 별반 필요 없는 단순 반복적 업무로 세분화, 표준화, 전문화되었다. 구성원들이 잘 짜인 업무구조 속에서 자신에게 맡겨진 파편화된 업무를 차질 없이 수행하는 그러한 조직운영 모델이 안정적 경영 환경에서 유효하게 작동했다. 이것이 테일러의 과학적

관리법과 관료제 등으로 대표되는 기계적 조직 모델mechanistic model 이다.[3]

기계적 조직은 투입물을 받아 정해진 산출물을 효율적으로 생산해내는 잘 설계된 기계와 비슷하다. 조직운영에 필요한 절차, 규정, 위계적 권한배분 등이 체계적이고 명확하게 짜인다. 구성원들에게 부여된 관리의 폭은 좁게 설정되고, 그 결과 조직의 규모가 커짐에 따라 수직적으로 계층의 수는 늘어난다. 구성원들의 행동은 각자 부여받은 권한 범위 내에서 절차와 규정을 엄격하게 지키도록 통제된다. 자신들의 권한 범위를 벗어난 새로운 시도나 실험을 해볼 수 있는 자유와 융통성은 거의 허용되지 않는다. 구성원들 간 갈등은 그들에 대한 통제권을 가진 상사의 권위에 의해 해결된다. 그리고 의사결정 과정에서 발생할 수 있는 실수나 오판은 다층적이고 위계적인 계층으로 이루어진 보고체계를 거치는 과정에서 걸러지고 최소화된다. 기계적 조직 모델의 장점은 정교하게 짜인 분업체계에 기반한 반복적 업무수행을 통해 효율성을 높일 수 있고 실수나 시행착오를 줄일 수 있어서 안정적 생산성을 확보할 수 있다는 점이다. 여기에 식스 시그마와 같은 품질경영 프로그램이 더해지면 품질상의 하자나 자원 사용 면에서의 낭비는 더욱더 줄어든다.

기계적 조직 모델에서 사람경영은 대체로 통제 지향적 특성을 보인다. 사람관리는 자산 관점보다는 비용 관점에서 이루어진다. 보상구조는 직급 상승과 단단하게 연계되어 우상향 기울기의 구조를 띠게 된다. 직책 또한 직급과 일체화되어 있어서 직급 승진에 따른 기본급 인상분 속에는 직책 상승에 따른 급여 인상분까지 포함되어 있

⟨표 2-1⟩ 기계적 조직 모델과 유기적 조직 모델의 비교

	기계적 조직 모델	유기적 조직 모델
강조점	• 효율성을 통한 효과성 추구	• 유연성을 통한 효과성 추구
조직구조	• 수직적 구조 • 높은 공식화·세분화·표준화 • 명확한 수직적 보고체계 • 상호의존성이 낮은 업무구조	• 수평적 구조 • 낮은 공식화·세분화·표준화 • 수평적 정보 공유체계 • 상호의존성이 높은 업무구조
의사결정과 커뮤니케이션	• 중앙집중형 의사결정 • 톱-다운, 공식적 커뮤니케이션 • 상부에 정보 집중	• 분권형 의사결정 • 수평적, 다방향 커뮤니케이션 • 광범위한 정보 공유
직무 구분과 업무수행	• 세부적이고 명확한 업무 구분 • 개인이 업무의 기본 단위	• 유연하고 포괄적인 업무 구분 • 팀이 업무의 기본 단위, 교차기능팀 적극 활용
구성원의 주도성과 참여	• 절차 및 규정 준수 강조 • 낮은 수준의 권한위임 • 제한된 구성원 참여	• 구성원의 주도성 장려 • 높은 수준의 권한위임 • 폭넓은 구성원 참여

출처: 이학종·양혁승, 2012, 『전략적 인적자원관리』, 오래.

다. 기술의 발전 속도가 느리고 업무수행에 필요한 기술적 속성의 변화 또한 더디게 일어나는 조건에서 직급과 직책의 상승에 따른 기본급의 높은 상승은 어느 정도 타당성을 갖는다.

    그러한 조건에서는 상사가 보유한 과거의 업무수행 경험은 부하를 지도·감독하고 통제하는 데 중요한 기반이 될 수 있다. 또한 업무 경험과 직책에 따른 권한이 결합하여 부하에 대한 권위를 확보하는 데도 문제가 없다. 부하의 업무에 대해 가장 잘 알고 있는 사람이 상사라고 볼 수 있기 때문에 부하에 대한 상사의 평가는 그 타당성을 인정받을 수 있고 부하에 대한 통제권을 확보하는 중요한 수단으로 간주된다. 인력 선발 또한 범위가 좁게 정해진 직무를 당장 잘 수행해낼 수 있는지 여부, 즉 개인-직무 간 적합성에 근거한 선발에 초점이 맞춰지며 경력관리 또한 좁은 직무 계열 내에서 계층 사다리를 타고 올라가는 차원에서 이루어진다.

반면 높은 변동성과 불확실성을 특징으로 하는 경영 환경에서는 환경의 변화에 민첩하고 유연하게 적응하고 대응하는 것이 중요해진다. 그러한 배경에서 주목을 받는 조직운영 모델이 유기적 조직 모델organic model이다. 유기적 조직은 기계적 조직과 대비되는 조직 모델로서 일찍이 톰 번스Tom Burns와 G. M. 스토커G. M. Stalker가 불안정하고 예측이 어려운 환경이나 반복적이지 않은 업무나 기술을 활용할 때 적합한 조직 모형으로 정리한 바 있다.[4] 유기적 조직은 살아있는 유기체처럼 환경의 변화에 유연하게 적응할 수 있는 조직 모델로서 필요할 때마다 구조와 역할과 프로세스를 바꿀 수 있도록 설계되어 있다. 기계처럼 고정된 프로세스를 따라 산출물을 효율적으로 생산하는 데 초점이 맞춰진 기계적 조직과 지향하는 바가 크게 다르다. 조직구조는 공식화, 세분화, 표준화의 수준이 비교적 낮고 위계적 계층이 단순화된 수평적 구조이다. 의사결정은 분권화되어 있으며 커뮤니케이션은 쌍방향 채널이 크게 열려 있다. 문제 해결을 위해 교차기능팀을 적극적으로 활용하며 조직과 외부와의 경계가 느슨한 편이다. 근래 주목받고 있는 개인화 기업, 애자일 조직, 홀라크라시 조직 등이 모두 유기적 조직의 일종이라 할 수 있다.

유기적 조직 모델에서 사람경영은 대체로 몰입 지향 사람경영의 특성을 나타낸다. 현장 조직 단위에서 일하는 구성원들 안에 변동하는 상황에 대한 대응역량과 창의적 아이디어들이 존재한다는 전제 아래 그들에게 상당한 권한과 재량권을 부여하고, 그들이 주인의식을 갖고 자신들의 일과 조직에 몰입·헌신할 수 있는 여건을 조성하는 데 초점을 맞춘다. 구성원들에게는 조직과 자신들의 이해관계가 일치되는 조건을 만들어줌으로써 지속적으로 변화하는 상황에 적합한 역할과 업무수행 방식을 유연하게 찾아나갈 것을 기대한다. 의사결정은 탈중심적이고 참여 촉진적인 특성을 보이며, 구성원들의 역량 제고를 위해 선제적·지속적으로 투자한다. 구성원들의 행동에 대한 조율과 통제는 절차와 규정에 의존하기보다는 공유된 조직의 비전 및 핵심가치와 조직과 구성원 간 공통의 이해관계 위에서 자율적인 조율을 통해 이루어진다. 또한 구성원들이 창의적이고 혁신적인 아이디어를 자유롭게 제안할 수 있고, 그것들을 시도해보고 실패할 경우 그 실패 경험을 통해 학습할 기회들을 제공한다.

애자일 조직과 홀라크라시 조직

아기나Aghina와 그의 동료들(2018)은 애자일 조직이 새로운 지배적 조직 패러다임으로 부상하고 있다고 말한다.[5] 그들은 전통적 조직을 기계로 비유되는 잘 짜인 피라미드 도형으로 표현한 반면, 애자일 조직을 살아 있는 유기체에 비유되는 큰 서클 속에 하위 서클들이 존재하는 원 도형으로 표현한다. 이러한 조직 구조를 가리켜 홀라키holarchy 구조라고도 한다. 홀라키 구조 속 서클들을 홀론holon이라 하고 홀론은 그 자체가 하나의 유기체로서의 완전성을 갖추면서 동시에 더 큰 전체의 일부를 이루는 특성을 갖는다.

애자일 조직에서 리더는 방향을 제시하고 실행을 가능하게 한다. 하위 서클로 표현된 팀은 처음부터 끝까지 자신들이 추진하는 일에 책임을 지면서 동시에 상위 서클의 목표 달성을 위해 다른 팀들과 유기적으로 상호작용한다. 애자일 조직에서는 전통적 조직표상에 있는 박스와 선들을 중요하게 취급하지 않으며 대신 실행에 초점을 맞춘다.

애자일 방식의 주요 특징은 변화에 유연하게 적응하고 스스로 진화하며 지속적인 개선을 추구한다는 점이다. 그래서 이 방식은 실험적이라 할 수 있고 짧고 가벼운 실행을 통한 학습, 조정, 열린 피드백 고리 등을 중시한다. 그 점에서 예측에 기반하고 사전 계획적이며 실수와 실패를 최소화하면서 효율성을 추구하는 전통적 방식과는 근본적으로 다르다.

보스 없이 스스로 진화하는 자율경영 조직을 지향하는 홀라크라시 조직[6]은 애자일 조직의 대표적 사례라 할 수 있다. 홀라크라시 조직의 기본 단위는 개인 수준에서 수행되는 역할들roles이다. 홀라크라시 조직에서는 조직의 목표를 달성하는 데 필요한 역할들을 중심으로 조직구조와 업무체계가 형성된다. 권한도 구성원 개인에게 분배되는 것이 아니라 역할 단위에 분배된다. 인적 요소를 배제하고 역할을 중심으로 조직을 구조화하면 사람들 사이의 이해관계에 얽매이지 않고 좀 더 객관적이고 유연하게 문제점과 해결책을 찾아갈 수 있다고 보기 때문이다. 그리고 관련성이 높은 역할들이 묶여서 형성된 하위 서클, 관련성이 높은 역할들과 하위 서클들이 묶여서 형성된 슈퍼 서클, 그렇게 구성된 역할과 하위 서클과 슈퍼 서클들이 엮여서 앵커 서클이 되는 홀라키 구조이다. 또한 서클 내부에서 홀론들 사이의 상호작용을 이끄는 리드 링크lead link와 외부의 하위 서클이나 슈퍼 서클과의 상호작용에서 해당 서클의 입장을 대표하는 대표 링크representative link가 있어서 자기조직화에 필요한 상호작용이 원활하게 일어나도록 돕는다.

홀라크라시 조직의 핵심적인 특징 세 가지는 ① 스스로 진화하는 조직, ② 보스가 없는 조직, ③ 유연하고 역동적인 조직으로 요약할 수 있다. 첫째, 스스로

〈그림 2-1〉 서클의 기본 구조와 서클들 간의 상호관계

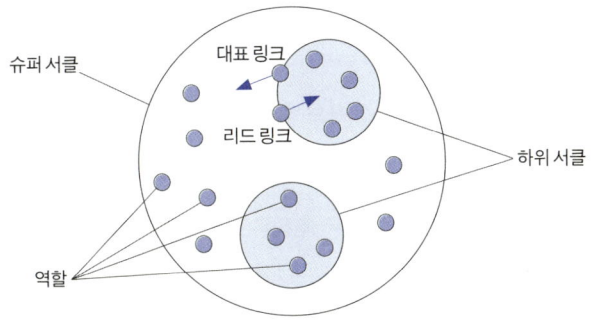

출처: 브라이언 J. 로버트슨, 2017

진화한다는 것은 중앙집중적 거버넌스 체계하에서 예측과 통제의 원리에 따라 작동되는 것과는 근본적으로 다른 특징이다. 조직구성원들이 가진 감지 능력에 의해 현실과 새로운 가능성 사이의 간극으로부터 발생하는 긴장이 포착되면, 그 긴장을 해소하기 위해서 자기조직화를 지원하기 위해 설정된 일련의 포괄적 규칙과 프로세스에 따라 새로운 역할이나 서클이 생성되기도 하고, 기존의 역할이나 서클이 해체되기도 하며, 개별 역할과 서클들 사이에 역할 경계의 재설정이나 권한의 재분배가 일어나기도 하고, 개별 역할이나 서클들 사이 상호작용의 내용이 달라지기도 한다.

둘째, 보스가 없다는 것은 피라미드식 관리계층 구조에 의해 운영되지 않고 긴장을 감지한 역할 담당자나 서클이 주도권을 갖고 자기조직화라는 유연한 방식으로 문제 해결 방안을 찾아나간다는 의미이다. 물론 자기조직화가 일체의 조율 과정이 무시된 방임과 무질서를 의미하지 않는다. 피라미드식 관리계층 구조에서 보스가 지시적 방식으로 하던 조정·통제를 홀라크라시 조직에서는 자기조직화

규칙과 프로세스가 대신한다. 문제 혹은 기회로서 새로운 긴장이 감지되면 비즈니스의 일상적 운영과 관련된 것은 전술 회의를 통해 조정이 일어나고, 비즈니스 체계 구축과 관련된 것은 거버넌스 회의를 통해 조정이 일어난다. 역할과 책임의 경계가 모호하지도 않다. 거버넌스 프로세스를 통해 각 홀론의 목적과 역할 범위와 그에 따른 권한과 책무 등이 정해지면 그것들이 명시적으로 문서화된다.

셋째, 유연하고 역동적이라는 것은 조직구조가 고정되어 있거나 완전한 것이 아니라 지속적으로 자기조직화 과정을 통해 진화해간다는 의미이다. 홀라크라시에서 개별 역할은 역동적으로 변화하며 새로운 환경 변화에 적응해간다. 조직구조와 역할의 역동적 진화 과정은 추상적 예측이나 계획에 근거하여 일어난다기보다는 실제에서 일어나는 긴장과 실천적 시도와 현실적 경험에 바탕을 두고 지속적인 조정을 거쳐 일어난다.

02
인간관과 조직구성원들의 역량 수준

조직경영 패러다임에 영향을 미치는 두 번째 요인은 경영진의 인간 본성에 대한 관점과 조직구성원들의 역량 수준이다. 우선 인간의 본성을 이해하는 것은 매우 중요하다. 특정한 목적을 이뤄가는 데 있어서 인간의 본성을 거스르는 시스템을 채택하여 운영할 경우 그 시스템의 운영에 드는 비용도 클 뿐 아니라 기대하는 효과를 얻기도 어렵다. 그뿐만 아니라 인간 본성에 대한 기본 가정은 사람경영에 대한 일반적 인식의 틀, 즉 사람경영에 대한 패러다임을 형성한다. 이러한 사람경영 패러다임은 사람경영의 원칙에 영향을 미치고, 더 나아가 구성원들의 태도와 행동에 영향을 미친다는 점에서 매우 중요하다.[8] 경영진 관점에서 보더라도 구성원들이 자신들이 맡은 일을 책

<표 2-2> 맥그리거의 X이론과 Y이론, 그리고 그에 따른 경영에 대한 접근법

X이론	Y이론
인간에 대한 기본 전제	
• 인간은 근본적으로 일을 싫어하고 되도록 피하려고 한다. • 인간은 야망이 없고 책임을 회피하며 안정만을 원하고 통제받기를 원한다. • 인간은 조직의 목적에 관심이 없고 변화에 저항하며 자기의 이기적 욕구 충족만을 추구한다.	• 일은 자연적인 것이며, 인간은 일을 즐길 수 있다. 일을 싫어하게 되는 것은 조직이 그렇게끔 만들었기 때문이다. • 인간은 책임 있는 일을 위해 주어진 환경에 따라 의욕과 자질을 개발할 수 있는 잠재능력을 갖추고 있다. • 인간은 결코 수동적이 아니며, 행동의 결과에서 오는 만족감에 따라서 조직의 목적에 몰입할 수 있다.
경영에 대한 접근	
• 조직의 목적을 달성하기 위해, 조직은 수동적 인간을 조직의 목적에 강제로 맞추기 위해 적극적인 개입과 동시에 경제적 유인과 벌칙을 중심으로 통제해나간다.	• 인간의 자기통제와 자아실현 욕구, 그리고 잠재능력 개발을 중심으로 개인의 목적과 조직의 목적이 통합될 수 있는 환경적 여건을 조성한다.

출처: 이학종·양혁승, 2012, 『전략적 인적자원관리』, 오래.

임감과 주인의식을 가지고 수행하리라는 믿음이 없다면 자율경영의 기조를 채택할 수 없다.

인간의 본성에 대해서는 다양한 각도에서 구분해볼 수 있다. 인간의 본성을 선과 악의 차원에서 구분하기도 하고 '이기적 경제인'과 '협력적 사회인' 차원[9]에서 구분하기도 한다. 그러나 그동안 사람경영과 직접적인 관련성 속에서 논의된 대표적인 구분법은 더글라스 맥그리거의 X이론 대 Y이론이다.[10]

맥그리거는 사람의 행동에 관한 기본 전제를 기준으로 현대 조직의 경영을 크게 두 가지, 즉 X이론에 기반한 경영과 Y이론에 기반한 경영으로 분류하였다. X이론은 사람이 본성적으로 일을 싫어하고 게으르며 자기중심적이고 조직의 목적 달성에 무관심하다고 본다. 또한 책임지기를 싫어하고 자기주도적으로 일하기보다는 통제받기를 원하며 주로 안정과 경제적 만족만을 추구한다고 본다. 그에 반해 Y이론은 사람이 본성적으로 일에 대해 긍정적이고 조직의 목적 달성에 적극 참여하려고 할 뿐 아니라, 자아실현을 추구하며 책임과 자율성 그리고 창의성을 발휘하기 원한다고 본다. 조직에 속해 일하는 사람들이 일을 싫어한다면 그것은 그들의 본성 때문이 아니라 조직이 그렇게 만들었기 때문이라고 본다.

위 두 가지 인간관 중 경영진이 어느 인간관을 신념으로 가지고 있느냐에 따라 사람경영이 달라진다. X이론을 신념으로 가진 경영진은 조직의 목적 달성을 위해 경제적 유인과 통제의 필요성을 강조한다. 구성원들의 나태, 무책임, 도덕적 해이를 방지하고 억제하기 위해 업무 매뉴얼과 규정을 엄격하게 지키도록 강제하고 감독한다. 또한 업무수행 시 구성원 개개인의 판단과 재량권을 최소화함으로써 실수와 낭비의 여지를 줄이고 구성원들의 동기를 높이기 위해 여러 형태의 금전적 인센티브와 벌칙들을 활용한다. 통제 지향 사람경영이 이에 해당한다.

반면 Y이론을 신념으로 가진 경영진은 구성원들이 책임감을 느끼고 주도적이고 자발적으로 조직의 이익을 위해 일할 것을 믿기에 더 많은 자율과 재량권을 부여하고 잠재역량을 최대한 발휘할 수 있는 업무 여건을 조성하는 데 관심을 기울인다. 업무의 내용도 업무수행 과정을 통해 자아성장과 자아실현을 경험할 수 있도록 업무의 깊이와 범위를 확장하고 재량권을 행사할 수 있는 여지를 넓힌다. 구성원들이 업무 자체에 몰입할 수 있도록 여러 여건을 조성하고 금전적

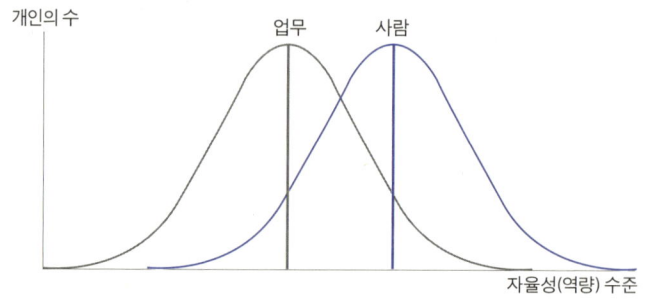

〈그림 2-2〉 업무 특성과 구성원들의 자율역량 수준 간 불일치

출처: 토마스 말론, 2005.[11]

보상을 통한 외재적 동기보다는 내재적 동기에 초점을 맞춘다. 몰입 지향 사람경영[12]이 이에 해당한다.

경영진이 어떠한 인간관을 채택하느냐는 구성원들의 자율역량 수준과도 깊은 관련이 있다. 자율역량 수준이 전반적으로 낮을 때에는 통상 X이론에 기반한 통제 지향 사람경영 패러다임을 취하기 쉽다. 그에 반해 구성원들의 자율역량이 높아지면 경영진도 Y이론에 기반한 몰입 지향 사람경영 패러다임을 취하는 경향이 강하다. 종종 문제가 되는 것은 자율역량이 높은 지식노동자들을 테일러의 과학적 관리법과 관료제에 기반한 업무구조에 끼어 맞추고 강한 명령과 통제 접근법을 취할 때이다(《그림 2-2》참조). 지식노동자들은 업무구조나 관리구조가 재량권을 최소화하는 강한 통제 상황strong situation으로 구조화되어 있을 때 잠재역량을 발휘할 여지를 갖지 못한 채 조직이 요구하는 최소 수준에 맞춰 맡겨진 업무를 수행할 뿐만 아니라, 자신들이 중요하게 생각하는 자존감의 욕구와 자아실현의 욕구를 충족하지 못해 조직에 대해 불만족을 갖는다.

지식노동자들이 조직의 경쟁력을 확보하고 유지하는 데 결정적인 역할을 하게 하려면 잠재역량을 최대로 발휘할 수 있도록 조직운영 차원에서 자율과 재량의 범위를 높여주는 약한 통제 상황weak situation을 조성해주는 것이 무엇보다 중요하다. 자율성을 높여준다는 것은 업무수행과 관련하여 그들에게 상당한 수준의 권한을 위임하는 것을 의미한다. 업무 또한 파편화된 부분적 반복 업무보다는 일에서 의미감과 역량의 성장을 경험할 수 있도록 폭넓은 업무로 구조화하는 것을 뜻한다. 이는 조직구조가 수직적 구조에서 수평적 구조로 바뀌는 것을 말하며, 중앙집중적 의사결정구조에서 현장 중심의 분권적 의사결정구조로 바뀌는 것을 의미한다. 또한 경쟁 전략 측면에서는 효율 기반의 경쟁우위 전략에서 혁신 기반의 경쟁우위 전략으로 바뀌는 것을 뜻한다.

물론 조직구성원들의 역량 수준 분포를 고려할 때 모두가 약한 통제 상황에서 일하는 것을 선호하거나 증대된 재량권을 효과적으로 활용할 수 있다고 볼 수는 없다. 구성원 중에는 자신들의 책임이 크지 않은 통제된 상황에서 반복적인 업무수행을 선호하는 사람들도 있을 수 있다. 그런 점을 고려할 때 업무구조 재설계 시 전면적으로 약한 통제 상황으로 전환하기보다는 자율역량 수준이 높고 성장 마인드[13]가 강한 그룹부터 단계적으로 전환하는 것을 고려해볼 수 있다. 중요한 점은 업무의 구조적 특성과 구성원들의 자율역량 수준 사이의 불일치를 해소할 수 있는 길을 찾아야 한다는 것이다.

03
정보기술의 발전 수준

조직경영 패러다임에 영향을 미치는 세 번째 요인은 정보기술의 발전이다. 20세기 현대 조직의 고용 형태를 설명할 때 가장 중요한 결정 요인으로 꼽는 것이 바로 정보의 비대칭성과 그로 인한 높은 거래비용이다. 로널드 코즈Ronald Coase[14]와 올리버 윌리엄슨Oliver Williamson[15]에 의해 정립된 거래비용 경제학 이론에 따르면, 정규직 중심의 장기고용 관계가 20세기 현대 조직에서 가장 지배적인 고용 형태가 된 이유는 고용주가 사람을 쓸 때, 일거리가 있을 때마다 매번 노동시장에서 사람을 선발하여 쓸 경우 피고용인의 자질, 적임 여부에 대한 정보 수집, 양 당사자의 책임과 의무를 명시한 근로계약서 작성, 책임과 의무 이행 여부 판정 등 노동 거래에 소요되는 거래비용이 매우 높기 때문이다. 시장 기반 거래 과정에서 피고용인에 대한 정보의 비대칭 때문에 적격자보다는 부적격자를 선발하는 역선택adverse selection의 발생 가능성이 커지고 그에 따른 폐해도 커질 수 있다는 것이다.

정보의 비대칭을 최소화하면서 거래비용을 줄일 수 있는 효율적 대안 중 하나가 피고용인과 장기고용 관계를 맺는 것이다. 상대적으로 업무의 중요도가 낮은 직급의 인력을 선발하여 장기고용 관계를 맺으면 시간을 두고 그들의 업무수행과 자질에 대한 충분한 정보를 확보할 수 있게 된다. 그리고 그들 중에서 업무 중요도가 높은 직책을 맡길 적임자를 선발하면 외부노동시장에서 맺는 단기간의 고용계약 건수를 크게 줄일 수 있다. 그뿐만 아니라 해당 피고용인의 자질에 대한 충분한 정보를 확보할 수 있기 때문에 업무의 중요도가 높은 직책을 맡길 사람을 선발할 때 역선택을 예방할 수 있다. 결과적으로 필요 인력의 고용에 따른 거래비용을 획기적으로 낮출 수 있게 된다. 그 결과로서 나온 사람경영 모델이 바로 내부노동시장 중심의 인력운영이다. 이 모델은 낮은 직급 인력 중심의 채용, 장기고용 관계, 내부승진, 내부인력 육성 등을 주요 특징으로 한다. 내부노동시장형은 기술의 발전 속도가 크지 않고 시장경쟁의 룰이 크게 바뀌지 않는 안정적인 경영 환경에서 매우 효율적인 인력운영을 가능하게 한다.

반면 정보의 비대칭을 완화해주는 정보기술이 발전할수록 내부노동시장 중심의 인력운영 모델은 그 불가피성이 약화된다. 정보기술의 발달로 정보의 비대칭성이 완화되면 그에 따라 고용 관련 거래

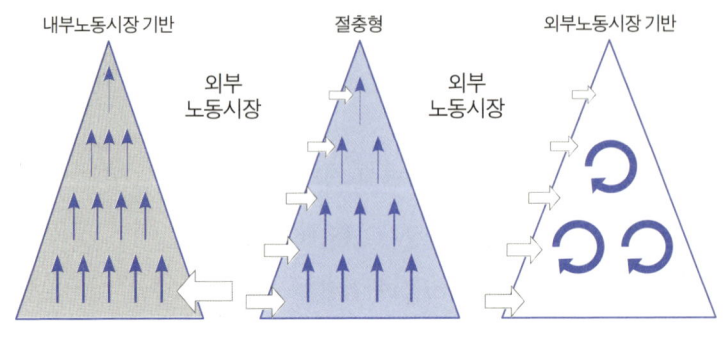

〈그림 2-3〉 내부노동시장형과 외부노동시장형 사람경영

비용도 낮아지기 때문이다. 그에 더해 경영 환경의 변동성과 불확실성이 높은 조건에서는 변화에 대한 대응력과 인력운영의 유연성이 그 중요성을 더해간다. 그럴수록 내부노동시장 중심의 인력운영이 내포하는 인력운영상의 경직성은 그 한계를 노정하게 된다. 기업들은 인력운영의 유연성을 높이기 위해 필요 인력을 선발할 때 내부노동시장에만 의존하기보다는 외부노동시장에 점점 더 크게 문을 열게 된다.

요컨대 인력확보 측면에서 내부육성 전략보다는 외부충원 전략이 점차 강해지는 흐름을 형성하게 된다. 최근 인공지능 기술처럼 보편적으로 활용될 수 있는 핵심기술의 발전 속도가 급속하게 빨라질수록 내부육성을 통해 그러한 기술 인력을 확보하기가 더욱더 어려워지고 불가피하게 외부노동시장에서 그러한 기술 인력을 확보해 와야 할 필요성은 더 커진다.

그러한 추세가 바람직한지 여부를 떠나 그러한 흐름을 반영하여 근래에 기업들이 과거 내부노동시장에 의존해왔던 경력직 인력을 점차 수시채용 형태로 외부노동시장에서 뽑는 움직임을 보인다. 급격하게 변하는 경영 환경과 정보기술의 발전에 따라 내부노동시장형 인력운영 방식에 대한 의존도가 약화되고 외부노동시장형 인력운영 방식으로 점차 이동하는 경향이 나타난 것이다. 외부노동시장형 인력운영은 다양한 직급 혹은 직책의 인력을 외부노동시장에서 확보하는 인력관리 방식을 가리킨다. 이는 경력직 수시채용, 프로젝트 중심의 단기적 고용 관계, 급여 수준의 대외경쟁력 중시 등을 주요 특징으로 한다. 피터 카펠리Peter Cappelli는 내부노동시장형을 저수지 관리형 인력관리로, 외부노동시장형을 강물 관리형 인력관리로 비유하면서 공급이 부족한 우수 인재를 대상으로 한 인력관리부터 점차 저수지 관리형에서 강물 관리형으로 바뀌고 있다는 점을 짚어낸 바 있다.[16]

한편 정보기술의 발전은 의사결정구조에도 영향을 미친다. 토마스 말론Thomas Malone(2005)은 20세기 들어 대규모 중앙집중적 의사결정구조를 갖춘 기업들이 출현한 이유로 규모의 경제와 커뮤니케이션 비용 면에서의 이점을 들었다.[17] 관리자본주의 시대라 불렸던 20세기에 중앙집중적 의사결정구조가 보편적 모델로 자리 잡게 된 이유는 대량생산체계에서 규모의 경제가 갖는 이점을 살리면서도 비즈니스 활동의 조정에 필수적인 커뮤니케이션 수요와 비용을 최소화할 수 있는 이점이 있었기 때문이라는 것이다. 중앙집중적 의사결정구조의 장점은 커뮤니케이션 비용을 최소화하고 갈등이 발생했을 때 신속하게 해소할 수 있다는 점에 있다. 그러나 그에 대한 반대급부로 구성원들의 자율성, 동기부여, 창의성 저하를 감수해야 했다.[18]

그러나 정보기술의 발전은 커뮤니케이션 비용을 급격하게 낮춤으로써 규모의 경제가 갖는 장점을 살리면서도 구성원들의 자율성, 동기부여, 창의성을 높일 수 있는 탈중심화를 가능하게 한다. 의사결정구조를 탈중심화하면 커뮤니케이션 수요가 빠르게 증가하지만 정보기술의 발전으로 커뮤니케이션 수요 증가에 따른 비용 증가를 흡수할 수 있기 때문이다. 토마스 말론은 경제활동이 점점 더 지식노동 중심이 되고 혁신이 갈수록 중대한 성공 요인이 됨에 따라 탈중심화의 이익은 점점 더 많은 분야에서 중요해지고 있음을 강조하였다.[19]

중앙집중식 의사결정구조하에서는 모든 정보가 위계적 계층 구조를 따라 위로 집중되고, 커뮤니케이션은 톱-다운으로 이뤄지며, 조직관리는 명령과 통제 모델command and control model을 따르게 된다. 그에 반해 탈중심적 의사결정구조하에서는 모든 정보가 수평적으로 공유되고, 커뮤니케이션은 다방향으로 이뤄지며, 조직관리는 조정과 촉진 모델coordination and cultivate model[20]의 모습을 띠게 된다. 조정과 촉진 모델은 필수 업무들 사이의 유기적 연결이 원활하게 이뤄지도록 조직화하면서 구성원들이 최고의 능력을 발휘할 수 있도록 뒷받침하는 데 초점을 맞춘다. 조정과 촉진 모델이 높은 커뮤니케이션과 조정비용을 요구한다는 점은 사실이다. 하지만 획기적으로 발전하는 정보통신기술ICT과 협업 플랫폼 등을 효과적으로 활용하면서 구성원들 간의 공통 이해 기반을 강화하는 방향으로 인센티브 구조를 개편한다면 과거보다 커뮤니케이션과 조정비용을 크게 낮출 수 있다.

3장

경영 패러다임의 세기적 변화 방향

> 미래의 세대가 비즈니스의 역사를 돌이켜볼 때 20세기의 거대하게 중앙집중화된 계층적 기업이 비즈니스 조직의 정점이 아니었음을 알 것이다. 그들은 이 '보편적'이라 여겨졌던 기업 형태가 단지 일시적인 것이었음을 깨달을 것이며, 그것을 탈중심적 시기 사이에 잠시 존재했던 '중앙집중화 시기라는 과도기 형태'라 부를 것이다.[1]
> – 토마스 말론, 2005.

조직경영 모델은 분류하는 기준과 시간 프레임에 따라 다양한 분류 체계가 존재한다. 2차 산업혁명이 본격화하기 시작한 20세기 초부터 부상한 조직경영 모델을 통시적 흐름에 따라 분류하면,[2] 과학적 관리법, 산업복지주의, 인간관계 접근법, 산업민주주의 혹은 작업장민주주의, 사회·기술 통합 접근법, 전사적 품질관리 접근법, 일본식 인사관리 접근법, 고몰입 인사관리 모델 등으로 나뉜다. 그런가 하면 1980년대부터 1990년대 중반에 걸쳐 실리콘밸리에서 설립된 IT 기반 신생 기업들의 인사 시스템을 분류한 제임스 배론(James N. Baron)과 마이클 하난(Michael T. Hannan)(2002)의 연구에서는 ① 직원을 끌어들이고 계속 남아 있도록 하는 기초, ② 직원 선발 기준, ③ 통제 및 조정 수단 등을 분류 기준으로 삼아 스타 모델, 엔지니어링 모델, 몰입형 모델, 관료제 모델, 직접통제 모델 등으로 분류한다.[3] 서울대 강성춘 교수(2020)는 역사적으로 발전해온 다양한 사람경영 패러다임의 원형으로 직무성과주의(테일러리즘), 내부노동시장형, 스타형, 몰입형 등 네 가지 유형을 제시한

바 있다.[4]

그에 비해 더 큰 패러다임 수준에서의 세기적 변화를 기준으로 분류한 학자도 있다. 수만트라 고샬Sumantra Ghoshal과 크리스토퍼 바틀렛Christopher Bartlett(2000)은 핼리혜성이 76년이라는 긴 주기로 지구에 근접하듯이 조직운영 면에서 세기적 변화 흐름이 나타나고 있음을 언급하면서 관료제 모델이 퇴조하고 그들이 명명한 개인화 기업 모델이 부상한다고 주장한 바 있다.[5] 린다 그래튼Lynda Gratton도 20세기의 조직운영 규칙과 21세기 조직운영 규칙 — 핫스팟 규칙으로 명명 — 을 대비시켜 세기적 수준에서의 변화 흐름을 짚어낸 바 있다.[6] 이 책에서 필자는 4차 산업혁명이라는 불연속적 대전환기를 구분선으로 삼아 4차 산업혁명 시대의 사람경영에 초점을 맞추고 있다. 따라서 조직경영 모델의 변화를 서술함에 있어 동일 패러다임 내에서의 변이들이나 작은 변화들보다는 패러다임 수준에서의 거시적이고 세기적인 변화라 할 만한 내용을 중심으로 구분한다.

이와 같은 패러다임 수준에서의 변화에 초점을 맞추면, 20세기 산업화 시대의 대표적 조직운영 모델은 과학적 관리법과 관료제가 대표한다고 볼 수 있다. 그리고 21세기 진입을 전후하여 부상하기 시작한 대표적 조직운영 모델로는 자율경영 조직 모델을 들 수 있다. 과학적 관리법과 관료제를 뒷받침했던 사람경영 패러다임으로 통제 지향 사람경영이 주를 이루었다면, 자율경영 조직 모델을 뒷받침한 사람경영 패러다임으로는 몰입 지향 사람경영이 부상하였다.

01
과학적 관리법과 관료제,
20세기형 조직관리 모델

예전에는 일과 분리해서 생각할 수 없었던 의식儀式들과 축제들은 갈수록 맥이 빠지고, 계속해서 주변화되는 방향으로 치닫게 된다. 그 결과 노동은 갈수록 비생산적이고 정당한 평가를 받지 못하는 공간과 시간 속에 갇히게 되었다. 프로메테우스적이며 부르주아적인 이데올로기들은 이렇게 우리의 삶에서 상상력을 몰아내고, 흥겨운 노동의 성격을 퇴색시켰다. 이러한 노동의 장에 미학이 끼어들 틈이 없다는 것은 당연한 일이다. 이제 놀이의 장은 생산의 세계 외부에서만, 즉 노동하지 않는 시간에만 용납된다. 그러나 그 시간조차도 갈수록 축소되어가고 있다. (…) 노동의 시간에 몽상의 활동을 박탈당한 현대인들은 상상력의 발

휘를 어려워하면서 손쉽게 주어지는 외부의 이미지들에 열광하는 것이다.[7]
- 홍명희, 2005.

프레데릭 테일러는 자연법칙이 존재하듯이 작업방식에서도 최선의 방안이 존재한다는 전제하에 작업 과정의 시간 동작 연구를 통해 최선의 방안을 찾고자 노력하였다. 그는 1912년에 자신의 공학적 분석에 기반하여 정리한 과학적 관리법scientific management ─테일러리즘Taylorism이라고도 함─을 발표하였다.[8] 과학적 관리법에서 그는 작업의 세분화, 전문화, 작업도구 및 작업동작의 표준화를 작업구조화 방안으로 제안하였다. 과학적 분석에 기초하여 개별 작업자의 적정 작업량을 정하고 적정 작업량 대비 개별 작업자의 작업 성과에 따라 차등적으로 개인 성과급을 지급할 것을 제안하였다. 그 외에도 그는 주어진 부문에서 한 감독자가 모든 기능을 총괄하던 시스템을 기능별 전문 감독자 시스템으로 바꾸도록 제안하였다.

과학적 관리법은 당시에 매우 혁신적인 방안이었다. 포드자동차 회사를 시발로 하여 일관 조립 공정 라인으로 꽃피우면서 산업 현장의 생산성을 획기적으로 향상시키는 데 기여하였다. 이러한 과정을 거쳐 과학적 관리법은 산업화 시대에 전문성을 강조하는 기능별 조직구조의 가장 기초적인 토대를 형성하였다. 또한 과학적 관리법을 빼놓고 산업화 시대의 생산조직관리를 논할 수 없을 정도의 중추적 위치를 점하게 되었다.

과학적 관리법은 산업화 시대에 획기적인 생산성 향상이라는 순기능을 발휘했음에도 불구하고 작업을 파편화하고 인간을 일관 작업 공정의 부속품처럼 취급하였다는 이유로 비판을 받았다. 과학적 관리법이 그 이전의 숙련노동을 미숙련노동의 분업체계로 대체하였고 작업공정의 작업자 의존도를 대폭 낮춤으로써 고용주에 대한 개별 작업자의 교섭력을 떨어뜨리는 결과를 가져왔기 때문이다.[9] 과학적 관리법은 작업자에게 일을 맞추기보다는 일에 작업자를 끼워 맞추는 개념으로 자리 잡았다. 그 결과 작업자에게 돌아온 것은 지루하고 따분한 파편화된 업무와 그로 인한 비숙련화였으며 고용주들이 과학적 관리법을 일의 속도와 강도를 높이는 방편으로 활용하였다.

테일러의 과학적 관리법이 산업화 시대에 생산 현장에서의 작업을 공학적 관점에서 효율적으로 진행하기 위한 정교한 분업체계로 전환하는 데 초점을 맞췄다면, 막스 베버 Mark Weber가 체계적으로 정리한 관료제[10]는 조직의 대규모화에 따라 그것의 효율성을 뒷받침할 수 있는 근대적 조직관리체계의 표준을 제시했다. 어쩌면 테일러의 과학적 관리법도 막스 베버가 관찰하고 정리한 관료제가 산업조직에서 정교화되어 적용되고 있는 현실을 드러내 보여주는 대표적 사례라고 보는 것이 타당할 것이다. 그가 정리한 근대 관료제의 전형적인 특징은 과업의 엄격한 구분과 분업체계, 전문 교육을 받은 풀타임 전문 관료에 의한 업무처리, 직위의 서열화 및 공식적 단일 명령 계통, 권한 및 명령권의 명확화, 문서화된 공식적 절차와 규정에 따른 업무수행 및 권한행사, 개인이 아닌 조직의 규칙과 기준에 따른 자격평가와 경력관리 등을 들 수 있다.

당시 관료제는 자의적이고 불합리하고 비효율적인 면들을 내포하고 있었던 종전의 신분제와 가부장 체제를 극복할 대안으로서 합리적이고 효율적인 행정과 조직운영을 담보하기 위한 이상적인 체계로 인식되었다. 관료제는 개인적 권위나 카리스마 신앙 등에 근거한 가부장적 권한 행사 및 지배가 아닌, 전문적 지식과 합법적 규정에 근거한 권한 행사 및 지배를 특징으로 한다. 그런가 하면 관료제는 아테네의 직접민주주의에서 공동체 유지를 위해 행정을 담당할 사람을 매년 뽑고 한시적으로 봉사하게 했던 직접민주행정 체제와 달리 전문성을 갖춘 직업 관료들을 세워 그들로 하여금 명문화된 규칙과 절차를 따라 업무의 연속성을 유지하면서 행정을 전담하게 한다. 막스 베버는 관료제를 사람들의 활동을 조직하는 가장 합리적이고 효율적인 방식으로 보았고 관료제의 확산을 서구 사회가 합리화되어가는 필연적 과정으로 보았다. 실제 관료제는 20세기에 정부조직뿐 아니라 일반 조직으로까지 확산되어 20세기 대규모 기업조직관리 방식의 전형으로 자리 잡았다. 그리고 산업화 시대에 규모의 경제를 통한 경제적 효율성의 극대화를 구현하는 데 크게 기여했다고 볼 수 있다.

이러한 관료제는 근본적으로 수직적·계층적·기능적·기계적 조직구조와 더불어 중앙집권적·통제적·권위적 조직관리를 특징으로 한다. 이는 구성원들을 잘 짜인 합리적 조직구조와 전문화된 업무경계, 일원화된 명령체계, 명문화된 규정과 절차 속에 끼워 맞춘 '조직인'이 되게 함으로써 조직의 효율성을 극대화하려는 조직관리 접근법임을 말해준다. 이러한 관료제는 비교적 안정성과 예측 가능성이 컸던 20세기 초·중반 산업화 시대에 포드주의Fordism로 상징되는 대량생산체계를 조직적으로 뒷받침하며 산업조직의 효율성을 높이는 데 크게 기여했다. 그러나 변동성과 불확실성이 높은 환경이 되면 관료제는 그 자체의 경직성 때문에 조직의 환경 변화에 대한 유연한 대응을 저해함으로써 조직의 경쟁력을 저하시키는 주요 원인이 된다. 1980년대 이래 두드러지기 시작한 경영 환경의 변동성과 불확실성의 증대는 관료제의 한계를 드러내며 20세기 초·중반에 걸쳐 수십 년간 주류로 자리 잡았던 관료제의 기본 가정과 믿음에 의문을 던지기 시작했다.

02 자율경영 패러다임의 부상

20세기 후반기로 접어들면서 산업사회가 후기산업사회로 진입함에 따라 서비스에 기반을 둔 지식집약적·기술집약적 경쟁이 치열해지기 시작했다. 그로 인해 점차 글로벌 시장경쟁에서 인간의 창조성과 개인의 독창성이 이전보다 훨씬 더 중요한 경쟁우위의 근원으로 부상하기 시작하였다. 그러한 맥락에서 고샬과 바틀렛(2000)은 구성원을 절차와 규정의 틀에 끼워 맞춰 조직인이 되기를 강요하는 전통적인 관료제 조직 모델과 대비되는 '개인화 기업individualized corporation' 조직 모델이 부상하고 있음을 통찰하였다.[11] 그들이 말하는 개인화 기업은 구성원 개개인이 보유하고 있는 특유의 재능과 창의적 잠재력을 끌어내는 데 초점을 맞춰 운영되는 자율경영 중심의 조직 모델을 일컫는다.

전통적인 관료제에서는 잘 짜인 피라미드형 위계적 조직구조 아래서 최고경영진이 전략과 규칙과 예산을 세우고, 고위관리자는 전략이 제대로 수행되고 규칙이 잘 지켜지는지 행정적으로 감독·통제하며, 일선 조직의 관리자와 구성원들은 운영상의 실행자로서 미리 정해진 규칙과 예산에 맞춰 상부에서 내려온 전략을 실행한다. 그러한 조직에서는 일선 현장의 풍부한 정보와 아이디어와 창의성은 사장되기 쉽고, 속박·계약·통제·추종의 규범에 따라 수동적으로 행동하는 조직인이 주를 이룬다.

반면 역피라미드형 모델로 상징되는 개인화 기업에서는 고객과 시장의 접점에서 일하는 일선 조직 관리자와 구성원들이 조직인의 껍질을 깨고 나와 상당한 자율성을 가지고 혁신역량을 발휘하고 마치 적극적인 사업가처럼 일한다. 고위관리자는 개발형 코치로서 일선 구성원들을 코칭하고, 단위 조직별로 흩어져 있는 지식과 기술과 성공사례 등을 연결해주며, 효과적 업무수행을 지원한다. 최고경영진은 조직의 리더이자 제도 건설자로서 조직 전체에 걸쳐 구성원들에게 비전을 제시하고, 몰입과 도전의식을 일깨우며, 창의성과 혁신을 촉진하는 조직 토양을 조성한다. 오늘날과 같은 급변하는 환경에 유연하게 적응하며 경쟁력을 확보·유지하기 위해서는 구성원들 개개인 안에 내재된 창의성과 혁신역량을 맘껏 발휘할 수 있도록 뒷받침해줘야 하기 때문이다.

고샬과 바틀렛에 따르면, 개인화 기업을 특징짓는 세 가지 핵심적 능력이 있다. 첫 번째는 모든 사람이 가지고 있는 개인의 독창성과 창조성을 불러일으키는 능력이다. 그것은 구성원에 대한 근본적인 믿음에 기초한다. 구성원들에 대한 믿음이 없으면 관료적 위계의 틀 속에 갇혀 있는 그들에게 창의적 잠재력을 발휘할 수 있는 여지와 기회를 열어주기 어렵다. 개인화 기업에서는 그러한 믿음을 바탕으로 고객과 가장 가까이 있거나 기술에 관해 제일 잘 아는 일선 구성원들이 급변하는 환경의 요구와 시장 기회에 더 잘 반응할 수 있다는 전제 아래 그들에게 행동을 취할 자원과 책임을 부여한다. 두 번째는 창의적 아이디어, 정보, 지식, 전문성 등이 수평적으로 자유롭게 흐르게 하고 조직적 학습을 가능하게 하는 통합 프로세스를 통해 구성원들의 창의적 행동과 실패 경험으로부터 얻을 수 있는 통찰력과 전문적 기술 등을 서로 연결하고 활용하는 조직학습 능력이다. 세 번째는 조직 스스로를 지속적으로 혁신하는 능력이다. 이 능력은 구성원들이 조직운영의 기저에 깔린 기존의 가정과 전제에 도전할 수 있는 문을 열어놓음으로써 혁신의 기운이 조직 내에 돌게 하고, 포괄적 목적과 대담한 목표를 세워 구성원들의 창의적이고 혁신적인 사고와 전략을 자극할 수 있는 최고경영진의 능력과 관련된다.

03
통제 지향 사람경영에서
몰입 지향 사람경영으로

　　관료제 조직 모델을 뒷받침하는 사람경영은 통제 지향형으로서 구성원들을 관료제 조직구조의 틀에 맞춰 주인의식과 개성을 갖는 자율인으로서가 아닌 조직인으로서 정해진 역할을 수행하게 하는 데 초점을 맞춘다. 이러한 통제 지향 사람경영을 대표하는 인사 시스템이 테일러리즘을 기본 틀로 한 직무 중심의 인사 시스템이다. 업무는 개인 단위의 직무로 세분화되었다. 직무의 범위는 미숙련자라도 단순 반복적으로 쉽게 수행할 수 있도록 좁은 범위로 한정되었으며 관리직도 기능 중심으로 좁게 분화되었다. 계획과 실행이 엄격하게 분리되었기 때문에 실행을 감당하는 일선 구성원과 그들을 감독하는 중간관리자들은 업무와 관련된 재량권이 크게 제한되고 직무규정에 따라 각자에게 주어진 직무에 대한 실행 책임을 지게 된다.

구성원을 뽑을 때는 직무 단위로 개별 직무에 맞는 사람을 뽑고 특정 직무에서 쌓은 경험과 노하우를 기반으로 그와 관련성이 높은 직무 사다리를 타고 승진해 올라가는 경력관리가 이루어진다. 직무 중심의 인사 시스템에서는 개별 직무의 가치를 평가하고 각 직무에 기본급을 붙여 해당 직무를 수행하는 사람에게 지불하고, 직무별 최저 성과 기준을 설정한 후 그 기준을 초과한 성과에 대해 인센티브를 제공한다.

이와 같은 통제 지향 사람경영은 20세기 산업화 시대에 조직경영의 합리화 및 효율화 흐름과 궤를 같이하며 비용 효율성 관점에서 구성원들을 관리해왔다. 노동집약적인 생산과정에서 일하는 육체노동자의 생산성을 극대화하는 데 초점이 맞춰졌으며 대량생산체계의 효율성 증대를 뒷받침했다고 볼 수 있다.

그러나 20세기 중반 들어 통제 지향 사람경영은 그 한계를 노정하기 시작했다. 구성원들의 손발을 통제하는 데 집중함에 따라 구성원들의 머리와 가슴을 잃어버리는 결과를 가져왔다. 안정적이고 예측 가능했던 시장 환경과 경영 환경이 점차 변동성이 높은 환경으로 바뀌었다. 선진국들을 중심으로 지식 기반 서비스 산업의 비중이 확대되었으며 시장에서의 경쟁은 점차 지식 기반 경쟁의 양상으로 변해가기 시작했다. 그런 배경에서 피터 드러커(2002)는 향후 국가나 기업의 경쟁력은 지식노동자의 생산성을 극대화할 수 있는 곳으로 옮겨갈 것이라고 예측한 바 있다.[12] 통제 지향 사람경영 아래서는 구성원 개개인이 가지고 있는 창의적 잠재력을 발휘할 기회는 물론이고 일을 통한 자아실현의 가능성이 매우 한정된다. 재량권이 매우 제한된 조건에서 구성원들은 업무에 대한 몰입과 내재적 동기를 갖기 어렵다. 그 결과 구성원의 동기부여는 금전적 인센티브에 의존하지 않을 수 없게 되고 노사관계는 대립적이고 적대적인 특성을 띠게 된다.

1980년대를 전후하여 전반적인 기업 환경의 변화가 본격적으로 시작되었다. 이에 대응하기 위해 기업 전략, 조직구조, 사람경영 등 조직운영 방식의 변화가 총체적으로 진행되었다. 제품시장에서의 치열한 경쟁 증가, 급격한 기술 발전, 불확실성 증가 등 외부 환경의 변화는 기업이 고품질 전략을 채택하게 하는 상황적 요인으로 작용하였다. 기업들은 빠른 시장변화에 대한 대응의 하나로 유연생산체제로의 변화를 시도하였다. 시장에서의 경쟁은 점차 효율성 기반 경쟁에서 지식 기반 경쟁으로 중심축이 바뀌었다. 이는 조직이 보유하고 있는 인적 자본이 지속가능한 경쟁우위의 핵심 원천, 즉 전략적 자산이 되도록 뒷받침하는 사람경영 접근법을 요구하였다. 그러한 배경에서 주목받기 시작한 사람경영 패러다임이 몰입 지향 사람경영이다.

몰입 지향 사람경영은 '현장에 답이 있다.'라는 전제에서 출발한다. 일선의 조직구성원들이 높은 잠재역량과 노하우를 보유하고 있을 뿐 아니라 일에 몰입하고 역량을 발휘할 수 있는 여건만 조성되면 조직의 이익을 위해 기꺼이 일하려는 의지를 가지고 있다는 믿음 위에 서 있다. 몰입 지향 사람경영은 고용안정성 제고, 구성원의 훈련 및 육성을 위한 투자, 권한위임과 임파워먼트, 주식 공유를 통한 주인의식 함양, 공동체의식 및 팀워크 제고 등에 초점을 맞춘다.

그러한 기조 아래에서 고용주와 피고용인 간 상호신뢰에 기초한 장기고용 관계와 직원들에게 더 많은 것을 줌으로써 더 많은 것을 얻는다는 상호투자 원칙을 추구한다. 여기에서 직원들에게 더 많은 것을 준다는 의미는 조직의 경제적 성과를 직원들과 공유한다는 의미 외에도 더 많은 재량권과 의사결정 과정에 참여할 수 있는 권한을 그들에게 준다는 의미를 내포하고 있다. 일로부터 작업자들이 자존감, 자기 성장의 욕구, 자기 결정의 욕구 등 상위 욕구를 충족할 수 있도록 직무 특성을 충실화하고, 팀워크를 통한 시너지 효과를 극대

〈표 3-1〉 통제 지향 사람경영과 몰입 지향 사람경영의 특징 비교

	통제 지향 사람경영	몰입 지향 사람경영
직무설계 원리	• 개인 단위의 직무설계 • 업무의 파편화와 비숙련화 • 계획과 실행의 분리 • 개인의 책임 강조 • 경직된 직무규정	• 시스템 성과 증진을 위한 직무설계 • 직무 특성 강화 • 계획과 실행의 통합 • 팀 단위의 책임 강조 • 상황 변화에 유연한 직무규정
기대성과	• 최저 성과 기준 규정 • 안정적 성과에 역점	• 시장 지향적 성과규정 • '스트레치 목표' 강조
구조 시스템 스타일	• 상명하달식 통제구조 • 절차와 규정 기반 조정·통제 • 지위에 따른 권한 강조 • 위계에 따른 차등 강화	• 상호 영향을 주고받는 수평적 구조 • 공유 목표 및 가치 기반 조정·통제 • 문제 해결 능력과 전문성 강조 • 위계에 따른 차등 최소화
보상정책	• 개인 차원의 인센티브 • 직무평가에 기초한 개인보상 • 경기 후퇴 시 시간급 우선 삭감	• 그룹 단위 성과 연동 인센티브 • 기술 습득과 숙련도 연계 개인 보상 • 경기 후퇴 시 평등한 희생 분담
고용보장	• 구성원을 변동비용으로 인식	• 성과 향상으로 인한 실직 우려 불식 • 해고 회피나 재고용에 대한 약속 • 현업자들에게 전직과 훈련 우선권 부여
근로자 발언권	• 제한된 사안에 한정 • 목소리 강화의 위험성 강조 • 제한된 정보 제공	• 광범위한 사안에 구성원 참여 유도 • 목소리 강화의 효과성 강조 • 광범위한 정보 제공 및 공유
노사관계	• 적대적 노사관계 • 이해상충을 전제로 함	• 협력적, 문제 해결 지향적 노사관계 • 상호의존적 공통 이해를 전제로 함 • 노조, 경영자, 종업원의 역할 재규정

출처: Walton(1985)에서 일부 내용 수정하여 정리.

화할 수 있도록 업무를 재구조화하며, 구성원들이 조직의 정책 결정 과정에 주도적으로 참여할 기회를 확대한다. 1980년대에 몰입 지향 사람경영의 부상을 인지한 리처드 월턴Richard Walton(1985)은 통제 지향 사람경영과 몰입 지향 사람경영을 앞의 〈표 3-1〉과 같이 비교·정리한 바 있다.[13]

2부
사람경영에 대한 전략적 접근

> 미래에는 자본보다 인재가 가장 중요한 생산요소가 될 것이다.
> – 클라우스 슈밥, 2016.

4장
전략적 사람경영의 이해

사람경영에 대한 전략적 접근법은 몇 가지 점에서 전통적인 접근법과 다르다. 우선 전통적 접근법이 주로 구성원 개개인의 만족도, 태도, 행동과 직무수행 성과 등에 영향을 미치는 데 초점을 맞췄다면, 전략적 접근법은 전략적 단위인 조직의 경영 성과와 비교 경쟁우위 확보에 긍정적 영향을 미치는 데 초점을 맞춘다. 사람경영의 최종 목적은 구성원 개개인 수준에서 어떤 업무 성과를 내는지에 머물지 않고 조직의 경영 성과를 높이고 조직의 비교 경쟁우위를 확보하는 데 있기 때문이다.

또한 전통적 접근법은 조직이 추구하는 전략과 무관하게 이루어졌다. 반면 전략적 접근법은 사람경영이 조직의 전략과 일관성을 갖도록 조율함으로써 조직의 전략적 목표를 효과적으로 달성하도록 돕는다. 조직의 경쟁력과 관련하여 인적 자본의 중요성을 인식하지 못했던 시기에는 조직의 경쟁력 확보는 전략 수립 담당자들의 몫으로 여겨졌다. 그러나 조직이 추구하는 전략이 아무리 탁월하다 해도 그 전략을 실행함으로써 조직의 경쟁력을 만들어내는 주체는 결국 구성원들이다. 따라서 그들이 해당 전략을 실현해낼 수 있는지가 매우 중요하다. 지식 기반 경쟁의 비중이 커질수록 인적 자본의 중요성은 더 커질 수밖에 없다. 그러기에 조직이 보유하고 있는 인적 자본을 포함한 내부역량이 어떠한 전략을 수행할 수 있는지를 고려하지 않고 전략을 수립하는 것은 조직의 경쟁력 확보에 도움이 되지 않는다. 인적 자본의 확보, 유지, 육성을 담당하는 사람경영과 전략경영이 유기적으로 통합되어야 할 필요성이 바로 여기에 있다.

더 나아가 전략적 접근법은 지속적인 경쟁우위 확보를 위해 인적 자본을 조직의 핵심역량화한다는 점에서 전통적 접근법과 다르다. 조직의 핵심역량이란 변동성이 높은 경쟁 환경에서 지속적으로 새로운 경쟁우위를 창출해낼 수 있는 기반 역량을 가리킨다. 산업화 시대와는 달리 지식 기반 경쟁 시대에는 경영전략의 초점이 조직 내부에 핵심역량을 구축함으로써 지속적인 비교 경쟁우위를 확보하는 데 있으며, 인적 자본이야말로 지속적인 조직 경쟁력 확보를 위한 핵심 원천이다.[2]

인적 자본을 핵심역량화하는 것의 중요성은 경영 환경의 불확실성 증대 때문에 그 어느 때보다 더 커졌다. 불확실성이 높아질수록 미래를 정확하게 예측하고 정교한 경영전략을 세워 엄밀하게 실행하기보다 변화된 환경을 감지하고 그에 유연하게 대응할 수 있는 내부역량이 더 중요해졌기 때문이다. 그러한 변화를 반영하여 '조준-발사'의 순서를 따라 시행되던 경영전략도 점차 '발사-조준'의 순서로 시행되고 있다. 예측 가능성이 크게 떨어진 상황에서는 다양한 전략을 시도해보고 그중 가장 효과성이 높은 전략을 그 기업의 전략으로 채택하는 것이 더 낫다는 판단에서다. 이는 다양한 전략을 시도하는 데 필요한 조직 차원에서의 평상시 준비가 무엇보다 중요함을 시사한다. 조직의 핵심역량 구축이 곧 그 준비의 핵심이며 사람경영에 관한 전략적 접근법의 핵심 과제이다. 평소 높은 수준의 인적 자본을 확보해놓으면 불시에 찾아오는 기회나 위기 상황에 조직이 민첩하고 유연하게 대응할 수 있고 지속적인 경쟁우위를 확보하고 유지할 수 있다. 콜린스와 한센(2012)은 뛰어난 성과를 내는 조직에서 보이는 현상 중 하나가 운처럼 다가오는 기회에 높은 수익을 낸다는 점을 강조한 바 있다.[3] 그러한 결과가 가능한 이유는 평소 인적 자본을 변동성이 높은 환경에 유연하게 대응할 수 있는 핵심역량으로 만들어놓았기 때문이다.

01
전략적 접근을
뒷받침하는 이론들

자원 기반 이론, 인적 자본이 경쟁우위의 원천

경영전략에 대한 자원 기반 관점resource-based view은 불확실성이 높고 변화의 속도가 빠른 지식정보화 시대에 특정 조직이 경쟁우위를 확보하고 지속할 수 있게 해주는 핵심 원천이 조직의 내부자원에 달려 있음을 강조한다. 특정한 내부자원이 지속가능한 경쟁력의 원천, 즉 전략적 자산이 되기 위해서는 네 가지 특성을 갖춰야 한다. ① 가치 창출, ② 희소성, ③ 비모방성, ④ 비대체성이 그것이다.[4] 가치 창출은 조직이 가치를 창출하는 데 중요한 기능을 감당할 수 있는 특성을 갖췄는지를 말하고, 희소성은 다른 경쟁사들이 보유하기 어려운 희소한 자원을 자사가 보유할 때 비교 경쟁우위를 확보할 수 있음을 뜻한다. 비모방성은 경쟁사들이 자사가 보유한 전략적 자산을 쉽게 모방할 수 없어야 지속가능한 비교우위 확보가 가능하다는 것을 의미하고, 비대체성은 동일한 형태의 자원은 아니라 해도 가치 창출 면에서 대체가 가능한 자원이 존재한다면 해당 자원이 전략적 자산이 되기 어렵다는 것을 의미한다.

어떤 자원이 위 네 가지 특성에 가장 부합할까? 다양한 자원(예: 물리적 자원, 재무적 자원, 기술적 자원 등) 중에서 이러한 특성에 가장 부합한 자원이 바로 인적 자본이다. 우수한 인재야말로 21세기 경영 환경에서 조직의 지속가능한 경쟁력을 뒷받침해줄 수 있는, 핵심역량으로서의 역할을 감당해낼 수 있는 전략적 자산이다. 그런 만큼 우수한 인재를 어떻게 확보하고, 그들의 역량 발휘를 어떻게 뒷받침해주며, 그들의 일에 대한 몰입을 어떻게 끌어올리느냐가 조직의 경쟁우위 확보 및 유지에 매우 중요하다. 사람경영을 소홀히 하는 조직은 결코 지속가능한 경쟁력을 확보하고 유지할 수 없다. 사람경영은 조직의 경영 성과와 경쟁력에 결정적인 영향을 주는 전략적 요소가 되었으며, 그 중요성이 갈수록 커지고 있다.

실물옵션이론, 불확실한 환경에서 사람경영의 방향성 제시

불확실성이 큰 역동적 환경에서 사람경영에 대한 전략적 접근에 또 하나의 이론적 기반을 제공하는 이론이 실물옵션이론real option theory이다. 실물옵션이론은 투자 대상이 되는 실물 자산에는 미래 가치에 대한 불확실성이 내재해 있음을 전제한다. 따라서 실물 자산에 투자할 때는 그 자산의 현재 가치뿐 아니라 불확실한 미래 가치, 즉 자산 가치의 변동성에도 주의를 기울여야 한다. 기업은 투자한 자산의 가치 상승으로 인해 미래에 수익을 누릴 기회를 활용해야 한다. 하지만 동시에 투자한 자산의 가치 하락으로 인해 미래에 손실을 볼 위험에도 대비해야 한다. 그러한 맥락에서 자산 가치의 변동성에 대응하는 방법 중 하나가 일정한 값을 지불하고 실물옵션─투자한 실물 자산의 가치가 미래에 변동할 가능성이 클 때 일정한 가격으로 그 자산을 사거나(즉 콜 옵션) 팔 수 있는 권리(즉 풋 옵션)─을 사전에 사두는 것이다.

예를 들면 달러 대비 원화 환율의 변동성이 매우 클 때 달러 자산에 투자하려는 사람은 미래 특정 기간에 사전에 정한 환율로 달러를 살 수 있는 권리나 팔 수 있는 권리를 미리 사둘 수 있다. 해당 기간에 환율이 크게 오르면 미리 사둔 콜 옵션을 사용하여 정해진 환율로 달러를 매입할 수 있기 때문에 환율 상승에 따른 이득을 얻을 수 있다. 반면 환율이 크게 떨어지면 풋 옵션을 사용하여 정해진 환율로 달러를 매도할 수 있기 때문에 환율 하락에 따른 손실을 줄일 수 있다. 이 이론은 경영자들로 하여금 경영 환경의 불확실성과 그에 따른 자산 가치 변동성이 높은 조건에서 자산 투자에 관한 동적 관점을 제공하는 유용한 이론이다.

한 기업의 경쟁력에 큰 영향을 미칠 수 있는 인적 자산도 불확실한 환경에서 그 가치가 크게 변동할 수 있다. 따라서 사람경영에 실물옵션이론을 적용하여 미래에 대비한 의사결정을 하는 것은 전혀 이상할 것이 없다. 이 점에서 실물옵션이론은 불확실성이 높은 경영 환경에서 전략적 사람경영에 관한 이론적 기반을 제공한다. 실물옵션이론의 관점에서 보면, 현재 시점에 기업의 성과 향상에 효과적으로 기여하는 인적 자산이라 하더라도 변동성이 심한 불확실한 환경 때문에 미래의 기업 성과에 기여할 수 있는 수준이 크게 변동될 수 있다. 즉 현재 보유하고 있는 인적 자산의 미래 가치에 대한 불확실성이 매우 크다. 따라서 사람경영 시스템을 운영할 때 환경의 불확실성으로 인해 초래될 수 있는 인적 자산의 가치 하락의 위험을 최소화하는 동시에 불시에 다가올 기회를 활용할 수 있도록 사전에 인사 옵션에 투자해둬야 한다.

그러기 위해서는 인적 자산에 내재된 불확실성의 본질을 이해해야 한다. 실물옵션이론 관점에서 볼 때 인적 자산에는 세 가지 유형의 불확실성이 내재해 있다.[5] 첫째, 수익의 불확실성이다. 현재의 인적 자산이 기업의 성과와 경쟁력 향상 측면에서 미래에 얼마나 많은 가치를 가질 것인지에 대한 불확실성이다. 이러한 불확실성은 급격한 기술 환경의 변화로 인해 구성원들이 보유하고 있는 현재의 기술과 역량이 빠르게 쓸모없는 것이 될 가능성이 클 때 더 커진다고 볼 수 있다. 둘째, 규모와 조합의 불확실성이다. 인력 수급의 변화나 환경 변화 혹은 조직 개편 등으로 인한 인력 재구성의 필요성 때문에 발생하는 불확실성을 의미한다. 예컨대 오프라인 유통 채널에 의존해온 기업이 온라인 유통 채널로 전환해야 할 상황을 상정해보자. 이 때 영업직 직원들에 대한 수요와 더불어 그들에게 요구되는 역량의 특성도 크게 달라질 것이기 때문에 그 경우 인력의 규모 및 조합의 불확실성이 매우 높아진다. 마지막으로 비용의 불확실성이다. 이것은 미래의 인건비를 예측하기 어려운 데서 발생하는 불확실성이다. 경영 환경이 급변할수록 경기의 변동과 함께 사업의 부침이 잦아질 수 있기에 비용관리 측면에서 유연성을 확보해야 한다. 인건비의 특징 중 하나인 하방 경직성을 고려하면 사업비에서 차지하는 인건비 비중의 불확실성이 커질 가능성이 매우 높기 때문이다.

실물옵션이론은 변동성이 높은 환경 속에서 인적 자산에 내재된 위와 같은 불확실성의 본질을 고려하여 인적 자산에 대한 투자 결정을 동적 관점에서 해야 함을 시사한다. 기업으로 하여금 불확실한 환경 변화에 유연하게 대응할 수 있도록, 즉 불현듯 기회가 찾아올 때는 즉각적으로 그 기회를 활용하여 수익과 연결시키고, 인적 자산의 가치 하락으로 인해 닥칠 수 있는 위험을 최소화할 수 있는 대비책들을 인사 시스템 안에 탑재해놓아야 한다는 것이다. 이것이 곧 인사 옵션HR option을 미리 사두는 개념이다. 위에서 소개한 세 가지 불확실성을 최소화하기 위한 구체적인 인사 옵션의 세부 내용에 대해서는 「7장 새로운 인사 시스템의 기초 모델」에서 다룬다.

상호투자 모델, 고용 관계의 윈-윈 관점

안네 추이Anne S. Tsui와 조슈아 우Joshua B. Wu(2005)는 고용주와

피고용인 간 기여와 처우에 대한 서로 간의 기대 수준에 따라 고용 관계 유형을 네 가지 유형—과투자 모델, 저투자 모델, 유사 일용계약 모델, 상호투자 모델—으로 구분하였다(〈표 4-1〉 참조).[6] 네 가지 유형 중 상호투자 모델mutual investment model은 피고용인에 대한 높은 처우와 그들의 높은 기여에 대한 기대가 결합된 유형이며 조직이 구성원들에게 적극적으로 투자하면 구성원들이 높은 생산성과 지속적 혁신을 통해 경쟁력 제고라는 열매를 기업에 되돌려줄 것을 기대하는 몰입 지향 사람경영과 맥을 같이한다.

상호투자 모델은 구성원들에 대한 존중과 Y이론적 인간관을 바탕으로 내재적 욕구와 필요를 충족해주고 직장생활의 만족도를 높여줌으로써 조직에 대한 헌신도와 몰입도를 높이고, 다른 한편으로는 구성원들의 역량을 꾸준하게 향상시킴으로써 조직의 생산성을 획기적으로 높이려 한다. 상호투자를 통해 인적 자본을 조직의 핵심

〈표 4-1〉 고용 관계의 4가지 유형

		회사가 피고용인에게 기대하는 기여contributions	
		수준이 낮고 제한적임	수준이 높고 광범위함
회사가 피고용인에게 제공하는 처우 inducements	수준이 높고 광범위함	과투자 모델	상호투자 모델 • 피고용인들에게 적극 투자 • 피고용인들에게 폭넓은 기여와 헌신을 기대 • 기간이 정해지지 않는 장기고용 관계 지향
	수준이 낮고 제한적임	유사일용계약 모델 • 경제적 교환 관계에 기반 • 단기고용 관계 • 명확한 책임과 의무 • 수적 유연성 추구	저투자 모델 • 경제 불황기에 높은 압력 • 제한된 자원으로 생산성을 높이려 노력 • 수적 유연성 추구

출처: Tsui, A. S. & Wu, J. B., 2005.

역량화함으로써 21세기 경쟁 환경에서 지속적인 경쟁우위의 핵심 원천이 되게 하려는 노력의 일환이라 할 수 있다.

양손잡이 조직 이론, 장기적 생존을 위한 통찰력

기업이 장기적으로 경쟁력을 유지하며 살아남으려면 양손잡이처럼 점진적 변화incremental change와 급진적 변혁revolutionary change을 이뤄낼 수 있어야 한다.[7] 기업의 장기적 성공은 점진적 변화를 통해 전략-구조-사람-문화 사이의 적합도를 높여가다가 간간이 전략-구조-사람-문화의 동시적 전환을 요구하는 불연속적이고 급진적인 변혁이 끼어드는 양상을 보인다.[8] 경영학의 대가 제임스 마치 James G. March의 표현을 빌리면, 양손잡이 조직이 되기 위해서는 활용exploitation과 탐험exploration 간 적절한 균형이 필요하다.[9] 활용은 개선, 선택, 생산, 효율, 실행 등과 연계성이 높은 개념으로서 현재의 강점을 활용하고 개선하여 효율성을 높이는 데 초점을 맞춘다. 반면 탐험은 탐색, 변이, 모험, 실험, 놀이, 유연성, 발견, 혁신 등과 연계성이 높은 개념으로서 익숙한 것을 넘어 새로운 가능성을 향해 뛰어들어 새길을 만드는 데 초점을 맞춘다. 그 점에서 활용은 비교적 예측이 가능한 안정적 경영 환경에서 유효하며, 탐험은 높은 변화 적응력을 요구하는 변동성과 불확실성이 높은 환경에서 유효하다.

활용은 효율성을 기반으로 한 경쟁에서 유리하고, 탐험은 혁신을 기반으로 한 경쟁에서 우위를 확보하기 위한 필요조건이라 할 수 있다. "활용은 단기 성과에는 기여하지만 여기에만 의존하게 되면 기업의 미래 생존력은 약화된다. 반면 탐험은 비효율을 초래해 단기 성과에는 부정적인 영향을 미치지만 기업의 미래를 개척하기 위해서는 반드시 필요하다. 따라서 기업이 지속 성장하고 생존하기 위해서는 활용과 탐험의 적절한 균형이 중요"[10]하다. 따라서 조직이 장기적 생존력을 가지려면 이미 가지고 있는 유有와 아직 가지고 있지 않은 무無 사이의 긴장, 효율과 혁신 사이의 긴장, 단기 성과와 장기 성과 사이의 긴장, 프랜차이즈와 문샷[11] 사이의 긴장, 현재와 미래 사이의 긴장을 조직의 활력 에너지로 전환할 수 있어야 한다. 불연속적 대격변기에 이미 가진 것, 효율, 단기 성과, 프랜차이즈, 현재, 활용, 점진적 변화에만 의존하는 것은 소멸의 길로 접어드는 편도 승차권과 같다.[12]

02
다층구조의
인사 시스템

　보통 인사 시스템을 논할 때 표면에 드러난 인사제도나 실행 방안 중심으로 논하는 경향이 있다. 그러나 인사 시스템은 다층구조로 이루어졌다는 점을 유념할 필요가 있다. 가장 기저층에는 인사철학, 그다음 층에는 인사 시스템이 추구하는 가치와 인사원칙, 그다음 층에는 인사정책, 그리고 가장 표층에는 인사제도 혹은 실행 방안이 자리 잡는다. 그중 인사철학은 사람경영의 주춧돌에 해당하는 것으로서 사람에 대한 가정을 포함해 인적 자산에 부여하는 중요성 등을 포괄한다. 사람에 대한 가장 대표적인 가정은 이미 2장에서 논의한 바대로 일을 대하는 사람의 본성적 태도를 기준으로 X이론과 Y이론으로 나눈 맥그리거의 구분법이 있고, 인간을 이기적 경제인으

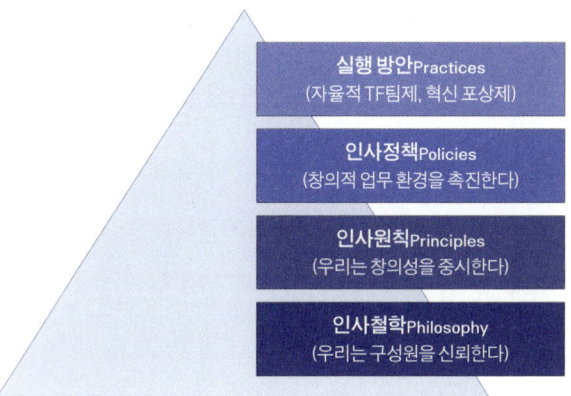

출처: Posthuma, R. A., et al., 2013.[13]

로 보느냐, 아니면 협력적 사회인으로 보느냐의 기준에 따른 구분법도 있다. 이기적 경제인 대 협력적 사회인에 대해서는 5장에서 상세히 다룬다.

 인적 자산에 부여하는 비중과 중요성도 인사철학을 구성하는 핵심요소 중 하나라 할 수 있다. 조직의 경쟁력을 확보하고 유지하는 면에서 구성원들의 역할을 어디에 자리매김하느냐의 문제이다. 한 극단은 토지, 자본, 노동, 정부 등 생산요소 중에서 상대적 중요성이 높지 않다고 보는 입장으로서 그것은 비용 관점의 사람경영 접근법으로 귀결된다. 테일러의 과학적 관리법은 19세기 말부터 20세기 초에 걸쳐 이루어진 거대한 산업구조의 재편 과정에서 임금노동자로 전환되었던 수많은 미숙련 노동자들을 세분화된 업무의 분업체계 속에 투입하였다. 그러한 체제에서 임금노동자들은 철저히 비용 관점에서 취급되었다. 다른 한 축은 기업의 지속적인 경쟁력이 결국 사람에 달려 있다고 보는 입장으로서 그것은 자산 관점의 사람경영 접근법으로 귀결된다. 이 관점은 탈산업화가 진행되고 변동성이 높아진 시장 환경에서 지식 기반 경쟁이 본격화됨에 따라 널리 확산되기 시작하였고, 그 관점에 따라 구성원들 안에 내재되어 있는 인적 자본을 조직의 전략적 자산, 즉 경쟁력의 핵심 원천으로 만들기 위한 노력이 활발하게 이루어졌다.

둘째, 인사원칙은 인사 시스템이 추구하는 가치를 반영한 것으로서 조직이 구성원들에게 어떠한 가치 기준에 따라 행동할 것을 기대하는지와 조직이 그들을 어떤 가치 기준을 따라 대할 것인지를 정한 것이다. 이것은 정책이나 실행 방안보다는 좀 더 포괄적이고 추상적인 수준에서 제시된 가치 기준이다. 통상 조직이 구성원들에게 기대하는 원칙은 그 조직이 추구하는 가치의 형태로 나타난다. 예를 들면 고객 최우선, 자율, 혁신, 협력 등과 같이 키워드로 표현된 것도 있고, "고객을 우리 모든 업무수행의 중심에 놓는다"와 같이 서술형 문장으로 표현된 것도 있다. 조직이 구성원들에게 기대하는 원칙과 동전의 양면을 이루는, 직원이 구성원을 대하는 원칙은 보통 기업이 직원들에게 제시하는 직원 가치 제안employee value proposition에 반영되어 나타난다. 예를 들어 구글은 '우리는 구글 직원들을 어떻게 대우할 것인가'에 그들의 직원 가치 제안을 담았다. 여기에 가족 지원, 건강한 생활 접근권 보장, 사회 환원, 질 높은 휴식 접근권 보장, 재정적 지원, 직원 성장을 위한 투자 등이 포함되어 있다.

셋째, 인사정책은 회사가 사람경영의 목표를 효과적으로 달성하기 위해 인사행정 면에서 취할 구체적 방향 혹은 방침을 가리킨다. 예를 들면 "열정과 전략적 사고와 팀워크를 인재선발의 기준으로 삼는다." "직원들이 불안감 없이 창의적으로 일할 수 있는 업무 환경을 만든다." "직원들이 부서 경계를 넘어 협력할 수 있는 조건을 만든다." "직원들이 돈보다는 일에 몰입할 수 있는 업무 환경을 만든다." "직원들이 지속적으로 역량을 향상시킬 수 있는 학습 기회를 제공한다." 등이 그 예이다. 이러한 인사정책은 인사원칙의 가이드를 받아 설정되며 인사 시스템의 가장 표층을 구성하는 인사제도나 실행 방안들을 설계할 때 구체적 가이드라인이 된다.

넷째, 실행 방안은 가시적인 인사제도나 프로그램들이다. 구조화된 면접, 목표관리제MBO, 다면평가제, 팀성과급제, 이윤공유제, 구성원 간 상호인정 프로그램, 제안제도, 혁신과제팀제, 평생학습제 등이 그 예이다. 이러한 실행 방안은 인사정책, 인사원칙, 더 깊게는 인사철학을 실현하는 구체적 수단들이다. 따라서 개별 실행 방안을 설계할 때는 정책의 가이드를 받지만, 그렇다고 그것과 일대일로 조응되는 것은 아니어서 하나의 정책을 구현하는 실행 방안들은 얼마든지 다양할 수 있다. 일반적으로 한 조직의 인사 시스템을 이야기하거나 벤치마킹할 때 이러한 실행 방안들로 짜인 표층에 드러난 것들에 초점을 맞추는 경향이 많다. 하지만 실행 방안들의 저변에 놓인 인사정책, 인사원칙, 인사철학 등과의 연계성 속에서 실행 방안을 이해하지 못하면 피상적 이해에 머물게 된다. 실행방안 수준에서 선도 기업의 인사 시스템을 벤치마킹할 경우 기대하는 효과를 얻기 어렵다.

03
보편론과 상황론의 통합적 이해

사람경영의 전략적 접근에서 쟁점이 되는 이슈 중 하나는 과연 조직의 성과와 경쟁력을 담보해주는 효과적인 인사 시스템이 존재하느냐는 것이다. 만약 그것이 존재한다면 모든 기업이 그것을 벤치마킹하여 도입하면 높은 성과를 기대할 수 있을 것이다. 이것이 인사 시스템에 관한 보편론적 관점 universalistic perspective 이다. 그와 같은 맥락에서 1990년대 이래 고몰입 인사 시스템 high-involvement HR system [14] 혹은 고성과 인사 시스템 high performance work system 이 학자들과 경영자들의 주목을 받아왔다. 그리고 수많은 실증 연구 결과도 그러한 인사 시스템을 운영하는 기업들이 그렇지 않은 기업들에 비해 유의미한 수준에서 기업 성과가 더 높았음을 보여주었다.

보편론적 관점에 반해 모든 상황에서 높은 조직의 성과와 경쟁력을 담보해줄 수 있는 인사 시스템은 존재하지 않는다는 관점이 있다. 바로 상황론적 관점contingent perspective이다. 이 관점은 인사 시스템과 그 시스템이 운영되는 상황과의 적합성에 초점을 맞춘다. 일부 기업에서 높은 성과와 경쟁력을 만들어낸 인사 시스템이라 하더라도 그 기업이 기반을 둔 상황이나 조건이 달라지면 그와 같은 높은 성과와 경쟁력을 기대하기 어렵다는 점을 강조한다. 기업마다 속한 업종과 시장에서의 경쟁 조건이 다를 수 있고 사회문화적 배경이 다를 수 있으며 성장 사이클상의 단계나 전략이 다를 수 있고 기업의 역사와 인적 구성이 다를 수 있다. 따라서 상황론적 관점에 따르면, 그러한 다양한 상황과 조건을 고려하여 그것들과 적합성이 높은 인사 시스템을 설계하고 실행할 때 비로소 높은 조직의 성과와 경쟁력을 기대할 수 있다.

위 두 관점이 각각 일정한 설득력을 가지고 있으면서도 주장하는 바가 서로 상충되는 것처럼 보인다. 논리 면에서는 상황론적 관점이, 실증 분석 결과 면에서는 보편론적 관점이 더 높은 설득력이 있는 것처럼 보이기도 한다. 그러나 효과적인 인사 시스템을 설계하고 운영하기 위해서는 위 두 관점을 통합적으로 이해할 필요가 있다. 이미 앞에서 인사 시스템이 '인사철학-인사원칙-인사정책-실행 방안'의 다층구조로 이루어져 있다는 점을 확인했다. 인사철학과 인사원칙은 인사 시스템의 뿌리와 줄기에 해당하고 인사정책과 실행 방안은 다양한 방향으로 뻗어나갈 수 있는 가지와 잎사귀에 해당한다. 인사철학과 인사원칙은 쉽게 바뀌지 않으며 인사 시스템의 근본 방향을 결정해주는 반면, 인사정책과 실행 방안은 인사 시스템을 실행하는 상황과 조건에 맞추어 바뀔 수 있다. 따라서 몰입 지향 인사 시스템이라 하더라도 인사철학과 인사원칙 수준에서는 보편론적 관점이 적용되지만 인사정책이나 실행 방안 수준에서는 상황론적 관점이 적용된다고 볼 수 있다.

개인주의 문화가 강한 조건에서 실행되는 몰입 지향 인사 시스템과 집단주의 문화가 강한 조건에서 실행되는 몰입 지향 인사 시스템이 인사철학과 인사원칙 수준에서는 공통점을 갖고 있지만, 인사정책이나 실행 방안 수준에서는 사뭇 다른 형태를 취할 수 있는 이유가 바로 여기에 있다. 또한 예측이 가능한 안정적 경영 환경에서 적용되는 몰입 지향 인사 시스템이 구성원들로 하여금 자신들의 일상 업무에 몰입할 수 있도록 돕는 인사정책과 실행 방안들로 구성되는 데 반해 불확실성이 높은 경영 환경에서 적용되는 몰입 지향 인사 시스템은 구성원들로 하여금 환경 변화에 유연하게 대응하고 자신들의 업무를 지속적으로 혁신할 수 있도록 지원하는 인사정책과 실행 방안들로 구성될 것이다.

요컨대 앞에서 이미 언급한 다양한 상황이나 조건이 달라지면 몰입 지향 인사 시스템이라 하더라도 인사정책이나 실행 방안 면에서는 얼마든지 달라질 수 있다는 점을 고려하여 해당 기업의 상황과 조건에 맞는 인사 시스템을 탐색하고 설계하고 실행할 것을 권한다. 이 지점에서 창의적인 접근법이 필요하다.

04
효과적 사람경영의 필요조건

Y론적 인간관

일을 대하는 태도를 기준으로 맥그리거가 X이론과 Y이론으로 구분한 인간에 대한 관점과 그것이 조직운영의 기조에 미치는 영향에 대해서는 2장에서 상세하게 다룬 바 있다. 요컨대 조직을 경영할 때 X이론을 기본 가정으로 삼는다면 일을 싫어하는 구성원들로 하여금 조직의 목표 달성에 필요한 일을 하도록 강제하고 감독하는 기조를 유지하려 할 것이다. 반면 Y이론을 기본 가정으로 삼을 경우 일을 즐길 수 있는 구성원들로 하여금 자발적으로 조직의 목표 달성을 위해 기여할 수 있는 여건을 조성하는 기조를 유지하려 할 것이다. 이처럼 구성원을 보는 관점은 구성원들을 어떻게 관리할지 그 기본 방향을 결정한다고 볼 수 있다.

물론 인간의 본성이 '이것이냐, 저것이냐'와 같이 이분법으로 구분되지는 않는다. 어떠한 자아가 좀 더 두드러지는지 측면에서 개인 차가 있긴 하지만, 개인 안에 여러 자아가 존재하기 때문에 어떤 조직 토양을 만드느냐에 따라 그것과 적합성이 높은 자아로 자신을 표현하는 경향이 있다. 그리고 그 여러 자아는 모두 인간의 본성과 맞닿아 있는 자아들이라 볼 수 있다. 그래서 최고경영자가 어떠한 인간관을 신념으로 가지고 있느냐가 매우 중요하다. 조직의 경쟁력이 구성원들의 혁신역량에 달려 있는 오늘날과 같은 불확실한 경영 환경에서는 자율경영의 기조를 뒷받침할 수 있는 Y론적 인간관을 갖는 것은 매우 중요하다.

상황 요소들과의 외적 적합성 확보

인사 시스템의 외적 적합성external fit은 인사 시스템 경계 밖에 존재하는 다양한 상황 요소들과의 적합성을 나타내는 개념이다. 대표적으로 조직이 추구하는 경영전략과의 적합성, 인력 구성 특성과의 적합성, 사회문화와의 적합성, 조직이 속한 산업이나 업종 특성과의 적합성, 업무구조와의 적합성, 경영 환경과의 적합성 등이 모두 이 범주에 속한다.

우선 경영전략과의 적합성이다. 조직이 추구하는 경영전략이 혁신 전략이라면 인사 시스템 또한 혁신활동을 적극적으로 뒷받침해야 하며, 그래야 전략과의 시너지 효과를 기대할 수 있다. 전략은 지속적인 혁신을 추구하는데 인사 시스템은 효율성과 비용 절감에 초점을 맞춰 새로운 실험이나 시도를 억제하고 기존의 업무수행 방식 내에서 실수와 낭비를 최소화하려 한다면 엇박자가 날 수밖에 없으며 조직이 추구하는 혁신 전략의 성과를 얻을 수 없다.[15]

인사 시스템이 조직의 경영전략과 적합성을 확보하려면 전략 수립 과정에서부터 인적 자산의 특성이 고려되어야 하고, 전략 실행 과정에서도 조직의 전략 목표가 인사 시스템에 직접 반영되도록 사람경영과 경영전략이 통합적으로 전개되어야 한다. 경영전략과 사람경영의 통합관계는 〈그림 4-2〉에서 보는 바와 같이 독립적 관계, 일방적 관계, 쌍방적 관계, 완전통합 관계의 네 가지 유형으로 구분된다.

독립적 관계는 경영전략과 사람경영 사이에 체계적으로 계획된 연계 관계가 없이 각각 독립적으로 수행되는 관계를 나타낸다. 일방적 관계는 경영전략 수행 과정에서 경영전략이 사람경영에 체계적으로 반영되는 일방적 통합 관계를 말하고, 쌍방적 관계는 경영전략 수행 과정에서 경영전략과 사람경영이 서로 적응하고 조정하면서 전략 목적을 달성해나가는 쌍방적 통합 관계를 말한다. 그리고 완전 통합 관계는 경영전략과 사람경영이 전략 수립에서 전략 수행에 이르기까지 전 과정에 걸쳐 완전히 통합된 관계를 말한다. 이들 네 가지 통합 유형은 사람경영에 대한 전략적 접근이 어느 정도 수준에서 시행되고 있는지를 나타낸다. 완전 통합 관계에 가까울수록 사람경영에 대한 전략적 접근법이 더 효율적으로 전개될 수 있는 여건이 조성되어

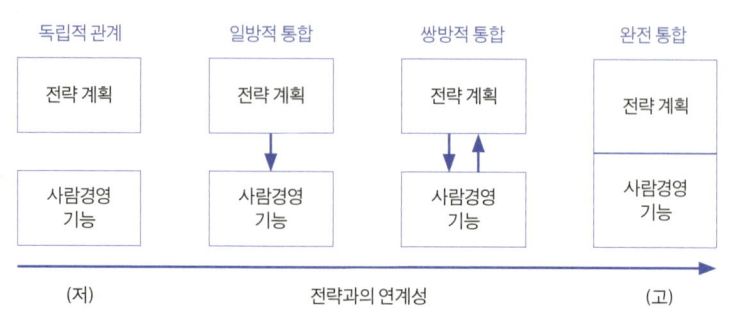

출처: 이학종·양혁승, 2012, 『전략적 인적자원관리』, 오래. 일부 내용 수정.

있음을 의미한다.

    인사 시스템은 인력 구성의 특성과도 적합성을 확보해야 한다. 우리 사회에 MZ 세대가 경제활동인구의 중추 세력이 됨에 따라 사회적으로나 조직 내부적으로 많은 변화가 일어나고 있다. 그들의 성장 배경과 그들이 성장 과정에서 경험한 우리나라 사회경제적 조건은 물론 그들의 욕구 수준과 그들이 활동의 기반으로 삼고 있는 기술적·문화적 환경이 기성세대가 경험했던 것들과 다르다. 그에 따라 그들의 사고방식과 감성, 소통방식, 조직을 대하는 태도 등이 기성세대와는 크게 달라졌다. 그 외에도 사령社齡이 적은 조직은 근속연수에 따른 인력 분포가 피라미드형에 가깝지만 사령이 많고 사업이 성숙기에 접어든 조직의 경우 근속연수가 높은 고연령층이 큰 비중을 차지하는 항아리형 인력구조를 이루는 것이 보통이다. 이처럼 인력 구성의 제반 특성이 달라짐에 따라 인사 시스템이 풀어야 할 과제 또한 이전과 크게 달라진다.

인사 시스템과 사회문화 사이의 적합성도 인사 시스템의 효과성을 높이는 데 중요하다. 인사 시스템이 구성원들 속에 내재화되어 있는 사회문화를 전혀 고려하지 않은 채 그것과 거스르는 방식으로 구성원들의 태도와 행동에 영향을 미치고자 한다면 기대 효과가 낮아질 수밖에 없다.[16] 글로벌 기업들은 특별히 해외법인의 구성원들에게 적용할 인사 시스템을 설계할 때 해당 국가의 사회문화를 깊이 이해하고 문화적 넛지nudge[17]를 활용함으로써 그 문화권에 속한 조직구성원들이 문화적 이질감에 걸려 넘어지지 않고 조직의 목표에 열정을 쏟아부을 수 있도록 해야 한다. 해외 글로벌 선도 기업이 시행하고 있는 인사제도들을 벤치마킹할 때도 표층에 드러난 가시적 제도 자체보다는 그 제도가 좋은 효과를 내게 된 사회문화적 맥락을 충분히 이해한 바탕 위에서 우리나라의 사회문화적 맥락에 맞게 조율하여 적용할 필요가 있다.

다만 문화적 적합성을 확보하는 과정에서 기존의 사회문화를 일방적으로 수용하는 수동적 접근은 바람직하지 않다. 기존의 사회문화가 사회구성원들에게 획일적 가치관과 행동을 강요한다든지, 시대적 요구에 반하는 방향으로 강하게 영향을 미칠 때는 어떻게 조직 내에서 그러한 사회문화를 극복할지도 고민해야 한다. 더 나아가 오늘날 우리 사회가 경험하고 있는 바와 같이 사회를 구성하는 다양한 세대들 사이에 문화 차이가 크고 한 조직 내에서도 다양한 세대가 어우러져 있을 때는 그러한 문화적 다양성이 갈등으로 비화하지 않고 그들 사이의 역동적 긴장 관계를 통해 문화적 시너지 효과, 즉 창의적 혁신을 활성화하는 효과를 거둘 수 있도록 관리하는 방안을

고민해야 한다.[18]

    조직의 전략적 목표 달성을 위해 인사 시스템이 효과적으로 운영되려면 경영 환경과의 적합성 또한 확보해야 한다. 오늘날 경영 환경은 심화된 글로벌화, 4차 산업혁명, 코로나 팬데믹, 미-중 간 패권 경쟁 등이 말해주듯이 높은 변동성, 불확실성, 복잡성, 모호성을 특징으로 하는 매우 불안정한 환경이다. 여기저기에서 창발하는 파괴적 혁신에 의해 산업의 경쟁 판도가 하루아침에 뒤바뀌고 있다. 경쟁의 지각판이 오프라인에서 온라인으로 바뀌고 있으며 경쟁의 룰 또한 효율 기반에서 혁신 기반으로 바뀌고 있다. 한 치 앞을 내다보기 어려운 경영 환경은 경직성이 높은 조직 모델의 생존력을 급격하게 떨어뜨리고, 환경의 변화에 민첩하고 유연하게 대응할 수 있는 조직 운영 모델을 요구하고 있다.

    중장기 예측에 기반한 중앙집권적 전략 수립과 일사불란한 실행 계획으로는 새로운 환경에 적응하기가 무척 어렵다. 업무 프로세스의 안정성을 전제로 작성된 업무 매뉴얼과 그것에 기반한 관리·감독은 조직의 변화에 대한 적응력을 떨어뜨리며, 구성원들을 위계적인 조직구조와 중앙집중적 의사결정구조 속에 머물게 하는 것 또한 그들 안에 내재되어 있는 혁신의 잠재력을 사장시킴으로써 조직의 경쟁력을 떨어뜨린다.

    이미 「2장 경영 패러다임에 영향을 미치는 요인」에서 확인한 바와 같이 변동성이 큰 환경에서 조직이 생존력과 경쟁력을 높이려면 변화에 대한 적응력과 동적 역량을 갖춰야 한다. 이를 위해 빠른 실험 및 실행과 시장으로부터의 피드백에 기반한 민첩한 전략 수립 및 시행, 실행 과정의 실수와 실패에서 빠르게 배우는 경험 기반 학습, 경영 환경의 변화에 대한 감지 능력, 변화의 필요성에 무리 없이 대응할 수 있는 유연성, 구성원들의 주인의식과 창의성을 촉진하는 조직문화 등을 확보하는 것이 그 어느 때보다 중요해졌다. 테일러리즘과 위계적 관료체계를 중심축으로 발전해온 과거의 조직운영 패러다임이 효율성을 극대화하는 데 초점을 맞췄다면, 오늘날과 같은 대변혁기에는 조직의 민첩성과 유연성을 뒷받침하고 상시적인 혁신을 촉진할 수 있는 새로운 사람경영 패러다임을 구축해야 한다.

또한 인사 시스템은 업종이나 산업의 특성과도 적합성을 확보할 필요가 있다. 예컨대 전반적으로 산업 간 경계가 허물어지고 모든 산업이 지식산업으로 전환되는 추세이지만, 업종이나 산업 간 노동집약도나 지식집약도 면에서 여전히 큰 차이가 존재한다고 볼 수 있다. 노동집약도가 높은 업종에 비해 지식집약도가 높은 업종일수록 인재의 밀도를 크게 높여야 하고 인재들이 창의성을 발휘할 수 있는 여건을 조성하는 데 인사 시스템의 초점을 맞춰야 한다.

인사 실행 방안들 간 내적 적합성 확보

인사 시스템이 구성원들의 태도와 행동양식에 영향을 미치고 더 나아가 조직이 원하는 방향의 조직문화 형성에 효과적으로 기여하려면 인사 시스템을 구성하는 실행 방안들 사이에 내적 적합성internal fit을 확보하는 것이 중요하다. 여기에서 말하는 내적 적합성이란 인사 시스템을 구성하는 제도나 실행 방안들 사이에 상호보완해주고 지원해주는 정도를 나타내는 개념으로 실행 방안들 사이의 시너지를 통해 사람경영의 전체적인 효과성을 극대화하는 것을 의미한다.

인사 시스템을 구성하는 개별 실행 방안들은 구성원들에게 조직의 방침, 즉 조직이 구성원들에게 기대하고 바라는 태도나 행동양식이 무엇인지에 관한 메시지 혹은 신호를 보내게 된다. 일례로 개인 인센티브 제도는 구성원들 간 내부경쟁을 통해 개개인의 동기를 높이겠다는 메시지를 보낸다. 반면 개인 간 급여 격차 완화와 집단성과급 제도의 강화는 구성원들 간 팀워크를 장려하겠다는 메시지를 보낸다.

따라서 구성원들의 태도와 행동양식을 조직의 요구에 맞도록 장려하기 위해서는 일관된 메시지와 신호를 보내는 상호보완적인 실행 방안들을 통합적으로 운용할 필요가 있다. 인사 시스템을 구성하는 실행 방안들이 전달하는 메시지나 신호의 일관성이 결여되면 구성원들은 조직이 기대하고 바라는 바에 대해 혼란을 겪게 된다. 결과적으로 조직이 기대하는 태도나 행동양식을 기대할 수 없게 된다.

그에 반해 인사 시스템이 내적 적합성의 조건을 갖추면 시너지 효과를 기대할 수 있다. 내적 적합성을 갖는 제도들이 하나의 시스템으로 통합될 때 개별 실행 방안들이 만들어내는 효과의 단순 합보다 훨씬 큰 효과를 기대할 수 있기 때문이다. 그러한 이유로 전략적 사람경영에서 사람경영의 효과를 검증하기 위해 초점을 맞추는 분석 단위는 개별 실행 방안이 아니라 그것들의 전체 묶음인 인사 시스템이 된다.

실행 방안들 사이의 내적 적합성을 확보하기 위해서는 개별 실행 방안을 설계하거나 도입할 때 그것이 조직의 인사원칙이나 인사정책에 부합하는지를 점검해야 한다. 협업과 지속적인 혁신을 장려한다는 인사원칙을 설정했다면 개별 인사제도가 그 원칙에 부합하는지 하나하나 따져볼 필요가 있다. 일부 실행 방안이 그 원칙에 부합한다고 해도 다른 실행 방안이 여전히 혁신을 제약하는 특성이 있다면 인사 시스템을 통해 구성원들의 혁신활동을 촉진하고 장려하려는 효과를 거두기 어렵게 된다.

5장

사람경영에 관한
일반 통념 넘어서기

01
인간은
합리적 존재인가?

내가 이해할 수 없는 것은 합리적인 것이 아니다. 세계는 이러한 비합리로 가득 차 있다. 내가 이 세계의 유일한 의미를 이해하지 못하는 이상 이 세계는 그것 자체만으로는 엄청난 비합리 덩어리에 불과하다.[1]
- 알베르 카뮈

인간의 행동과 의사결정을 지배하는 것이 합리성일까, 아니면 합리성과는 다른 어떤 것일까? 고전경제학은 인간이 합리성을 좇는 존재라는 가정 위에 이론들을 세워왔다. 그 가정 위에서 인간의 행동과 의사결정을 예측하고 그것들을 일정한 방향으로 유도할 정책

수단들을 설계한다. 통제 지향 사람경영에서 중추적인 기능을 수행해온 동기 제고 방안들도 대부분 이러한 인간의 합리성을 가정한 논리에 기반하여 설계되고 운영되어왔다. 가장 대표적인 예가 테일러의 과학적 관리법에 뿌리를 두고 광범위하게 활용되어온 개인 인센티브 제도이다.

그러나 2000년대 들어 주목받기 시작한 행동경제학은 인간의 행동과 의사결정에 합리성 못지않게 큰 영향을 미치는 것이 비합리성임을 여러 실험을 통해 보여준다. 행동경제학의 창시자이자 노벨경제학상 수상자인 대니얼 카너먼Daniel Kahneman(2012)은 우리 마음의 일부만이 합리적이라 주장한다.[2] 그에 따르면 인간의 마음에는 두 가지 마음 시스템, 즉 본능적인 수준에서 자동으로 작동하는 시스템 1과 의식적인 수준에서 논리를 따라 정보를 처리하는 시스템 2가 작동한다. 합리적 계산과 판단은 시스템 2에서 이루어지는데 느리고 단계적으로 작동하며 계속적인 주의 집중과 노력을 필요로 한다. 그에 반해 시스템 2보다 앞서 작동하는 시스템 1은 본능적인 마음으로, 이 마음은 빠르고 자동으로 작동하며 제어하기 힘든 속성을 갖는다. 그리고 시스템 1은 합리성에 따라 작동하기보다는 본능적 사고를 따라 작동하며 비계산적이고 비합리적인 면을 내포하고 있다.

인간 행동 및 의사결정의 비합리성에 대해 사회물리학자 마크 뷰캐넌Mark Buchanan(2010)은 "인간 행동과 의사결정에서 합리성이 최종적인 답이 아니라는 것에 놀랄 필요가 없다. 합리성이 최종적인 답이라는 생각은 본능적인 행동이 의식에 앞서는데도 의식이 모든 행동을 통제하고 있다는 환상이다. (…) 우리는 기나긴 진화의 역사를 가진 인류의 일부이고, 현대의 옷을 입은 수렵채집인이며 미약한 계산 기능을 가지고 본능에 의지해서 생각한다."[3]라고 말한다.

그렇다고 비합리성이 예측 불가능성을 의미하진 않는다. 행동경제학자 댄 애리얼리Dan Ariely(2008)는 인간의 행동은 상당 부분 비합리적이지만 예측이 가능하다고 말한다.[4] 합리성에 기초한 예측에서는 벗어나지만, 일정한 패턴이 존재하기 때문에 비합리적이라 해도 예측이 가능하다는 것이다. 더 나아가 댄 애리얼리(2011)는 비합리성의 긍정적인 면에 대해 "비이성 덕분에 새로운 환경에 적응하고, 다른 사람들을 믿게 되고, 자신의 일을 즐기게 되고, 자녀들을 더욱 사랑하게"[5] 된다고 말한다.

따라서 근대 이성주의가 세력을 떨친 이래 지배적인 신념으로 자리 잡은 합리성 프레임에 기초한 인간 행동 이해를 넘어 인간에 대한 생물학적, 뇌과학적, 심리학적, 사회학적, 역사학적 이해로 폭을 넓힐 필요가 있다. 그렇게 할 때 비로소 인간의 합리적 속성은 물론이거니와 비합리적 속성과 집단역학 속에서 드러나는 속성 등에 대한 통합적 이해를 기반으로 역동적 경영 환경에 적합한 사람경영 패러다임을 도출할 수 있다. 최근 조직경영과 관련된 이론이나 논거는 인간의 제한된 합리성 혹은 예측 가능한 비합리성을 전제로 하는 경향을 보이고 있다.

02
이기적 경제인이라는 기본 전제는 타당한가?

20세기 산업화 시대의 조직운영에서 지배적으로 영향을 미친 인간 본성에 관한 가정은, 고전경제학 전통에서 나온 '인간은 이기적 경제인'이라는 것이었다. 애덤 스미스Adam Smith는 『국부론』에서 사람들은 자신의 이익만을 추구하지만, 많은 다른 경우처럼, '보이지 않는 손'에 이끌려 의도하지 않았던 목적을 달성한다고 말한다.[6] 이기적 경제인으로서 자신의 이익을 극대화하기 위한 합리적 선택을 하더라도 '보이지 않는 손'이라는 시장 메커니즘이 시장 참여자들 전체의 효용을 극대화하는 결과를 만들어낸다는 점을 통찰한 것이다. 이는 시장 메커니즘의 효율적 작동에 기대어 인간의 이기적 본성에 기초한 행동에 정당성의 세례를 주었다고 볼 수 있다. 완전 경쟁의 시장 메커니즘이 작동하는 조건 속에서는 개개인이 자기 이익을 극대화하려는 이기성을 용인하더라도 집단 전체의 효용을 극대화하는 결과가 도출된다는 점을 확인해주었기 때문이다.

그렇다고 애덤 스미스가 '이기성이 인간의 본성을 지배한다'고 본 것은 아니었다. 그는 『도덕감정론』에서 인간은 다른 사람들을 배려하는 본성을 가지고 있음을 지적하였다.[7] 그렇기에 이기성이 극단적으로 표출되어 그에 따른 부작용이 과도하게 드러나는 일은 없으리라 생각했다. 중요한 것은 인간의 이기성이 경제생활 속에서 표출되더라도 시장을 통해 사회 전체의 효용이 극대화될 수 있음을 확인했다는 사실이 곧 인간의 본성이 이기성에 의해 지배받음을 확인한 것은 아니라는 점이다. 시장 메커니즘과 같이 보이지 않는 손이 개인의 이기적 선택을 자원의 효율적 배분으로 만들어주는 조건에서는 이기적 선택을 사회적으로 정당화해주기 때문에 사람들이 이기적 경제인으로 행동한다고 볼 수 있다.

한편 인간의 본성 속에는 이기성 못지않은 다른 속성이 존재하는데 그것이 바로 '협력적 사회인'의 속성이다. 인간 본성에 관한 다양한 실험 연구나 진화생물학, 인류학 등의 연구 결과는 협력적 사회인의 속성이 이기적 경제인의 속성보다 더 강하게 인간 본성에 내재해 있다고 말한다. 특별히 집단들 사이에 치열한 경쟁이 이루어지는 조건 속에서는 협력적 사회인의 속성이 개별 집단 내에서 강하게 발휘된다. 개인 수준이 아닌 집단 수준에서 이루어지는 자연선택에서 구성원들 사이의 협력이 가장 큰 집단적 보상을 가져다주었기 때문이다. 그러한 맥락에서 로버트 라이트Robert Wright(2009)는 인간의 역사는 협력의 수준이 높고 낮은 여러 집단 사이에 벌어진 긴 경쟁으로 이해할 수 있다. 여기에서 협력이 잘되는 쪽이 이기는 경향이 있다. 우리는 승자의 자손이기 때문에 우리가 협력하도록 타고난 것은 이상하지 않다고 말한다.[8]

인간에 내재한 협력적 사회인의 속성을 잘 보여주는 대표적 실험 연구는 공공재 게임을 매개로 한 실험이다. 에른스트 페르Ernst Fehr와 우르스 피쉬바허Urs Fischbacher는 실험 참가자를 모집하여 공공재 게임을 시켰다.[9] 이 게임에서는 게임 참가자들에게 일정한 돈—여기에서는 10달러로 하자—을 주고 매 회마다 공공기금으로 얼마를 낼지 결정하게 한다. 참가자들은 주어진 돈 안에서 마음대로 액수를 정해 공공기금함에 넣게 된다. 게임의 룰은 기금함에 모인 돈의 두 배를 모든 게임 참가자들에게 n분의 1로 똑같이 되돌려준다는 것이다. 만약 모든 참가자가 각자가 받은 10달러를 모두 기금함에 넣으면 20달러씩 되돌려받기 때문에 개개인은 10달러씩 이득을 얻게 될 것이다. 하지만 이 게임에는 특정한 참가자가 이기적 경제인으로서 자신의 이익을 극대화하려는 무임승차 유혹을 받을 수 있다. 다른 참가자들이 모두 협력하는 마음으로 10달러씩 기금함에 넣을 때 자신은 기금함에 0달러를 넣는다면 개인적으로 10달러 이상의 추가 이익을 얻을 수 있다. 참가자가 다섯 명일 경우 기금함에 40달러가 모인다. 그 모인 돈의 두 배인 80달러를 다섯 사람에게 똑같이 나누면 10달러를 넣은 사람들은 최종 16달러씩 받게 된다. 반면 한 푼도 넣지 않은 무임승차자는 최종 26달러를 받게 된다.

연구자들이 이 게임을 다양한 실험 참가자들을 대상으로 실행

해본 결과 첫 번째 회차에서는 대다수 참가자가 자신들이 받은 돈의 상당 부분을 기금함에 넣는 협력 정신을 발휘하는 것으로 나타났다. 그런데 일부 사람들이 첫 번째 회차에서 이기적 행동을 하면 게임을 거듭할수록 다른 게임 참가자들이 점점 더 옆 사람을 믿지 못하게 된다. 그러면 그들도 기여금을 내지 않음으로써 이기적 행동을 한 게임 참가자에게 복수하는 현상이 나타났다. 그러다 보니 10회가 지난 뒤에는 모든 실험 참가자들이 공공기금함에 한 푼도 내지 않는 것으로 나타났다.

요컨대 게임 초기에는 대다수가 협력적 사회인으로서 게임에 임하지만, 무임승차자가 한두 명씩 나타나 이기적 경제인의 행태를 보이기 시작하면 다른 참가자들이 협력을 철회함으로써 무임승차자를 응징하려 한다는 것이다.[10]

게임 참가자들이 게임 초기에 보이는 이러한 협력적 사회인의 속성에 대해 테렌스 번햄Terence Burnham과 도미닉 존슨Dominic Johnson (2005)은 "우리의 뇌는 먼저 관대하게 지출하고 속임수를 징벌하는 사람이 전체적으로 이득을 얻는 세계에서 형성되었다. 이러한 협력 지향적인 경향은 수백만 년에 걸쳐 진화로 다듬어진 뇌에서 나온다. 이렇듯 장구하게 이어져온 경향은 도시에 살면서 익명의 낯선 사람들과 단 한 번만 마주치는 일이 흔해진 최근까지 그대로 살아남아 있는 것이다."라고 주장한다.[11]

그런가 하면 게임 참가자 중에 이기적 행태를 보이는 개인이 있다는 사실을 감지한 후 협력을 철회하는 것도 이기적 행태를 보인 개인을 응징하려는 행위이다. 그러한 행위는 이익을 극대화하려는 이기성의 발로라기보다는 이기적 개인에게는 협력하지 않겠다는 인간의 협력적 사회성에서 기인한 것이라 볼 수 있다. 사회물리학자 마크 뷰캐넌Mark Buchanan도 여러 연구에서 확인되는 인간의 본능 속의 협력성 혹은 이타주의에 대해 다음과 같이 정리하고 있다.

> 지금 우리가 하는 행동을 깊이 이해하기 위해서는, 인간 역사의 거의 모든 기간 동안 우리 조상들이 소규모의 고립된 수렵채집 집단 속에서 살았다는 것을 알아야 한다. 인류학자들은 이 시기를 진화적 적응 환경이라고 부르며, 이런 상황이 인간 역사의 99퍼센트를 차지한다. 이 오랜 기간 동안 무수히 많은 사람들이 수천 세대에 걸쳐 작은 집단 속에서 끊임없이 서로 반복적으로 상호작용을 했다. 다시 말해 우리 조상들은 끝없이 계속되는 실세계의 경험에서 호혜적 이타주의를 습득했다. 우리가 오늘날 여기에 있는 것은 조상들이 이 논리를 마음의 구조 속에 흡수했고, 여기에서 협동의 이익을 끌어냈기 때문이다.[12]

시장자본주의가 발달하고 애덤 스미스가 인간의 이기적 본성이 시장 참여자들의 전체 효용을 극대화할 수 있다는 철학적 정당성을 부여한 이래 인간의 합리적 이기성을 전제로 한 경제운용체계가 생산력 증대를 견인해왔다고 해도 과언이 아니다. 그러한 배경 속에서 인간의 이기적 행위가 경제적으로 정당성을 부여받았다. 그리고 그러한 논리가 특별히 신자유주의 이념이 세계화와 더불어 급속하게 확산된 1970년대 이래 조직운영 영역까지 확장되어 구성원들 사이의 내부경쟁을 강화하는 제도들, 예를 들어 개인 인센티브제 등에 뿌리를 내리기 시작했다. 인간은 이기적 본성을 가진 존재라는 암묵적 전제 아래 그러한 본성에 부합한 제도들이 효과적이라는 논거를 앞세워 기업들 사이에 빠르게 확산되었다.

그러나 이미 앞에서 소개한 바대로 인간의 본성에는 협력적 사회인의 속성이 이기적 속성 못지않게 강하다는 점과 집단 간 경쟁이라는 구조 속에서는 협력적 사회인의 본성이 잘 발현된 집단일수록 경쟁에서 우위를 차지해왔다는 점을 놓쳐서는 안 된다. 집단 내에서 구성원들 사이에 경쟁심리가 작동하는 것은 자연스럽다. 특별히 외부경쟁 환경이 안정적일 때는 집단 내 경쟁이 집단 내 협력보다 더 강한 힘으로 작용할 수 있고 그것이 큰 문제가 되지 않는다. 그러나 외부경쟁 환경이 치열해지고 경쟁우위의 확보 및 유지에 대한 불확실성이 높아질수록 집단 내 협력이 중요성을 더해간다. 그리고 집단 간 적자생존의 위협에 직면하면 구성원들 사이에 경쟁보다는 협력이 더 강한 힘으로 작용하며, 그것이 인간의 본성에 부합한다. 그리고 그러한 조건에서는 집단 내 협력을 장려하는 것이 대외 경쟁력을 확보하는 측면에서 내부경쟁을 장려하는 것보다 더 유리하다.

린다 그래튼Lynda Gratton(2008)은 조직들 중에서 창조적 에너지가 활성화된 조직의 특징을 연구하고 그러한 조직을 핫스팟으로 규정했다. 그리고 인간은 협력적 사회인이라는 기본 전제야말로 한 조직이 핫스팟으로 발전하는 순환고리의 출발점임을 강조했다.[13] 조직 구성원들의 본성 속에 협력적 마인드가 있다는 전제하에 그것을 진작시킬 수 있는 제도들로 뒷받침하면 협력적 행동규범이 조직 내에 형성되고 협력적 행위에 대한 정당성이 강화된다. 그러한 순환고리가 선순환을 그리면서 그 결과로서 핫스팟이 만들어진다는 것이다. 그에 반해 인간은 이기적 존재라는 기본 전제하에 그것을 강화하는 제도들을 실행하면 조직 내에서 경쟁적 행동규범이 형성되고 경쟁적 행위를 정당화하게 된다. 그렇게 형성된 순환고리가 악순환의 고리를 만들어 조직이 핫스팟과 반대되는 블루스팟으로 전락한다고 보았다.

인간이 이기적 경제인이라는 전제 아래 거래적 고용 관계, 금전적 인센티브와 내부경쟁 강화를 통한 동기 제고, 도덕적 해이와 무임승차 방지를 위한 관리와 통제 등에 무게중심을 둔 조직운영 방침을 적용할 경우 구성원들의 협력적 행동과 사회적 협력인으로서의 의사결정을 크게 제약할 수 있다. 그들의 창의적 잠재력을 발휘할 수 있는 사회적 여건을 조성하기 어렵게 된다.

03
능력주의는 공평한가?

    1970년대 말 영국의 대처리즘과 1980년대 미국의 레이거노믹스가 등장한 이래 신자유주의 담론과 경제의 글로벌화가 빠른 속도로 세계 각국으로 확산되었다. 우리나라도 그러한 세계화 흐름에서 자유로울 수 없었기에 1990년대 중반부터 본격적으로 세계화 흐름에 동참하였다. 특히 1997년 외환위기를 겪으면서 IMF로부터 구제금융을 받는 조건으로 부과된 신자유주의 정책들을 추진하지 않을 수 없었다. 그러한 흐름 속에서 기업들도 앞다퉈 조직운영의 방향을 능력주의로 전환하기 시작하였다. 대표적인 예가 개인의 능력과 성과에 따라 직원들 개개인의 보상을 차등화하고 그 차등 폭을 늘린 것이다. 기업경영에 적용한 능력주의 모토는 '개인의 능력과 성과에 비례하여 차등적으로 보상한다'는 것이다. 그러한 능력주의 보상을 뒷받침하기 위해 개인별 성과를 변별하기 위한 각종 성과평가제도가 도입·확산되었다. 성과평가와 연동된 차등적 개인 성과급제는 직원들의 동기를 끌어올리는 목적으로 사용되었지만, 그 명분과 논리적 뿌리는 능력주의 이상과 맞닿아 있었다.

정치철학적 관점에서 보면, 능력주의는 봉건제적 신분제로부터 개인들을 해방시킴으로써 누구라도 자신의 재능과 노력에 의해 성공할 수 있는 길을 열어주었다는 점에서 큰 의미가 있었다. 타고난 신분에 따라 재능을 발휘할 기회를 가질 수조차 없었던 평민과 하층민들에게 희망을 주고 자신의 성공을 위해 노력하려는 의지를 불어넣었다. 그러한 맥락에서 보면, 우리 기업들이 채택한 능력주의도 우리나라에 깊이 뿌리내리고 있었던 가부장적 연공서열주의, 학벌주의, 연고주의 등의 폐습을 벗겨내고 누구라도 재능이 있으면 취업의 기회를 얻고 자신의 성과에 따라 대우받을 수 있는 길을 열었다는 점에서는 의미가 작지 않다.

그러나 능력주의의 이면에 대해서도 주의를 기울일 필요가 있다. 통상 개인들은 통제 불가능하거나 우연적인 요인들(예: 신분, 연고 등)에 근거한 보상이나 기회 박탈을 부당하게 생각한다. 하지만 다른 한편으로 본인들이 승자가 될 경우 통제 불가능하거나 우연적인 요인(예: 운, 상황 등)의 영향을 받아 이뤄진 성과와 그에 따른 보상을 자신들의 재능과 노력에 기인한 것으로 받아들이는 경향을 보인다. 이와 관련하여 정치철학자 마이클 샌델Michael Sandel(2020)은 과연 일정한 재능과 노력의 결과로 얻은 보상을 순전히 각자의 몫으로 봐도 될지

의문을 제기한다.[14] 시장에서 값을 쳐주는 재능과 노력 덕분에 큰 보상을 받은 사람들이 시장에서 값을 쳐주는 그 재능이나 노력이 아니라는 이유로 보상을 제대로 받지 못한 사람들보다 더 많은 보상을 받을 자격이 있는지 의심스럽다는 것이다. 그러면서 그는 능력주의 윤리의 폐해로서 승자들이 자신들의 승리를 오직 자기 재능과 노력의 결과라고 여기게끔 하고, 그보다 운이 나빴던 사람들을 깔보도록 함으로써 불만과 분노를 유발하고 연대감을 약화시킨다는 점을 지적한다.

능력주의의 과도한 적용은 조직구성원들 사이의 자그마한 능력 차이조차 개인 간 큰 성과 차이를 유발할 것으로 간주하고 그와 맥을 같이하는 평가 및 보상제도를 채택하여 운영하는 현상으로 나타난다. 그러나 그러한 방식의 능력주의 적용은 능력주의를 왜곡하는 결과를 가져올 수 있기에 경계할 필요가 있다. 물론 특정 개인의 창의적이고 혁신적인 아이디어가 판도를 바꿀 때가 종종 있고, 직군에 따라서는 그러한 개인의 특출한 기여가 단위 조직 성과와 조직 전체의 성과에 크게 영향을 미치는 경우가 있다. 따라서 높은 잠재력을 가진 인재를 확보·유지하는 것과 그들이 기여한 바가 클 때 그것을 확실하게 인정해주는 것은 매우 중요하다. 하지만 개인이 통제할 수 없는 요인들이나 동료들의 지원과 협력이 끼친 영향을 무시한 채 가시적으로 드러난 모든 성과 차이를 구성원 개인 사이의 재능과 노력의 차이인 것처럼 취급하고, 그에 따라 과도하게 차등적으로 보상하는 것은 능력주의의 본래 취지—'통제 불가능한 요인에 근거한 보상이나 기회의 박탈은 부당하다'는 능력주의 윤리의 핵심—에 맞지 않을 뿐 아니라 조직경영에도 여러 부작용을 가져올 수 있다.

운칠기삼運七技三이라는 말이 있다. 운運이 칠 할이고 기技가 삼 할이라는 뜻으로, 사람의 일은 상당 부분이 그 자신의 기 못지않게 운에 달려 있음을 이르는 말이다. 운은 그 사람이 통제할 수 없는 외부 요인을 가리키고 기는 그 사람이 통제할 수 있는 재능이나 노력을 가리킨다. 2014년 국가 간 비교 설문조사에서 "인생의 성공은 우리가 어쩔 수 없는 변수에 주로 좌우되는가?"라는 질문에 한국인 74퍼센트, 독일인 67퍼센트, 이탈리아인 66퍼센트, 미국인 40퍼센트가 그렇다고 답했다고 한다.[16]

운칠기삼의 현실을 극명하게 보여주는 사례를 프로 스포츠계에서 찾아볼 수 있다. 말콤 글래드웰Malcolm Gladwell(2009)은 캐나다 심리학자 로저 반슬리Roger Barnsley가 찾아냈다는, 캐나다 하키를 지배하는 '철의 법칙'을 소개하고 있다.[15] 그 철의 법칙이란 어떤 엘리트 하키팀을 선택하더라도 그들의 약 40퍼센트는 1~3월, 약 30퍼센트는 4~6월, 약 20퍼센트는 7~9월, 약 10퍼센트는 10~12월에 출생한 선수들이라는 것이다. 1월 1일을 기준으로 나이를 헤아리고 연령대별 하키 클래스를 구성하는데 사춘기 이전에는 몇 개월 차이가 신체 발달 측면에서 큰 격차를 낳는다는 데 그 원인이 있다. 즉 같은 해 몇 개월 일찍 태어났다는 이유로 더 좋은 팀에 선발되어 훌륭한 코치의 지도를 받으며 뛰어난 팀 동료들과 더 많은 경기에 참여할 기회를 얻게 된다. 그처럼 태어난 시기 차이로 인한 어렸을 때의 기회 불평등은 그 이후 계속 이어져 리그 하키팀 선수들의 출생 시기별 구성에까지 영향을 미친다. 출생 시기라는 우연적 요소가 누적해서 기회의 불평등을 만드는 대표적인 사례이다.

통상 고등 교육과정을 밟고 있는 학생들의 경우에는 커리큘럼이 정해져 있다. 대부분 그 커리큘럼을 따라 교과목을 배우며, 배운 범위 내에서 시험을 치른다. 그래서 학생들의 학업 성취는 운이 차지하는 비중이 비교적 작고 기가 차지하는 비중이 크다고 볼 수 있다. 그러나 그들이 사회에 진출하면서 접하는 현실은 자신들이 통제할 수 있는 재능과 노력에 따라 성공 여부가 결정되기보다는 자신이 통제할 수 없는 우연적 요소나 상황적 요소들에 의해 더 큰 영향을 받는다.

사업을 영위하는 기업 현장에서도 마찬가지이다. 직책이나 업무 내용에 따라 기技가 차지하는 비중에 차이가 있을 수 있지만, 오늘날과 같이 경영 환경의 변화가 급격하고 업무의 복잡성이 날로 높아지는 상황에서는 업무 성과가 각 개인이 통제할 수 있는 요인보다는 각 개인이 통제하기 어려운 다양한 상황요인들─조직의 업무구조와 시스템, 조직 내외부의 공식적·비공식적 사회관계, 시장환경 등─에 더 큰 영향을 받는다. 스타급 인재들에 대해 연구해온 보리스 그로이스버그Boris Groysberg(2009)에 따르면, 외부 영입 인재의 성과 가운데 30퍼센트만이 인적 자본에 귀결되며, 70퍼센트는 조직 요인인 사회적 자본과 조직 자본에 의해 결정된다고 한다.[17]

이러한 점을 고려하면 특정 기간에 구성원들의 노력을 통해 조직의 성과가 100만큼 향상되고 그중 60을 구성원들에게 특별 보너스로 지불한다고 할 때 보너스를 어떻게 배분해야 할까? 그 60을 상대적으로 기여도가 큰 일부 구성원들에게 몰아주는 게 바람직할까,

아니면 사회적 자본의 기여를 고려하여 40 정도를 참여한 구성원들에게 집단 성과급으로 지불하고 나머지 20 정도를 구성원들이 인정하는 기여도가 큰 구성원들에게 추가 보너스로 지불하는 것이 바람직할까? 어느 방식으로 배분하는 것이 공평하며 지속적인 조직의 성과 향상에 더 큰 도움이 될지 생각해볼 여지가 크다.

공평성에 관한 세 가지 기준

소득을 어떻게 배분하는 것이 공평할까? 공평성에 관한 세 가지 기준—공정, 평등, 필요—을 생각해볼 수 있다.

첫째, 공정equity은 기여에 비례하여 배분하는 원칙을 말하며, 그 원칙에 근거한 배분이 공평하다는 관점이다. 사회경제체제 면에서 보면 자유주의 이념이 강한 미국의 사회경제체제가 이 원칙에 높은 비중을 둔다고 볼 수 있다. 전통적인 급여 구성요소, 즉 기본급, 성과급, 복리후생 중에서는 개인 성과급에 이 원칙이 적용되어왔다고 볼 수 있다.

둘째, 평등equality은 비슷한 자격 요건을 갖춘 구성원들에게 동일하게 배분하는 원칙이다. 사회경제체제 면에서 보면 조세를 통한 소득재분배와 기초소득 보장을 강화한 북유럽 복지국가 모델이 이 원칙에 가깝고 기업의 소유지배구조 면에서는 협동조합 모델이 이에 가깝다고 볼 수 있다. 전통적인 급여 구성 요소 중에서는 비교적 기본급에 이 원칙이 적용되어왔다고 볼 수 있다. 공채 입사 동기들에게 동일한 급여를 제공하는 연공 기반 기본급이 그 일례라 볼 수 있다.

셋째, 필요needs에 비례하여 배분하는 원칙이다. 사회경제체제 면에서 보면

'능력에 따라 기여하되 필요에 비례하여 받아간다'는 사회주의경제체제가 이 원칙에 높은 비중을 둔다고 볼 수 있다. 전통적인 급여 구성요소 중에서는 복리후생―예컨대 자녀 학자금 지원은 해당하는 자녀가 있는 구성원들에게 제공된다―에 이 원칙이 적용되어왔다고 볼 수 있다.

04

내부경쟁을 강화하면
경쟁력이 높아지는가?[18]

경쟁과 협력은 인간사회의 발전을 설명하는 데 매우 중요한 개념이다. 또한 조직을 이끌어가는 경영자와 리더들이 자주 직면하는 딜레마이기도 하다. 조직의 리더들은 구성원들의 경쟁심리를 자극하여 조직에 활력을 불어넣는 것이 바람직할지, 아니면 구성원들 간 내부경쟁을 누그러뜨리고 팀워크와 협력을 장려하여 조직 내 시너지를 극대화하는 것이 바람직할지 고민한다.

경쟁과 협력은 평면적으로 보면 서로 상충하는 개념처럼 보이지만, 입체적으로 보면 둘 사이의 건강한 긴장이 조직의 발전을 견인하는 원동력이 된다. 즉 경쟁과 협력은 '이것 아니면 저것'처럼 양자택일의 관점에서 접근할 문제가 아니라, 역동적 긴장 관계 속에서 서로 얽혀 조직의 경쟁력을 견인한다는 관점에서 접근할 문제라는 것이다.[19] 인간은 자기중심적이고 이해타산적인 이기적 존재이면서 동시에 협력적 존재이기도 하다. 인간의 이기성은 일차적으로 경쟁을 통해 상대보다 더 나아지려는 힘으로 작용하기 때문에 구성원들의 자기계발과 성장을 위한 노력의 원동력이 된다.[20]

그런 점에서 서로가 서로에게 성장 의지를 자극할 수 있는 인재의 밀도[21]를 높이고 그들 간에 경쟁적 긴장감을 유지하는 것은 집단 구성원들의 지속적인 질적 성장을 위해 중요하다. 다만 여기에서 이야기하는 경쟁은 집단구성원들 사이의 협력을 훼손하는 수준이어서는 안 되며 상대를 끌어내리거나 상대의 존재를 부정하는 제로-섬 경쟁이어서도 안 된다. 제로-섬 경쟁은 협력과 상충하는 개념인 데 반해 개개인의 성장이 서로에게 자극이 되는 건강한 윈-윈 경쟁은 협력과 공존하며 공진화하는 개념이다.

개체의 번식력과 전체 종족의 생존이 상충하는 사례

다윈경제학을 주창하고 있는 로버트 프랭크Robert Frank(2011)는 개인 수준의 무한 경쟁이 일으킬 수 있는 문제점을 설명하면서 개별 동물의 번식 적합성을 높임으로써 종족 전체에 엄청나게 해로운 결과를 가져오는 사례로 수컷 말코손바닥사슴을 소개한다.[22]

그의 설명에 따르면, 수컷 말코손바닥사슴의 뿔은 외부 포식자에 맞서는 무기가 아니라 암컷을 차지하기 위한 경쟁에 쓰이는 무기이다. 돌연변이를 통해 큰 뿔을 가지게 된 수컷들은 다른 수컷들과의 경쟁에서 승리할 가능성이 크다. 그러다

보니 이런 돌연변이는 빨리 퍼져나간다. 즉 이들은 암컷을 얻기 위한 경쟁에서 승리하므로 그 유전자가 다음 세대로 전해진다. 문제는 이런 돌연변이가 개별 말코손바닥사슴의 번식 적합성을 높이지만, 종족 전체에는 참담한 결과를 가져올 수 있다는 점이다. 뿔이 커지면 숲이 우거진 지역에서 기동력이 떨어져 늑대에게 잡아 먹힐 가능성이 커진다. 큰 뿔을 갖게 되면 개체가 얻는 보상은 크지만 집단 전체에게 돌아오는 보상은 그렇지 않다는 것이다.

한편 협력은 집단적 수준의 경쟁에서 이기기 위한 필수조건이다. 죄수의 딜레마 게임[23]을 진화생물학에 적용함으로써 협력의 중요성을 규명한 마틴 노왁Martin Nowak(2012)은 전통적 진화론이 진화의 메커니즘이라 말하는 돌연변이와 자연선택에 제3의 요인 '협력'[24]을 추가하여 이 세 가지가 진화의 근본 동력임을 시뮬레이션 게임과 수학적 모델링을 통해 보여주었다. 그는 인류가 지구상의 모든 생태계에서 생존할 수 있는 주요한 이유 중 하나가 협력할 수 있는 능력 때문이라고 말한다. 인간 안에 내재된 협력의 본성은 집단 간 적자생존 게임의 산물이라고 볼 수 있다. 사회물리학자 마크 뷰캐넌(2010)도 협력을 가능케 하는 이타적 행동이야말로 집단 간 경쟁이 인간의 본성에 심어놓은 산물이라 말한다.

이타적인 행동은 대규모 협력이 가능하도록 하는 사회적 원자의 핵심 특성인 것 같다. 여러 세대에 걸쳐 이타적 행위를 하는 사람들로 이루어진 집단은 그렇지 않은 집단을 압도했고, 이렇게 해서 자연스럽게 그런 행동이 널리 퍼지게 되었다. (…) 개인이 가진 이타적 본성은 역설적으로 집단으로 인해 생겨난다. 개인이 개인을 돕는 행위로만 보아서는 이타주의를 설명할 수 없다. 개인들이 뭉쳐서 사회를 이루고 집단 단위로 경쟁한 결과로만 이타주의를 설명할 수 있다. 이 견해에 따르면, 개인이 가진 인간 본성 자체가 우리가 집단을 이루고 살았다는 역사의 흔적인 것이다.[25]

개인 간 경쟁에서 우위를 차지하기 위한 경쟁과 집단 간 경쟁에서 우위를 확보하기 위한 구성원들 간 협력은 경쟁적 행동과 협력적 행동 사이의 긴장을 유발하지만, 바로 그 긴장이 집단구성원들의 성장을 자극함과 동시에 그들 사이의 협력을 통해 집단 간 경쟁에서 우위를 점하게 한다. 이것이 집단구성원 개개인에게 성장의 장場을 제공하는 선순환 메커니즘의 핵심이라 할 수 있다. 이러한 관점에서 보면 개인의 실질적 이익 극대화는 개인 수준의 경쟁에서 상대적 우위를 점하는 데만 집중함으로써 구현된다기보다는 개인 간 선의의 경쟁을 통해 성장하되, 집단 간 경쟁에서 우위를 확보하기 위한 집단 내 협력을 이뤄낼 때 비로소 구현될 수 있다. 자신이 속한 집단이 도태되면 집단 내에서 개인이 확보한 경쟁우위가 무슨 의미가 있겠는가? 구성원들 간 협력이 전제되지 않는 내부경쟁은 개인의 이해타산 차원에서 봐도 손해를 초래한다. 그런 의미에서 마틴 노왁(2012)은 이타적인 행동이 합리적인 행위자가 지닌 이기적인 동기의 직접적인 결과로서 출현할 수 있다는 점을 강조한다. 즉 인간의 이기성이 구성원들 간 경쟁만을 촉발하지 않고 그들 간 협력도 촉발할 수 있다는 것이다.

그렇다면 건전한 선의의 경쟁과 협력이 선순환을 이룰 수 있게 하려면 어떻게 해야 할까? 마틴 노왁은 다섯 가지 메커니즘을 제시하는데 직접 상호성, 간접 상호성, 공간 게임, 집단 선택, 혈연 선택이 그것들이다.[26] 그중 일반 조직운영에 직접적인 시사점을 주는 메커니즘은 직접 상호성, 간접 상호성, 그리고 집단 선택이라 할 수 있다. 첫째, 직접 상호성은 거래가 반복적으로 이뤄지는 상황에서 이기적 개인들 사이에 협력이 발생할 수 있음을 보여준다. 이를 가장 명확하게 드러내는 것이 팃 포 탯TFT: Tit for Tat 전략이다. 그것은 곧 '주고받기 원칙'에 따라 행동하는 전략이다. 죄수의 딜레마와 유사한 상황에서 먼저 상대에게 호의를 베풀어 협력하되, 그다음 거래부터는 상대가 나에게 배신하면 배신으로 대응하고 협력하면 협력으로 대응하는 것이다.

마틴 노왁은 배신과 협력 중 선택해야 하는 반복적인 죄수의 딜레마 게임 상황에서 팃 포 탯 전략과 그의 변종 전략[27]이 큰 보상을 가져다주는 매우 효과적인 전략임을 보여준다. 반복적 게임 상황에서는 먼저 협력함으로써 상대의 협력을 끌어내되 배신으로 대응하는 상대에게는 적절하게 되갚아주는 것이 자신의 보상을 크게 할 수 있는 길이다. 그러다 보니 이기적 개인들도 전략적으로 이타적 협력을 택할 동기를 갖게 된다. 직접 상호성이 주는 시사점은 반복적 거래 관계, 특정 개인이 배신할 때 협력을 철회할 수 있는 여지, 협력할 때 모두에게 이익이 되는 보상구조 등이 있으면 협력을 유도할 수 있다는 데 있다.

둘째, 간접 상호성은 평판의 힘이 협력을 촉진하는 중요한 메커니즘이 된다는 점을 보여준다. 집단의 규모가 작을 때는 직접 상호성을 통해 협력이 증진될 수 있지만, 집단의 규모가 커지면 집단구성원들이 모두 직접 상호성으로 연결될 가능성은 작아진다. 그로 인해 익명성이 커질수록 개개인은 무임승차의 유혹을 더 크게 받게 된다. 이러한 조건에서 집단구성원들을 협력할 수 있도록 이끄는 것이 바로 평판의 힘이다. 마틴 노왁은 평판의 힘과 그것이 주는 시사점에 대해 다음과 같이 이야기한다.

> 어떤 사회의 사람들이 간접 상호성에 기반을 둔 경제적 교환에 의지하게 되면 이 사회는 보다 거대하고 복잡하며 상호연결된 사회로 쉽게 진화할 수 있다. (…) 평판의 힘 덕분에 우리는 별다른 의심 없이 선물값을 낯선 이에게 지불하고 다시 다른 낯선 이가 물건을 배달해주기를 기다린다. (…) 간접 상호성의 연결망을 통해 사람들이 특정한 업무에 정통하다는 평판을 쌓게 될 수 있을 때 전문화가 가능해진다. 평판의 힘 덕분에 한 사회에서 상호의존적인 사람들이 모인 거대한 집합체가 극도로 전문화된 개개인을 수용할 수 있다.[28]

사람과 사람 사이에 누가 누구에게 어떻게 대했는지에 관한 충분한 정보 교환이 이루어진다면 자연선택은 상대편의 평판에 따라서 협력(혹은 배신)을 선택하는 전략을 고르게 된다. 좋은 평

판이 충분히 빠르게 확산된다면 이는 사회에서 협력이 안착될 기회를 증가시킬 수 있다.[29]

셋째, 집단 선택은 이미 앞에서 이야기했듯이 진화 과정에서 일어나는 자연선택이 개체 수준에서도 일어나지만 동시에 집단 수준에서 일어난다는 점에서 중요하다. 씨족 간 경쟁, 부족 간 경쟁, 종족 간 경쟁, 봉건제후국 간 경쟁, 국가 간 경쟁 등 다수준에서 경쟁이 일어나고 그 과정을 통해 적자생존이라는 자연선택이 발생한다. 적자생존을 위한 경쟁이 집단 수준에서 일어나면 개체들은 일단 자신이 속한 집단이 경쟁에서 우위를 점해야 자신의 생존도 유지되기 때문에 집단의 승리를 위해 구성원들과 내부적으로 협력한다. 개인 수준에서만 자연선택이 일어난다면 이기성은 협력과 상충되지만 집단 수준에서의 자연선택이 전제될 때는 집단구성원들 사이의 협력이 개개인의 이익을 키울 수 있는 필요조건이 된다. 그 점에서 개인의 이기성과 협력은 상충하지 않고 상호보완적이 된다. 시장에서 다른 경쟁사들과 치열하게 경쟁하는 기업 생태계에서는 이러한 집단 선택의 조건이 그 자체로서 충족된다고 볼 수 있다. 시장에서 경쟁우위를 확보해야 구성원 개개인의 생존과 이익도 보장될 수 있고 개인 간 선의의 경쟁도 가능해지기 때문이다.

경제학자 허버트 긴티스Herbert Gintis와 인류학자 로버트 보이드Robert Boyd는 시뮬레이션을 통해 집단 수준의 경쟁이 충분히 크면 강한 호혜주의를 가진 사람들의 인구 비율이 높게 유지된다는 것을 보인 바 있다.[30] 협력적인 행동이 개인 간 경쟁에서는 당사자 스스로에게 도움이 되지 않기 때문에 도태될 가능성이 크다. 하지만 자기가 속해 있는 집단의 생존에는 도움이 되기 때문에 집단 간 경쟁이 큰 상황에서는 그러한 행동이 인정받고 존속될 가능성이 커진다고 볼 수 있다. 이를 두고 마크 뷰캐넌(2010)은 진정한 이타주의적 행동이 부적응이 아니라 사회적 접착제로 작용해서 조상들이 강하고 탄력적인 집단을 형성하게 함으로써 인류를 성공하게 한 열쇠일 수 있다고 말한다.[31]

요컨대 조직구성원들 간 경쟁과 협력이 건강한 긴장을 유지하면서 발전적 선순환을 이루게 하려면 다음과 같은 조치를 취할 필요가 있다. 구성원들 간 제로-섬 경쟁을 촉진하는 제도를 걷어내고 구성원들 안에 내재되어 있는 경쟁을 통한 성장 욕구가 건전하게 발현되도록 여건을 조성해주면서 동시에 조직의 경쟁력을 높이기 위한 구성원들의 협력적 행동이 이익이 될 수 있는 조건들을 갖춰줄 필요가 있다. 그러한 맥락에서 볼 때 인위적으로 구성원들 간 내부경쟁을 강화하려 하기보다는 그들 간 상호신뢰와 협력을 촉진하고 어려움에 부닥친 동료들을 돕는 데 앞장서는 구성원들의 조직시민행동 organizational citizenship behavior[32]을 장려할 필요가 있다. 사회경제학자 존 밀러John H. Miller(2017)도 이 점을 강조한다.

우리는 복잡한 사회 시스템에서 협력이 일어나는 것을 자주 본다. 시스템 속 행위자들은 서로 경쟁하거나 협력한다. 경쟁이 약간 잘살게 한다면, 협력은 훨씬 더 잘살게 한다. 안타깝게도 대부분의 사회 시스템은, 적어도 개인적 수준에서는 협력보다는 경

쟁에 인센티브를 준다. 이런 사회 시스템은 결국 경쟁 끝에 더 안 좋은 결과를 얻기 쉽다.[33]

공공재 게임을 통해 본 무임승차 억제책

공공재 게임의 구조에 대해서는 본 장 '이기적 경제인이라는 기본 전제는 타당한가?'에서 설명한 바 있다. 요컨대 게임 초기에는 게임 참가자들의 협력 정신이 주도하지만, 일부 참가자들이 무임승차를 하는 현상이 나타나면 게임의 회수가 거듭될수록 참가자들은 다른 참가자들을 믿지 못하게 되고 무임승차자에게 이용당하지 않겠다는 심리와 무임승차자를 응징하겠다는 심리가 작동하여 협력적 행동을 철회한다.

이러한 현상은 우리가 조직 내에서 흔히 접할 수 있는 현상이다. 누군가가 무임승차를 할 때 그것을 못마땅하게 여긴 주변 사람들도 열심히 하려던 생각을 접는 현상으로 썩은 사과 효과라고도 한다. 문제는 그 응징의 효과가 무임승차자에게만 한정되어 나타나기보다는 집단구성원들 모두에게 돌아갈 혜택이 줄어드는 결과로 나타난다는 점이다. 즉 응징자들의 본의와는 다르게 자신들을 포함하여 집단구성원 모두를 응징하는 결과로 귀결된다는 점이다.

에른스트 페르와 시몬 개흐테르(2002)는 공공재 게임에서 이러한 문제를 해결하고 협력을 위한 처방을 찾기 위해 실험을 조금 바꿔서 누구든 1달러를 낸 사람은 이전 회에서 기부하지 않은 사람에게 2달러의 벌금을 물릴 수 있는 장치를 도입했다.[34] 단, 무임승차자에게 벌금을 물리기 위해 1달러를 낸 사람에게 벌금 중 일부가 돌아가진 않고 공공자금에 보태지기 때문에 그들은 1달러를 잃을 뿐이다. 그래서 이것을 이타적 처벌altruistic punishment이라 한다.

이 장치를 도입하자 초기에 협조했던 다수의 실험 참가자들은 무임승차자를 응징하기 위해 기꺼이 1달러를 냈으며, 처벌의 위협이 자리 잡자 무임승차 행위는 줄어들었고, 게임이 10회를 넘어선 뒤에도 협력은 지속되었다. 무임승차자들에 한정해 응징할 수 있는 장치를 마련하자 비협조적 행태가 사라진 것이다.

그러나 이타적 처벌 장치는 장기간 직장 동료로서 함께 일해야 하는 구성원들 사이에 적용하는 데는 한계가 있다. 처벌받은 사람이 처벌한 사람에게 역으로 보복할 가능성이 커지고 그것이 반복되면 구성원들 간 상호불신과 상호보복의 문화가 형성될 수 있기 때문이다. 그렇기에 마틴 노왁은 이를 '값비싼 처벌'로 규정했다.[35] 비협조자에 대한 처벌이 공공재 게임에서 협력을 강제하는 것은 사실이지만 그 비용이 너무 많이 들어 협력의 이익을 파괴하기에 이른다는 것이다.

처벌이 갖는 한계를 극복하기 위해 노왁과 그의 동료들(2009)은 공공재 게임에서 비협조자를 처벌하는 대신 협조자를 지정하여 보상할 수 있는 장치를 마련하고 반복 게임을 하게 했다. 더불어 누가 누구에게 보상을 제공했는지 알 수 있도록 정보를 공유했다. 그 결과는 매우 효과적이었다. 협력자들끼리 서로 이익을 볼 수 있는 개별적인 상호작용의 기회를 제공하고 동료 협력자들에게 보상을 베풀 수 있게 하니, 꾸준한 협력자들은 동료 협력자들에게 더 매력적인 장래의 파트너가 될 수 있는 평판을 얻었다. 사적인 협력이 공적인 협력을 강화하는 결과를 가져온 것이다. 그래서 위 실험을 수행한 연구자들은 『사이언스』에 실은 논문의 제목을 '긍정적 상호작용이 공공의 협력을 증진한다'로 붙였다.[36]

이 실험이 주는 시사점을 조직운영에 적용한다면, 팀 단위로 과업을 수행할 기회들을 열어주고 자발적으로 팀을 구성할 수 있게 할 때 협력자라는 평판을 얻은 구성원들은 좋은 과업수행의 기회를 더 많이 얻게 되고 비협력자들은 점점 그러한 기회를 얻지 못하게 된다. 그로 인해 조직의 분위기가 협력적 분위기로 바낄 것이다. 또 다른 적용 방식 중 하나는 협업하며 업무를 수행하는 구성원들 사이에 즉석 보너스 혹은 실제적 의미를 갖는 감사 포인트를 제공하도록 하는 것이다.

◇◇

05

개인 동기 극대화가
조직 성과 극대화로 직결되는가?

　사람경영에 관한 통념 중 또 다른 하나는 조직의 성과를 높이는 길은 '구성원 개개인의 동기를 최대한으로 끌어올리는 데 있다'는 것이다. 과연 그럴까? 이 주제와 관련해서 우선 생각해볼 개념이 준최적화sub-optimization이다. 그것은 하위 단위에서는 최적화가 이루어지더라도 상위 조직 단위에서는 최적화 상태에 미치지 못함을 의미한다. 하위 단위에서의 최적화가 상위 조직 단위에서의 최적화로 자연스럽게 귀결되지 않고 오히려 둘 사이에 긴장된 갈등 관계가 존재할 수 있음을 보여주는 개념이다. 이것은 마케팅이나 프로그래밍 등과 같은 여러 영역에 적용되는 개념이지만, 조직을 경영하는 리더의 입장에서도 중요하게 고려해야 할 개념이다. 많은 조직에서 일반적으로 준최적화 현상이 관찰되기 때문이다.

예를 들어 조직에서 나타나는 부서 이기주의는 예외적 현상이라기보다는 보편적으로 관찰되는 현상 중 하나라 할 수 있다. 부서 이기주의가 작동하는 조직은 준최적화라는 결과를 경험하게 된다. 부서 이기주의는 각 부서 내부의 자원과 역량을 자기 부서에 집중함으로써 부서 단위에서 최적화를 이루려는 노력의 일환이라 볼 수 있다. 그러나 조직 전체 수준에서 보면 부서 간 비협조와 갈등으로 인해 최적화를 이루지 못하는 결과로 귀결된다. 이와 유사한 현상이 개인과 팀 사이에서도 자주 관찰된다. 팀 내에서 제한된 보상을 놓고 팀원들끼리 제로-섬 경쟁을 하게 하는 등 개인 수준에서 각자의 이익을 최적화하기 위한 노력에 몰두하게 하면 팀워크가 깨지고 팀원 간 협력이 저해됨에 따라 팀 수준에서 최적화된 결과를 얻지 못하게 된다.

준최적화 현상은 조직을 이끌어가는 리더가 미시적인 데 초점을 맞춰 경영할 경우 직면하게 될 위험을 경고한다. 이와 관련하여 조직경영에서 종종 범하는 오류가 구성원 개개인의 동기를 높이는 데 집착하는 것이다. 논리적 가정은 구성원 개개인의 업무수행 동기가 높아지면 업무 성과가 향상되고 그것들이 모여 조직의 성과 향상으로 귀결되리라는 것이다. 그러한 기대하에 구성원 개개인의 동기를 높이기 위한 제반 제도를 채택하여 운영한다. 대표적인 예가 개인의 업무성과와 연계된 개인 성과급제이다. 구성원들이 평가등급이나 개인 인센티브를 놓고 각자의 이익을 최적화하기 위한 제로-섬 경쟁에 몰두하게 되면 업무 협조나 팀워크 등이 깨져 팀이나 조직 수준에서 준최적화가 발생한다. 따라서 조직의 리더는 개인 수준에서 나타나는 효과에 초점을 맞춰 조직을 경영하기보다는 그들 사이에서 전개되는 역동적 상호작용을 이해하고 그러한 상호작용의 결과로서 조직 수준에서 나타날 효과에 초점을 맞춰 조직을 경영할 필요가 있다.

각도를 달리해서 구성원 개개인의 성과와 조직의 성과 간 관계를 조직 내 업무 연계구조와 관련지어 생각해보자. 전통적 인사관리에서는 구성원 개개인의 성과 향상이 조직의 성과 향상으로 귀결되리라는 암묵적 가정 아래 개개인의 성과를 높이는 방안에 초점을 맞춰 인사제도를 운영해왔다. 그러나 위 암묵적 가정은 일정한 한계를 내포하고 있다. 조직이 가치 창출 과정을 관리하기 위해 활용하는 업무구조를 고려하면 그 가정이 적용되지 않는 경우가 많기 때문이다. 업무구조를 상호의존성 측면에서 세 가지로 분류한 제임스 톰슨James D. Thompson의 분류법[37]에 비춰 위 암묵적 가정의 타당성을 검토해보자.

첫 번째 유형은 집합적 상호의존성pooled interdependence[38]을 특징으로 하는 업무구조이다. 이 구조는 전체 업무 과정을 구성하는 개별 단위들이 독립적으로 업무를 수행한 후 그것들을 모으면 전체 업무가 완결되는 구조이다. 업무수행 단위들 사이의 상호의존성 측면에서 보면 연계성이 거의 없는 업무구조이다. 이렇게 구조화된 조직에서는 그들 사이의 업무 협조나 팀워크는 별로 중요하지 않으며 하위 업무 단위의 성과 합이 곧 상위 조직 단위의 성과가 된다. 그러나 현대 조직에서 이러한 업무구조는 찾아보기 어렵다.

두 번째 유형은 순차적 상호의존성sequential interdependence을 특징으로 하는 업무구조이다. 이 구조에서 전체 업무는 컨베이어 벨트처럼 순차적으로 연결되어 있어서 앞선 업무수행 단위가 수행한 것을 뒤이은 업무수행 단위가 받아 자신들이 맡은 업무를 수행하는 과정이 이어진다. 따라서 어느 한 업무수행 단위에서 병목현상이 발생하면 그 앞뒤 업무수행 단위의 성과가 아무리 높다 해도 전체 프로세스의 업무 성과는 병목현상이 발생한 업무수행 단위의 성과에 의해 좌우된다.

세 번째 유형은 호혜적 상호의존성reciprocal interdependence을 특징으로 하는 업무구조이다. 이 구조에서는 업무수행 단위들 사이에 사전에 정해진 방식으로 상호작용하기보다는 필요할 때마다 적절한 방식으로 상호작용하며 업무를 완성해나간다. 운동 종목에 비유하면 5명의 선수가 유기적으로 상호작용하면서 골을 넣는 농구 게임이 이러한 업무구조에 가깝다. 이러한 업무구조에서는 업무수행 단위 간 상호의존성이 매우 높기 때문에 전체 업무 성과가 높게 나오려면 업무수행 단위들 사이의 유기적인 업무 협조가 필수적이다.

이상의 업무구조 차이를 준최적화 문제와 연계시켜 보면 집합적 상호의존성의 특성을 갖는 구조에서는 준최적화의 문제가 발생할 여지가 비교적 낮다. 개별 업무수행 단위들의 성과 합이 전체 업무 프로세스의 성과를 결정하고 개인 수준에서의 최적화가 집단 수준에서의 최적화로 연결될 수 있기 때문이다. 반면 순차적 상호의존성이나 호혜적 상호의존성의 특성을 갖는 구조에서는 개별 업무수행 단위들의 성과 합이 곧 전체 업무 프로세스의 성과를 결정하지 않을 뿐 아니라 특별히 호혜적 상호의존성이 강한 업무구조에서는 업무수행 단위들 사이의 상호작용의 질, 즉 협력이나 팀워크가 전체 업무 성과를 결정하기 때문에 개인 수준에서의 최적화가 집단 수준에서의 준최적화로 귀결될 가능성이 매우 크다고 볼 수 있다.

06

20:80 현상은
자연발생적일까?

　조직경영과 관련하여 널리 공유된 통념 중 또 다른 하나가 상위 20퍼센트의 구성원들은 업무수행 성과가 높고 나머지 80퍼센트의 구성원들은 업무수행 성과가 높지 않다는 것이다.[39] 소위 20:80 현상―'소수의 활력 넘치는 사람들'과 '다수의 별 볼일 없는 사람들'로 나뉘는 현상―이다. 이것을 파레토 현상이라고도 한다. 한 국가 안에서 부의 80퍼센트가 상위 20퍼센트 집단에게 속해 있고 나머지 20퍼센트의 부가 하위 80퍼센트 집단에게 속해 있다는 사실을 최초로 규명한 빌프레도 파레토Vilfredo F. D. Pareto의 이름을 따서 붙인 명칭이다.

　파레토 현상이 자연발생적 현상이라는 가정 아래 조직을 이끌 경우 조직운영의 성패가 상위 20퍼센트에 속하는 구성원들에게 달려 있다고 생각하기 때문에 그들을 변별해내고 그들에게 차별적 보상을 제공하려 할 것이다. 그리고 그렇게 하는 것이 공평할 뿐만 아니라 조직을 효율적으로 운영하기 위한 좋은 방안이라고 생각한다.[40] 이는 앞에서 다룬 바 있는 능력주의를 어떻게 이해하고 사람경영에 어떻게 적용할 것인가라는 주제와도 맞닿아 있다.

사람경영을 연구하는 학자 중에서도 마크 휴슬리드Mark Huselid 등은 조직구성원 중에서 A급 직원들을 변별해서 중요한 역할과 자원과 기회를 집중할 것을 조언하기도 한다.[41] 그에 반해 조직운영 측면에서 20:80 현상을 극복해야 할 현상으로 본 학자들도 있는데 찰스 오레일리Charles O'Reilly와 제프리 페퍼Jeffrey Pfeffer가 대표적이다. 그들은 상위 20퍼센트 구성원들에게 차별적으로 집중하기보다는 80퍼센트의 구성원들도 뛰어난 성과를 낼 수 있도록 조직을 운영하는 것이 바람직하다고 주장한다.[42] 전사품질관리TQM의 틀을 만든 에드워드 데밍Edwards Deming도 소수를 차등적으로 대우하는 것은 나머지 다수를 패배자로 만드는 것과 같다고 주장한 바 있다.[43]

그렇다면 실제로 개인들의 성과분포가 파레토 법칙을 따를까? 에르네스트 오보일리Ernest O'boyle와 헤르만 아귀니스Herman Aguinis(2012)는 연구자의 학술지 게재 자료, 정치인의 선거에서의 당선 자료, 작가와 배우와 가수 등이 각 분야에서 수여하는 저명한 상의 후보로 지명되거나 수상한 실적 자료, 프로 스포츠 선수들의 성과 자료 등을 활용하여 개인 성과가 정규분포가 아닌 멱함수분포─파레토 분포도 멱함수분포의 일종임─를 따른다는 것을 확인하였다.[44]

그러나 이들의 실증 연구 결과는 분석에 사용한 데이터의 특성을 제대로 알고 해석할 필요가 있다. 첫째, 그들이 분석에 사용한 데이터는 한 조직에 속한 구성원들에 한정하지 않고 특정 영역에 속한 모든 개인의 성과 자료를 사용하여 분석하였다. 만약 노동시장에서 경쟁력이 높은 조직이 최고의 인재들을 지원자로 모집하고 그들 중에서 선별한다면 그러한 그룹 안에서도 그들의 성과분포가 전체 집단에서 보인 멱함수분포와 같은 모양일지는 알 수 없다. 둘째, 사용한 성과 자료가 대부분 일정한 제한된 기간(예: 1년) 내에 이룩한 성과가 아니라 매우 긴 기간 이룩한 누적 성과라는 점이다. 누적 성과는 제한된 기간에 이룩한 성과와는 구별된다. 셋째, 분석에 사용한 대부분의 성과 자료는 연속적인 수치 척도로 측정한 것이 아니라 일정한 진입 문턱을 설정하고 그것을 넘어선 횟수로 측정했다는 점이다. 이러한 척도를 사용할 경우 문턱을 넘어서지는 못했지만 그 문턱에 근접한 성과라 하더라도 모두 0으로 처리된다.

이상의 한계들이 오보일리와 아귀니스의 분석 결과를 의미 없게 만들지는 않는다. 사실 그들의 분석 결과는 경쟁 시장에서 개인들에게 보상을 제공하는 방식을 보여주고 있다. 경쟁 시장에서는 특별히 두드러진 성과를 내는 개인들에게 보상이 집중되는 경향이 강하고 그 외 개인들 사이에서 관찰되는 성과 차이에 대해서는 별로 주목하지 않는다. 물론 조직 내에서 구성원들의 성과를 관리할 때 경쟁 시장이 보상하는 원칙을 그대로 적용하는 것이 모든 구성원의 잠재역량을 발휘하도록 하는 데 바람직한지 여부는 별개의 문제이다. 그리고 개인들의 역량 분포가 정규분포를 그린다는 것은 널리 확인된 사실임에도[45] 그들이 만들어내는 성과는 왜 멱함수분포를 그

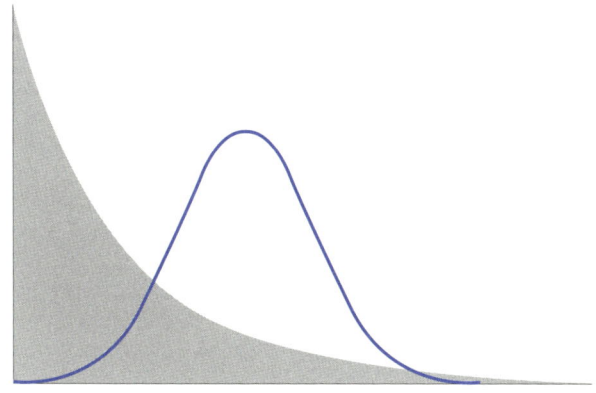

〈그림 5-1〉 정규분포와 멱함수분포

리는지, 그 중간 메커니즘에 대해서도 깊이 들여다볼 필요가 있다.

오보일리와 아귀니스의 분석에서처럼 긴 기간 누적된 성과의 분포가 멱함수분포가 되도록 하는 가장 대표적인 메커니즘은 마태 효과Mathew effect라고 불리는 누적 이점 효과이다. 사회학자 로버트 머튼Robert Merton(1968)은 과학 분야에서 한 과학자가 어느 시점에 공헌도가 높은 연구 성과를 통해 명망을 얻으면 그에 대한 사회적 인정이 갈수록 증가하고 공동 연구의 기회도 더 많아지는 데 반해 그렇지 못한 과학자는 계속적으로 인정을 받지 못하는 현상, 즉 부익부 빈익빈 현상이 존재함을 확인한 바 있다. 그는 이와 같은 누적 이점 효과를 성경의 한 구절, 즉 "무릇 있는 자는 받아 넉넉하게 되되 없는 자는 그 있는 것도 빼앗기리라(「마태복음」 13:12)"라는 구절을 인용하여 마태 효과로 명명하였다.[46]

이처럼 어느 계제에 좋은 평판을 얻게 되면 더 많은 성과를 낼 수 있는 자원과 기회가 그 개인에게 몰리게 되고, 평판에 따른 후광 효과도 작용하여 그 개인에게 유리한 누적 이점 효과가 발생한다. 그리고 성과로 인정을 받기 위한 진입 문턱이 우수 학술지의 게재 횟수나 오스카상 수상처럼 높을 경우 누적 이점 효과에 따른 부익부 빈익빈 현상은 더 크게 나타난다. 제프리 밴쿠버Jeffrey Vancouver와 그의 동료들(2016)의 연구 결과는 개인 성과분포가 마태 효과를 반영한 결과일 수 있음을 보여준다.[47] 그들은 몬테 카를로 시뮬레이션Monte Carlo simulation[48]을 활용하여 어떤 조건 아래서 성과분포가 정규분포가 아닌 왼쪽으로 쏠리는 멱함수분포가 되는지를 확인했다. 마태 효과를 반영한 시뮬레이션과 이전 성과와 연동하여 이후 자원 배분이 이루어지는 양의 되먹임 효과positive feedback effect[49]를 반영한 시뮬레이션에서 멱함수분포 계열과 가까운 왼쪽으로 쏠린 분포가 만들어졌다.

이상으로부터 추론할 수 있는 것은 파레토 현상이 자연발생적이라기보다는 조직관리의 결과일 가능성이 크다는 점이다. 즉 조직 내에서 관찰되는 파레토 현상은 구성원들의 역량 분포 혹은 한정된 기간 그들이 수행한 성과분포라기보다는 일정한 제도적 메커니즘에 의해 누적 이점 효과가 확대 재생산되어 나타난 결과라고 볼 수 있다. 파레토 법칙을 평가와 보상 원칙에 적용하여 상위 20퍼센트에 해당하는 개인들을 변별해내 차별적으로 보상하고 집중적으로 지원해주는 제도를 시행한다고 해보자. 그러면 파레토 현상은 더욱더 강화되어 더 극단적인 멱함수분포를 만들어내게 될 것이다. 채용 단계에서는 역량과 열정이 뛰어난 사람들을 선별하여 뽑았다. 그런데 그들을 대상으로 마태 효과를 강화하는 제도를 운영함으로써 20:80 현상이 뿌리내리게 하고 조직의 역동성을 떨어뜨리는 것이 조직경영 측면에서 과연 바람직할지는 심도 있게 검토해볼 필요가 있다.

07
시장규칙이 사회규범보다 더 효과적일까?

행동경제학자 댄 애리얼리(2008)는 우리가 두 개의 세계, 즉 사회규범이 우세한 세계와 시장규칙이 우세한 세계를 동시에 살고 있다고 말한다.[50] 사회규범은 인간의 사회적 본능이 이해타산적 본능보다 전면에 부각되는 규범이다. 이것은 공동체를 유지하는 데 필요한 행동규범이다. 사회규범 안에서는 한 사람이 다른 사람에게 도움을 청하는 것이 자연스럽고, 그들 사이의 관계에 경제적 계산이 우선으로 개입되지 않는다. 사람들은 돈보다는 명분이나 의미나 공동체 구성원으로서의 책임감 때문에 일한다.

반면 시장규칙은 경제적 계산이 거래 관계를 매개한다. 가격 메커니즘을 축으로 한 경제적 거래 관계가 지배하기 때문에 온정적이

〈표 5-1〉 시장규칙과 사회규범의 차이

시장규칙	사회규범
• 상대방을 경쟁자로 인식 • 거래적 계약 의식 작동 • 이기적·자기충족적 마인드 강화 • 자발적 봉사정신 약화	• 상대방을 동반자로 인식 • 관계적 공동체의식 작동 • 협력적 마인드 강화 • 양보하고 희생하는 행동 강화

라든가 두루뭉술한 것이 없다. '주는 만큼 받는' 거래적 계약 관계가 주를 이룬다. 사회규범과 시장규칙을 심리적 고용계약의 특성과 연계해서 보면 전자는 관계적 심리계약 아래서 작동하는 행동규범이고 후자는 거래적 심리계약 아래서 작동하는 행동규범이라 이해할 수 있다.

거래적 심리계약과 관계적 심리계약

심리적 계약psychological contract이란 '한 개인과 상대방 사이에 상호교환 조건에 관한 합의가 이루어지면 그에 따라 발생하는 일련의 상호의무에 양 당사자가 구속된다'는 믿음을 일컫는다.[51]

여기서 중요한 것은 심리적 계약이 객관적으로 주고받은 합의가 아니라 해당 개인이 갖게 되는 주관적 믿음이라는 점이다. 심리적 계약은 한 개인이 자신의 기여가 조직에 상호주의적 의무를 지운다고 인식할 때 발생하며, 명백한 약속이 이루어지면 상호주의적 계약의 존재에 대한 믿음이 더 강해진다.

이안 맥네일Ian MacNeil에 따르면,[52] 두 가지 유형의 심리적 계약―거래적 심리계약과 관계적 심리계약―이 연속선상에 양쪽에 존재한다. 거래적 심리계약은 한정된 기간 회사가 필요로 하는 구체적 업무수행과 그에 대한 금전적 보상을 교

〈표 5-2〉 거래적 심리계약과 관계적 심리계약의 차이

	거래적 심리계약	관계적 심리계약
계약의 초점	경제적·외재적	경제적인 것을 넘어 사회심리·내재적
시간 프레임	기간이 정해짐	기한이 정해지지 않음
안정성	정태적	역동적
역할 범위	한정적	포괄적
명료성	공개적·명시적	주관적·암묵적

출처: Rousseau(1990)과 MacNeil(1985)

환하는 단기고용 관계에서 형성된다. 일반적으로 인력이 필요할 때마다 외부에서 충원하는 전략을 실행하는 조직의 구성원들에게 이러한 거래적 심리계약이 형성되는 경향이 강하다. 그것과는 대조적으로 관계적 심리계약은 장기고용계약을 맺을 때 형성되고 고용 기간 동안 상호교환하는 것들이 달라질 수도 있기 때문에 계약 내용 측면에서는 명료성보다는 암묵적 성격을 띤다. 일반적으로 신입사원을 채용하여 육성하고 회사가 필요로 하는 역할을 하게 하는 내부육성형 혹은 내부노동시장형 인력운영을 하는 조직의 구성원들에게 관계적 심리계약이 형성되는 경향이 강하다. 관계적 심리계약을 갖는 구성원들은 그들이 조직의 필요에 따라 변화되는 역할을 부여받아 수행하는 의무를 지는 대신 조직은 자신들에게 역량 및 경력 개발 기회를 주어야 한다고 생각한다.

사회규범과 시장규칙이 사람들의 행동에 어떠한 영향을 미칠까? 한 실험 연구에서[53] 실험 참가자들에게 5분 동안 컴퓨터 화면의 왼쪽에 있는 원을 오른쪽에 있는 네모 상자에 끌어다 넣도록 부탁했을 때 사전에 수고비로 5달러를 받은 그룹은 평균 159개를, 50센트

를 받은 그룹은 평균 101개를, 수고비를 전혀 받지 않은 그룹은 평균 168개를 끌어다 넣었다. 첫 번째 그룹과 두 번째 그룹은 시장규칙을 적용받은 그룹이다. 세 번째 그룹은 사회규범을 적용받은 그룹이다. 실험 연구 결과는 수고비를 받지 않고 사회규범에 따라 작업을 한 그룹이 가장 열심이었던 것으로 나타났다.

사회규범이 적용된 또 다른 사례로는 미국퇴직자협회가 몇몇 변호사들에게 가난한 퇴직자들을 위해 시간당 30달러의 저렴한 비용에 법률 서비스를 제공해줄 수 있는지 물었을 때 대부분의 변호사들이 거절하였지만, 그 후 가난한 퇴직자들을 위해 무료로 법률 서비스를 제공해줄 수 있는지 재차 물었을 때는 많은 변호사가 응낙한 예를 들 수 있다. 이런 현상에 대해 댄 에리얼리(2008)는 "돈이 언급되면 변호사들은 시장규칙을 적용하게 되고 제안받은 액수가 그들의 수입과 비교하여 적다고 생각하게 된다. 그런데 돈이 언급되지 않으면 변호사들은 사회규범을 적용하여 기꺼이 시간을 내주는 것이다."라고 말한다.[54] 사람들은 자신들이 맺고 있는 관계가 사회규범에 기반한 것인지, 아니면 시장규칙에 기반한 것인지 직감적으로 판단하고 그에 맞춰 행동한다는 것이다.

이러한 현상은 점화 효과 priming effects — 하나의 자극에 노출되면 이어지는 자극에 대한 반응·행동이 앞의 자극에 의해 영향을 받는 것을 일컬음 — 에 관한 연구에서도 확인된다. 캐슬린 보 Kathleen Vohs와 그의 동료들(2006)은 한 실험 연구에서 먼저, 뒤섞여 있는 5개의 단어 중 4개의 단어를 재배열하여 온전한 문장을 만들라고 지시했다. 한 실험 집단에는 돈과 무관한 중립적인 단어들로 구성된 문제

서른 세트—예컨대 'cold it desk outside is'는 'it is cold outside' 가 된다—를 제시하고, 다른 실험 집단에는 돈과 관련된 단어들로 구성된 문제 서른 세트—예컨대 'high a salary desk paying'은 'a high-paying salary'가 된다—를 제시하였다.[55] 단어 재배열 작업을 마친 뒤 실험 진행자는 12개의 원을 네모 안에 배열해야 하는 어려운 문제를 실험 참가자들에게 준 후 도움이 필요하면 자기를 찾아와도 된다는 말을 남기고 실험실을 나갔다.

이 실험의 결과를 보면, 중립적인 문장을 재배열한 실험 참가자들은 평균 3분이 지나자 도움을 요청한 반면 돈과 관련된 문장을 재배열한 실험 참가자들은 5분 30초가 지나서야 도움을 요청했다. 그뿐만 아니라 그들의 또 다른 후속 실험에서 돈과 관련된 자극을 받은 실험 참가자들은 남을 도와주려는 면이나 자신들이 받은 실험 참가비를 기부하는 면에서도 중립적 자극을 받은 참가자들에 비해 인색했다. 이러한 결과에 대해 캐슬린 보와 그의 동료들은 사람들이 돈의 자극을 받으면 공정성을 강조하는 시장경제적 마인드와 개인주의적이고 자기충족적인 마인드가 강화된다고 해석하였다.

이와 유사한 점화 효과는 바르다 리버만Varda Liberman과 그의 동료들(2004)이 수행한 실험 연구에서도 드러난다.[56] 그들은 죄수의 딜레마 게임에서 게임 참가자들의 협력과 배신 사이의 선택이 개개인의 성향 차이보다 게임의 이름이 일으키는 점화 효과에 더 큰 영향을 받는지 여부를 확인하기 위한 실험 연구를 수행했다. 그들의 연구 결과에 따르면, '월가 게임'이라는 이름을 듣고 참가한 사람들과 '공동체 게임'이라는 이름을 듣고 참가한 사람들 사이에 첫 번째 게임에서 보인 협력 비율뿐만 아니라 7회에 걸친 게임에서 보인 전반적인 협력 비율에서 큰 차이를 보였다. 공동체 게임으로 알고 참가한 사람 중에서는 협력 성향이 높을 것으로 예상되었던 사람들의 67퍼센트가, 배신 성향이 높을 것으로 예상되었던 사람들의 75퍼센트가 첫 회 게임에서 협력을 선택했다. 반면 월가 게임으로 알고 참가한 사람 중에서는 협력 성향이 높을 것으로 예상되었던 사람들과 배신 성향이 높을 것으로 예상되었던 사람들 모두에서 33퍼센트만 협력을 선택한 것으로 나타났다. 7회에 걸친 게임의 전반적인 협력 비율에서도 첫 회 게임에서 나타난 것과 유사한 결과가 나왔다.

공동체 게임으로 인식하고 게임에 참가한 사람들은 무의식적으로 상대방과 자신을 하나의 공동체 구성원으로 인식하고 상대방과 서로 협력해야 한다는 의무감을 느끼는 반면, 시장 메커니즘 속에서 치열하게 경쟁하는 월가 게임으로 인식한 참가자들은 상대를 동반자보다는 경쟁자로 보고 게임마다 상대를 배신해서라도 자신의 이익을 키울 수 있을 것으로 느끼고 선택했다고 볼 수 있다.

그렇다면 사회규범과 시장규칙이 서로 맞부딪히면 어떻게 될까? 일단 시장규칙이 관계 속으로 들어오면 사회규범은 시장규칙에 그 자리를 내어주기 쉽다. 유리 그니지Uri Gneezy와 알도 러스티치니Aldo Rustichini(2000)의 연구는 그러한 면을 잘 보여준다.[57] 그들은 이스라엘의 한 어린이집에서 아이를 늦게 찾으러 오는 부모에게 벌금을 부과하는 것이 유용한 억제 기능을 하는지 알아보기 위한 현장 실험 연구를 진행했다. 연구 결과에 따르면, 벌금을 부과하기 전에는 아이를 늦게 찾으러 오는 부모들은 마음으로부터 미안해했다. 어린이집 교사와 부모 사이에 사회규범이 작동하고 있었던 것이다. 그러나 벌금을 부과하기 시작하자 달라졌다. 늦은 것을 돈으로 처리할 수 있게 되면서 부모들이 늦어도 미안해하지 않았다. 어린이집 교사와 부모 사이에 작동하던 사회규범이 시장규칙으로 바뀐 것이다. 이를 통해 알 수 있는 것은 돈을 매개로 한 경제적 거래 관계를 축으로 작동하는 시장규칙이 들어오면 사회규범은 쉽게 자리를 내어준다는 점이다.

사람들 안에 협력적 사회인의 본능이 이기적 경제인의 본능 못지않게 강하게 자리 잡고 있음에도 불구하고 왜 사회규범과 시장규칙이 부딪히면 사회규범이 쉽게 자리를 내어줄까? 그 이유 중 하나는 시장규칙과 사회규범 사이에 그것이 형성되기까지 걸리는 시간적 비대칭이 존재하기 때문이라 볼 수 있다. 특정 당사자들 간 관계에서 시장규칙이 적용될 것이라는 신호는 즉각적으로 보내질 수 있다. 시장규칙은 즉각적으로 혹은 단기간의 시차를 두고 서로 주고받는 거래 관계를 특징으로 한다. 따라서 시장규칙이 적용될 것이라는 신호를 받으면 그에 따라 시장규칙이 형성되기까지는 오랜 시간이 걸리지 않는다.

그에 반해 사회규범이 적용될 것이라는 신호와 그에 대한 신뢰를 구축하기까지는 상당한 시간이 필요하다. 사회규범 아래서는 한쪽이 베푼 호의에 대한 보답이 시간적으로 즉각 되돌아오는 것도 아니고, 호의를 받은 당사자로부터 직접적으로 되돌아오지 않을 수도 있기 때문이다. 따라서 당사자들 사이에 사회규범이 적용될 것이라는 신호와 그에 대한 신뢰가 축적되기까지는 시간이 더 오래 걸릴 수밖에 없다. 그러다 보니 사회규범은 시장규칙에 의해 밀려나기는 쉬워도 시장규칙을 대체하여 자리를 잡기는 그만큼 더 어렵다고 볼 수 있다.

또 다른 이유로 생각해볼 수 있는 것은 사람들이 시장규칙을 따르고자 할 때는 집단구성원들의 협력을 전제로 하지 않지만 사회규범을 따르고자 할 때는 집단구성원들이 무임승차하지 않고 모두 협력하리라는 전제를 필요로 한다는 점이다. 누군가가 무임승차를 통해 집단의 이익을 희생시키면서 자신의 이익을 극대화할 경우, 공공재 게임에서 확인한 바와 같이, 다른 집단구성원들은 협력적 행동을 철회한다. 이와 같이 사회규범은 사회적 관계 속에서 형성되기 때문에 그것을 따를지 여부는 상호작용하는 동료들의 행동에 대한 관찰과 예측에 좌우되는 조건적 선택이라 볼 수 있다. 즉 구성원들이 사회규범을 지키는 이유는 남들도 지키고 있다고 믿기 때문이다. 반대로 남들이 지키지 않는다고 믿으면 지키지 않는다는 것이다.[58]

냉엄한 비즈니스 세계에서는 시장규칙이 사회규범보다 지배적일 뿐만 아니라 비즈니스 성과를 높이는 효과 면에서도 더 유리할 것 같지만 반드시 그렇지만은 않다. 4차 산업혁명을 견인하는 최첨단 인공지능 기술이나 소프트웨어 개발 영역에서도 사회규범이 비즈니스 생태계의 기반을 이루고 있다. 인공지능 알고리즘이나 소프트웨어 개발 영역에서 소스를 공개하는 것은 흔히 접할 수 있는 일이며,[59] 사회규범에 기반한 오픈 소스 운동은 실리콘밸리가 집단적 수준에서 활발하게 일어나는 혁신의 모판이 될 수 있게 하는 중요한 토대라고 볼 수 있다.

한 조직 내에서도 사회규범은 긍정적인 효과를 만들어낸다. 직원들이 회사에 대한 애정과 주인의식을 갖고 자율적인 업무수행 조건 속에서 자신들이 맡은 일에 몰입하는 것은 단순히 돈을 매개로 한 거래적 계약 관계 속에서는 기대하기 어렵다. 오히려 경영진과 구성원 간, 구성원 상호 간 신뢰를 기반으로 한 사회적 관계가 형성되었을 때 기대할 수 있다. 사명감, 주인의식, 신뢰 등과 같이 정작 중요한 것은 돈으로 살 수 없다.[60]

4차 산업혁명 시대에는 어지간한 지식노동까지 인공지능에 의해 대체될 가능성이 커짐에 따라 시간이 흐를수록 생산성이 구성원들의 열정과 혁신 노력에 의해 좌우될 것으로 예측된다. 그런 맥락에서 세계경제포럼의 설립자인 클라우스 슈밥Klaus Schwab(2016) 박사도 미래에는 자본보다 인재가 가장 핵심적인 생산요소가 될 것이라 말한 바 있다.[61] 구성원들이 돈 버는 것 자체에 그들의 관심을 붙들어 매지 않고 일의 본래 목적에 몰입할 수 있도록 하려면 시장규칙보다는 사회규범에 따라 행동할 수 있는 여건을 조성할 필요가 있다. 사람은 돈에 상당 정도 끌리지만, 장기적 관점에서 볼 때 더 중요한 영향을 미치는 힘은 사회규범이기 때문이다. 그런 취지에서 댄 애리얼리(2008)도 "신명 나게 뭔가를 같이 할 수 있도록 만드는 사회규범이 성과를 거둔 만큼 월급이 올라가는 시장규칙보다 강할 때, 사람들이 회사를 위해 얼마나 열심히 일하는지 알면 분명 놀랄 것"이라고 말한다.[62] 같은 맥락에서 고샬과 바틀렛의 이야기를 들어보자.

모든 사람이 자기 이해관계에 따라서만 행동한다면 기업은 현대 사회에서 움직이는 하나의 제도라는 본질을 잃게 될 것이다. 이 본질 덕분에 기업은 시장과 구별된다. 따라서 시장은 할 수 없는 방식으로 새로운 가치를 창조할 수 있는 능력을 부여받는다. 시장에서는 교환을 통해 확실히 이득을 얻을 것이라는 판단이 섰을 때만 경제적 교환이 이루어진다. 시장은 시장 자신의 목적이나 비전을 품고 있지 않기 때문에 가장 유용한 선택에 자원을 재배치함으로써 비효율성을 가차 없이 제거할 수도 있다. 그러나 그런 시장의 생리 때문에 시장은 자원의 새로운 결합이 필요한 혁신을 창조하는 데는 능숙하지 못하다.[63]

3부
혁신 지향 사람경영의 토대

> 매우 자주 이 두 세계(현실과 몽상)는 상호침투했고, 나도 모르는 사이에 현실과 몽상 사이의 애매한 제3의 세계를 나에게 창조해주었다. 때때로 그 속에서는 지극히 분명한 현실도 안개 속에 용해되었다.[1]
> – 가스통 바슐라르

6장
창의성과 혁신의 발현 조건

> 핫스팟은 스스로 출현한다. 명령이나 지휘를 통해서는 핫스팟이 출현하지 않는다. 사람들은 자신의 자본(인적 자본, 지적 자본, 감정적 자본, 사회적 자본)을 나눠 주는 일을 자유롭게 선택할 수 있어야 한다.[1]
> – 린다 그래튼, 2008.

19세기 말에 시작되어 20세기 중·후반에 활짝 꽃피운 산업화 시대는 1990년을 전후로 점차 기울기 시작하였고 탈산업화와 지식정보화 시대가 새로운 길을 열어나가기 시작하였다. 선진국 경제에서 제조업이 차지하는 비중은 급격하게 줄었고 서비스산업과 금융자본의 비중은 크게 확대되었다. 신자유주의 이념의 지원을 받으며 급속하게 진행된 시장의 글로벌화는 경쟁 환경의 변동성과 불확실성을 크게 증대시켰다. 그에 더해 4차 산업혁명을 선도하는 디지털 정보통신기술과 인공지능 기술의 급속한 발전은 기존 산업 생태계에 파괴적 혁신을 위한 새로운 기술적 인프라를 제공함으로써 비즈니스 생태계를 포함한 제반 부문에서 세기적 지각변동을 일으키기 시작했다.

대량생산체계로 특징지어지는 산업화 시대에는 규모의 경제를 통한 효율성 강화가 경쟁력 게임에서 비교우위를 확보하는 데 중추적인 역할을 감당했다. 그리고 그에 기반해 경쟁력을 확보한 기업의 수명 또한 변동성이 낮은 안정된 경영 환경에서는 상당 기간 유지될 수 있었다. 그러나 오늘날과 같은 불연속적 지각변동기에는 효율성 기반의 경쟁 우위 확보 전략은 그 유효성이 크게 떨어질 수밖에 없다. 곳곳에서 돌출하는 파괴적 혁신이 기존의 경쟁 구도를 한순간에 뒤엎기 때문이다. 따라서 오늘날과 같은 변동성과 불확실성이 높은 경영 환경에서는 창의적 혁신에 기반한 경쟁력 확보야말로 기업의 생존력을 높이기 위한 필요불가결한 조건이 된다. 창조성과 혁신은 20세기를 풍미했던 효율성을 대체할 21세기의 시대정신이 되었다.[2] 이는 복잡계 과학이 규명한 스케일링 법칙을 통해서도 확인할 수 있다.

01

혁신, 지속 성장을 위해 가야만 하는 길

　　1950년 이래로 미국 주식시장에서 거래된 2만 8,853개 기업 중 2009년까지 78퍼센트에 해당하는 2만 2,468개가 사라졌다.[3] 미국 상장기업들의 반감기는 10.5년—상장주식 거래가 시작된 기업 중 절반은 10.5년 안에 상장기업 리스트에서 사라진다—으로 나타났다. 그리고 그 반감기 또한 갈수록 짧아지고 있다. 기업의 전형적인 성장 곡선은 S자 모양을 그린다. 처음에는 비교적 빠르게 성장하다가 점차 성장이 느려지고 성숙 단계에 들어서면 인플레이션과 전반적인 시장성장률을 고려한 개별 기업의 실질 성장은 정체되는 현상을 보인다. 복잡계[4] 과학에서 사용하는 용어로 표현하자면 기업들이 저선형 스케일링sublinear scaling[5]의 패턴을 보인다는 것이다. 이는 기

업이 도시와는 달리 성장에 한계가 있어 유한한 수명으로 이어진다는 것을 의미한다.[6]

그 원인에 대해 스케일링 법칙에 대해 천착해온 제프리 웨스트 Geoffrey West(2018)의 진단을 들어보자. 그에 따르면,[7] 지난 20세기 산업화 시대에 대부분의 기업은 이익을 극대화하기 위해 생산의 효율성을 높이고 운영비를 최소화하는 데 초점을 맞춰 관료주의적 통제를 강화해왔다. 그뿐만 아니라 기업이 시장에서 자리를 잡아가면 시장에서 잘 팔리는 제품에 더욱더 주력했다. 시장에서 검증된 제품에 집중할수록 단기적 보상으로 그 결정을 강화해주는 시장의 힘에 의한 '양의 되먹임'이 기업들로 하여금 단기적 효율성 극대화에 안주하도록 부추기기 때문이다. 그 결과 기업들이 점차 위험성이 있거나 즉각적인 보상이 따라오지 않는 혁신이나 창의적 도전을 외면하는 경향을 보였다. 이 점은 기업의 규모가 커짐에 따라 연구개발에 할당되는 예산의 비율이 체계적으로 줄어드는 것에서도 나타난다. 이는 기업이 커짐에 따라 혁신을 지원하는 자금이 관료체계와 경영관리에 드는 비용을 따라가지 못함을 의미한다. 이것이 바로 기업의 스케일링 법칙이 저선형에 가까운 이유이다.

기업이 저선형 스케일링 패턴에서 벗어나 열린 성장을 지속할 수 있는 초선형 스케일링 패턴으로 갈아탈 수는 없을까? 초선형 스케일링 패턴을 보여주는 도시의 특성으로부터 시사점을 도출할 수 있다. 도시는 성장하면서 분산도와 다양성이 갈수록 커진다. 새로운 부문들이 발전하고 새로운 기회가 출현함에 따라 사업과 경제활동의 스펙트럼이 끊임없이 확장된다. 사회연결망도 크게 확장된다. 다양한 가치를 지닌 시민들이 어울리고 다양한 혁신적 실험들이 일어난다. 이러한 특성들이 도시에 탄력성과 지속가능성과 불멸성을 부여하는 중요한 구성요소이다. 기업이 저선형 스케일링에서 초선형 스케일링으로 갈아탄다는 것은 해당 기업의 생산가능곡선을 우상향으로 이동시킨다는 것과 같은 의미이며, 그것은 지속적인 혁신을 통해 가능해진다.

기업들이 평균적으로 나타나는 S자 성장곡선을 벗어나 지속적으로 성장하기 위해서는 단기적 경영성과에 매몰되지 않고 중장기적 성장과 도약을 견인해줄 룬샷loonshots[8]에도 지속적으로 투자해야 하며, 조직이 과감한 도전과 혁신의 장場이 되도록 관심을 기울여야 한다. 고샬과 바틀렛도 "기업은 지속적으로 혁신적인 신제품과 서비스를 창조하고 기존의 제품과 서비스를 향상시키는 더 나은 길을 찾음으로써 사회를 위해 새로운 가치를 창출한다. (…) 오스트리아 경제학자 J. 슘페터에 따르면, 창조적 과정이 자본주의 사회가 경제적으로 발전하는 데 동력을 제공하는 엔진이다."라고 말한다.[9]

3D 애니메이션 영화 제작사인 픽사Pixar―지속적으로 창의성과 혁신을 통해 경쟁력을 유지해온 대표적인 실리콘밸리 기업으로 알려져 있으며, 2006년 1월에 월트 디즈니사와 합병했다―의 창업자 중 한 사람인 에드 캣멀Ed Catmull(2014)도 픽사에 계속 생명력을 불어넣는 것은 창의적 기업문화임을 깊이 자각하고, 단순히 성공적인 기업을 건설하는 데 그치지 않고 창의적 기업문화를 지속시키는 방법을 고안하는 일을 자신의 최우선 임무로 삼아 그 일에 전념하였다.[10]

생산가능곡선으로 본 혁신 기반의 성장[11]

생산가능곡선은 한 경제 단위가 보유한 자원을 모두 투입하여 최대로 생산해낼 수 있는 두 제품의 조합을 그래프로 나타낸 것이다. 이 개념을 확장해서 적용하면 이 그래프는 한 기업이 보유한 자원을 모두 투입하여 최대로 생산해낼 수 있는 두 가지 상충되어 보이는 가치(예: 이윤과 직원 복지, 이윤과 사회적 가치 등)의 조합을 나타낸 그래프라 볼 수 있다.

한 시점에 특정 기업의 생산가능곡선이 〈그림 6-1〉의 왼쪽 곡선과 같다고 해보자. 이 기업은 자체 보유하고 있는 자원을 가장 효율적으로 사용하여 두 가지 가치, 즉 가치 A와 가치 B를 '나'와 같은 조합으로 창출할 수도 있고, '다'와 같은 조합으로 창출할 수도 있다. 물론 자원 활용의 효율성이 낮을 때는 기업이 '가' 지점이 나타내는 바와 같이 창출하는 두 가지 가치가 동시에 줄어드는 상황에 부닥칠 수도 있다. 하지만 생산가능곡선상에서 자원을 효율적으로 활용하는 경우 하

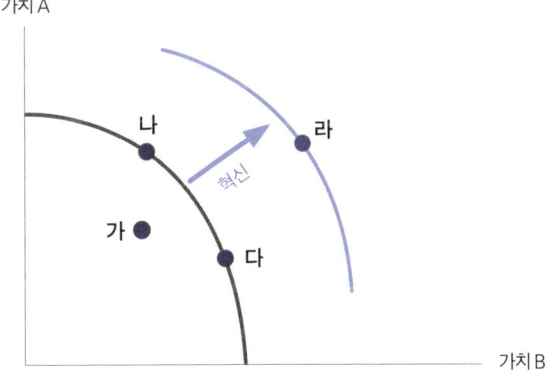

〈그림 6-1〉 생산가능곡선과 혁신을 통한 곡선의 상향 이동

나의 가치를 높이려면 다른 가치의 창출을 줄여야 하는 상충관계trade-off에 직면하게 된다. 기업의 이윤을 높이려고 하면 구성원의 고용안정을 희생시켜야 한다든지, 경제적 이윤을 극대화하려고 하면 사회적 가치를 희생해야 하는 것 등이 그 예에 해당한다.

그렇다면 기존 생산가능곡선의 제약을 벗어나 상충관계에 있는 두 가지 가치를 동시에 늘릴 수 있는 길은 없을까? 물론 있다. 그 길은 〈그림 6-1〉의 생산가능곡선 이동이 보여주는 바와 같이 혁신을 통해 생산가능곡선을 우상향으로 이동시키는 것이다. 창의적 혁신을 통해 생산가능곡선을 우상향으로 이동시키면 '라' 지점이 보여주는 바와 같이 가치 A와 가치 B를 동시에 높일 수 있는 길이 열린다. 지속적인 혁신이 창발하는 조직으로 전환해야 할 이유가 바로 여기에 있다.

02
혁신의 부자연성, 혁신에 대한 현실적 이해

인간의 뇌는 생존에 유리하게 구조화되어 있으며 창의적 사고에 유리하게 구조화되어 있지 않다. 사람들이 호기심으로 가득한 어린 시절을 지난 후 성장 과정에서 길든 익숙함에서 벗어나 창의적이고 혁신적인 방식으로 사고하는 것은 자연스러운 과정이라기보다는 부자연스럽고 번거로운 과정이다.

뇌과학자 정재승(2018)에 따르면, 인간의 뇌가 몸무게에서 차지하는 비중은 2퍼센트에 불과하지만 음식 섭취를 통해 생성한 에너지의 25퍼센트 정도를 사용한다.[12] 그러므로 뇌가 에너지를 적게 쓸수록 생존의 가능성이 커진다. 이에 따라 인간에게서 나타나는 보편화된 전략 중 하나는 인지활동에 따른 에너지 소모를 최소화하는 것이다. 즉 인지활동에 '최소 노력의 법칙'¹³이 적용되는 것이다. 따라서 유사한 상황에 부닥치면 그때마다 창의적 방식으로 생각하며 판단하고 대응하기보다는 과거의 경험에 기반하여 습관화된 방식으로 판단하고 대응하는 경향이 강하다. 특정한 행동이 습관화되고 익숙해지면 유사한 상황에 추가적인 인지 에너지를 사용하지 않고도 효율적으로 대응할 수 있기 때문이다. 이렇게 형성되는 것이 휴리스틱 heuristic — 문제를 해결하거나 불확실한 사항에 대해 판단할 필요가 있지만 명확한 실마리가 없을 경우 사용하는 편의적이고 간편한 방법¹⁴ — 이다. 대니얼 카너먼(2012)은 휴리스틱이 인간의 뇌에서 작동하는 두 가지 사고 모드—시스템 1과 시스템 2— 중 전혀 힘들이지 않고 직감적으로 빠르게 작동하는 시스템 1에서 발생하는 현상이며, 그러한 휴리스틱으로 인해 다양한 인지적 편향이 발생한다고 말한다.¹⁵

이 같은 관점에서 보면, 익숙한 상황 속에서 습관화된 방식으로 업무를 처리하는 것은 구성원들이 업무를 수행함에 있어서 초기값에 해당한다고 볼 수 있다. 반면 창의적 혁신은 대담한 목표를 설정하고 습관화된 업무처리 방식에서 탈피하여 새로운 관점, 새로운 논리, 새로운 기술을 적용하는 과정에서 발현된다고 볼 수 있다. 문제는 그렇게 하는 데 따른 인지 에너지의 소모가 크다는 점이다. 따라서 구성원들이 창의적이고 혁신적인 방식으로 업무를 수행하게 하려면 익숙한 방식의 업무수행에 인센티브를 제공함으로써 그러한 행동을 강화하기보다는 혁신적 방식의 업무수행을 방해하는 제도와 조직운영 방식을 제거하고, 혁신적 방식을 채택하는 데 따르는 기회

비용을 뛰어넘을 만큼 다양한 유·무형의 보상과 인정을 제공하도록 관련 조직운영 시스템과 조직 토양을 바꿀 필요가 있다.

개인 수준이 아닌 조직 수준에서 보더라도 창의적 혁신에 기반하여 경쟁력 우위를 확보하는 길은 여러 난관에 부딪히기 쉽다. 특별히 기존 조직운영 기조가 효율성을 극대화함으로써 조직의 경쟁력을 유지해온 관료제에 초점이 맞추어졌다면 창의적 혁신을 추구하는 조직운영의 기조와 상충할 수밖에 없다. 효율성을 중시하는 조직운영 기조는 오류와 시행착오를 줄이는 데 초점이 맞춰져 있고, 그러한 목적을 효과적으로 실현하기 위해 가능한 한 업무 프로세스를 상세한 매뉴얼로 관리한다. 그리고 위계적 의사결정 프로세스를 거치게 함으로써 오류와 시행착오의 가능성을 줄인다.

반면 창의적 혁신은 기존의 틀을 벗어난 파격을 장려하며 실패의 위험을 감내하면서 새롭고 다양한 탐험을 시도하도록 격려한다. '시도-실패-학습-새로운 시도…'와 같은 역동적 과정에서 창의적 혁신이 창발하기 때문이다. 효율성 관점에서 보면 용납하기 어려운 과정이다. 따라서 효율성 극대화에 닻을 내리고 있는 조직에서 창의적 혁신이 창발하기를 기대하기는 매우 어렵다.

창의적 혁신을 기반으로 신사업을 발굴하고 육성하는 것 또한 자연스러운 과정이 아니다. 신생 기업이 한 사업에 뛰어들어 기존 업체들을 뛰어넘는 파괴적 혁신을 주도한다면 해당 기업의 입장에서는 매우 바람직한 일이다. 에어비앤비가 유휴 숙박공간 정보에 대해 수요자와 공급자를 연결하는 온라인 플랫폼을 개발함으로써 기존 숙박업의 지형을 획기적으로 뒤바꾼 것이라든지, 넷플릭스가 비디오 스트리밍 플랫폼을 기반으로 새로운 비즈니스 모델을 만듦으로써 전통적인 비디오 대여업을 초토화시킨 것 등이 그에 해당하는 사례들이다.

그러나 기존 기업이 이미 뿌리를 내리고 있는 자체 사업 영역 내에서 파괴적 혁신을 공격적으로 추진하는 것은, 비록 내부에 그러한 혁신역량을 갖추고 있다고 해도 결코 쉽지 않은 일이다. 새롭게 추구하는 파괴적 혁신이 제 살 깎기cannibalization라는 고통을 수반하기 때문이다.[16] 예컨대 기존 오프라인 판매망을 촘촘하게 구축하여 그것을 영업의 중심축으로 활용해온 기업이 디지털 전환을 통해 개인 맞춤형 온라인 판매로 파괴적 혁신을 추진할 경우 오프라인 판매망의 매출이 온라인 판매망으로 넘어갈 것이다. 오프라인 판매망의 매출 감소라는 제 살 깎기를 감내해야 하는 상황이 전개되는 것이다. 또 다른 예 중 하나가 전화기 기능 중심의 휴대폰에서 상당한 시장 지배력을 가지고 있던 기업들이 스마트폰 기술을 확보하고 있었음에도 불구하고 스마트폰 출시 시점을 미루다 기회를 놓쳐 시장에서 퇴출되거나 시장 지배력을 상실한 경우이다. 스마트폰을 공격적으로 출시한다는 것은 기존 휴대폰 매출 잠식을 감내해야 하는 선택이다. 기존 휴대폰으로 잘나가던 기업일수록 스마트폰으로 전환하는 선택이 어려웠다고 볼 수 있다. 휴대폰 시장에 새롭게 진입한 기업에 비해 이미 시장 지배력을 확보한 기업일수록 제 살 깎기라는 비용을 감내하는 어려운 선택을 해야 하기 때문이다.

그런가 하면 특정 기업이 기존 사업과 다른 신사업에 뛰어드는 경우에도 혁신적 행보를 하기는 쉽지 않다. 자원의존이론resource dependence theory에 따르면,[17] 경영자들의 입장에서는 자원 투입의 재량권을 행사할 때 기존 고객들과 투자자들을 만족시키지 못하는 투자 패턴을 채택하기가 쉽지 않기 때문에 소규모 신생시장에서 입지를 확고하게 구축하는 데 필요한 재정적·인적 자원을 자유롭게 투입하지 못한다.[18]

조직운영 관점에서 보다라도 어려움은 여전히 존재한다. 기존 기업의 조직역량을 뒷받침하는 조직의 프로세스―다양한 생산요소를 부가가치의 창출로 전환하는 체계―와 우선순위를 결정할 때 기준이 되는 조직의 핵심가치는 통상 유연하게 작동하지 않는다.[19] 신사업이 시장을 개척하며 나아갈 때 유연하게 적용되어야 할 프로세스나 가치 기준은 성숙사업이 기존 시장을 안정적으로 관리하며 성장하는 데 필요한 프로세스나 가치 기준과 다를 수밖에 없다. 그러한 이유로 아무리 잠재적 혁신역량을 갖춘 인재들을 신사업에 투입하더라도 기존 성숙사업에 적용되는 프로세스와 가치 기준 아래서는 운신의 폭이 좁아 사업가적 태도와 창의적 업무수행 방식을 적용하기 어렵다.

03
창의성과 혁신의 발현 조건

양질의 조직 토양

창의성과 혁신은 정교한 관리를 통해 만들어지기보다는 창발하는[20] 특성을 갖는다. 따라서 창의성과 혁신을 촉진하기 위해서는 조직 토양을 조성하는 것이 무엇보다 중요하다. 창의성과 혁신은 효율성과 달라서 구성원들의 행동을 성문화된 규정이나 절차를 통해 직접적으로 관리함으로써 얻어지지 않는다. 그것은 땅에 뿌려진 씨가 싹을 틔우고 자라나 꽃과 열매를 맺는 것과 같은 과정을 통해 얻어진다.[21] 구성원들에 내재한 창의적 아이디어가 싹을 틔우고 자라서 열매를 맺으려면 그것을 가능하게 하는 비옥한 토양이 조성되어야 한다. 성경에 나오는 씨 뿌리는 비유[22]가 시사하는 바와 일맥상통한다. 농부가 씨를 뿌리는데 일부는 길가에 떨어지고, 일부는 흙이 얕은 돌밭에 떨어지고, 일부는 가시떨기에 떨어지고, 일부는 옥토에 떨어진다. 풍성한 열매를 맺는 것은 옥토에 뿌려진 씨였다. 똑같은 씨를 뿌리더라도 토양의 상태에 따라 수확률이 달라진다. 조직의 토양이 어떠하냐에 따라 구성원들에 내재한 잠재적 혁신역량이 열매 맺는 정도가 달라진다.

관점을 달리해보면, 인간의 내면에는 복수의 자아가 존재한다. 행동경제학자 댄 애리얼리(2008)는 "인간은 여러 자아가 모인 덩어리"라고 말한다.[23] 그 복수의 자아 중 어떠한 자아로 자신을 표현하고 행동하느냐는 주어진 환경과 맥락에 따라 달라진다. 개개인은 환경과의 적합도가 가장 높은 자아로 반응하려 할 것이다. 그래서 사회학자 어빙 고프만Erving Goffman도 인간의 자아는 무대 위의 연기자와 같아서 주어진 상황에 따라 여러 자아가 제각기 다르게 구성된다고 말한 바 있다.[24] "'똑같은' 사람이 어느 맥락에서는 프로젝트를 무산시키는 보수주의자가 되고, 다른 어느 맥락에서는 깃발을 휘두르며 달려가는 혁신가가 될 수도 있다."[25] 그렇기 때문에 집단창의성 분야 권위자인 린다 힐Linda Hill(2015)도 혁신을 이끄는 것은 사람들이 혁신적인 문제 해결에 관해 몰두할 수 있는 환경을 만드느냐에 관한 것이라고 말한다.[26]

조직을 경영하는 입장에서 보면 막연하게 들릴 수 있다. 기계적 조직 모델을 대표하는 관료제에 익숙한 경영자일수록 더욱더 그렇게 느낄 것이다. 그들은 정교한 관리체계를 통해 창의성과 혁신의 결과물을 효율적으로 산출해낼 수 있기를 바랄지 모른다. 그런데 창의성과 혁신이 싹을 틔우고 자랄 수 있는 조직 토양을 조성하고 열매가 맺도록 기다려야 한다니 얼마나 막연하겠는가? 경영 패러다임이 다르기 때문에 겪게 되는 난감함이다.

창의성과 혁신은 구성원들이 다양한 개성과 관점과 아이디어를 보유한 자유인임을 전제하고 그에 걸맞게 대우할 때 발현된다. 자율경영 패러다임으로 접근할 때 창의성과 혁신을 활성화할 길을 찾을 수 있다. 자율경영 패러다임은 구성원들의 행동을 감독하고 통제하는 접근법과는 달리 그들이 조직과 일체감을 느끼고 혁신적 방안들을 찾아 주도적으로 실행할 수 있도록 장애요인들을 제거해주고 조직 토양을 조성하는 데 초점을 맞춘다. 신동엽·김은미·이중식(2013)은 "창조성의 원천과 작동 과정은 워낙 다양하고 광범위하여 기계나 연장처럼 관리한다는 것은 '관리 불가능한 대상을 관리하려는 헛된 시도'가 될 가능성이 크다"고 일갈한다.[27]

그렇다면 창의적 혁신을 촉진하는 조직 토양은 어떠한 특성을 가진 토양일까? 고샬과 바틀렛(2000)에 따르면, 창의적 혁신을 촉진하는 토양은 스트레치, 신뢰, 지원, 자기규율로 특징지어지는 토양이다.[28]

첫째, 스트레치는 도전정신이다. 대담한 비전과 높은 목표를 세우고 도전하는 것이다. 단순히 무모한 목표를 세운다기보다는 기존의 방식으로는 달성할 수 없는, 그래서 발상의 전환을 자극할 수 있는 목표를 세우고 나아간다는 의미이다. 목표관리제MBO가 목표 설정을 통해 동기를 자극하려는 본래의 취지와 달리 구성원들로 하여금 낮은 목표를 설정하도록 유도한다면 어디에서부터 잘못된 것인지 재고해봐야 한다.

둘째, 신뢰는 조직 내 이해관계자들 간 관계의 질을 나타낸다. 상대에게 호의를 베풀면 그 상대도 본인에게 호의를 베풀 것이라는 믿음이고 상대의 이익을 위해 일하는 것이 본인에게도 이익이 된다는 믿음이다. 신뢰는 협력과 상생의 밑거름이다. 또한 신뢰가 형성되어 있을 때 손실의 위험성을 회피하거나 이해타산에 인지적 에너지를 낭비하지 않고 그 에너지를 창의성에 집중할 수 있다.

셋째, 지원은 서로를 밀어주고 격려해주는 분위기이다. 구성원들 사이에 '한 배를 탔다'는 공동체의식이 자리 잡고 있고 공통의 이해관계 기반이 구축되어 있을 때 서로를 지원해주는 분위기가 형성된다. 반면 구성원들 사이에 승진 기회나 인센티브를 둘러싸고 제로-섬 경쟁의식이 지배할 때 상호지원보다는 발목잡기가 팽배해진다.

넷째, 자기규율은 구성원들이 누군가의 감독과 통제에 의해 움직이기보다는 자신들의 행동을 조직의 비전과 가치에 맞춰 자율적으로 규율하는 것을 가리킨다. 창의적 혁신은 자율성과 주도성이 보장되는 분위기 속에서 발휘되는데 자율성은 자기규율과 함께 상승작용을 한다.

자유와 심리적 안전감

창의성과 혁신은 몽상할 수 있는 자유, 자신이 속한 기존의 질서와 그 기저에 놓인 가정과 전제를 객관적이고 비판적으로 되짚어

볼 수 있는 자유가 허용되는 조건에서 발현된다. 거시적 관점에서 보더라도 참여자들에게 선택의 자유를 부여하는 자유시장경제체제가 중앙 통제 기반의 계획경제체제보다 훨씬 더 강력한 혁신의 장이 되고, 그 결과 자유시장경제는 초선형 스케일링 패턴, 즉 지속적이고 확장적인 성장을 유지해올 수 있었다. 자유가 제한된 곳에서는 기존의 틀을 넘어서는 다양한 사고가 억제되고, 상호모순되어 보이는 다양한 사고들이 맞부딪치는 긴장 속에서 발아하는 창의적 혁신이 싹을 틔울 수 없다. 그러한 맥락에서 고샬과 바틀렛은 창의적 혁신을 억제하는 조직 토양은 속박, 계약, 통제, 추종으로 특징지어진다고 말한다.

먼저, 속박은 자율성 및 주도성과 대비되는 개념이다. 조직의 상세한 규정이나 실수를 허용하지 않는 처벌 관행 등이 구성원을 속박하는 것으로 작용할 수 있다. 이미 정해진 것들에 대해 의문을 제기하거나 경계를 넘어서 새로운 것들을 시도해볼 여지가 없다. 환경이나 상황에 민첩하고 유연하게 대응할 수 있는 여지가 매우 제한된 상태이다. 둘째, 계약은 고용 관계를 노동과 급여를 교환하는 경제적 거래계약으로 규정하고 그 틀 안에서 관리하는 것을 일컫는다. 웨스팅하우스의 CEO였던 로버트 커비가 한 말, 즉 "기대하는 결과를 낳지 못한다면 내 어머니라도 해고하겠다"[29]는 말이 경제적 거래계약 관계를 극명하게 나타낸다. 이러한 거래적 계약 관계 또한 구성원들의 자유를 제약할 것임은 두말할 필요도 없다. 셋째, 통제는 구성원들의 행동을 감독하고 그들의 행동이 일정한 방향으로 향하도록 강제하거나 인위적으로 유도하는 것을 일컫는다. 그뿐만 아니라 현장에 권한을 위임하기보다는 중앙에서 지시하고 관리하는 것을 포함한다. 마지막으로, 추종은 권위와 지배질서를 따르도록 강제하고 위로부터 내려오는 지시에 복종하게 하는 권위주의적이고 획일적인 조직 분위기를 일컫는다.

이상의 키워드로 대표되는 조직 토양은 엄격하게 운영되는 위계적 관료제 아래서 형성돼 구성원들을 능동적인 존재가 아닌 수동적인 존재로 만든다. 구성원들로 하여금 자유인으로서 동료들과 유연하게 업무를 조율하며 조직 내 역할을 하게 하는 대신 이미 정해진 조직의 업무 프로세스에 자신들을 끼워 맞춘 조직인으로서 역할을 하게 하는 토양이다. 이러한 조건에서는 창의성과 혁신이 결코 발현될 수 없다.

조직 내에서 구성원들이 관료제 틀에 갇힌 조직인에 머물지 않고 자유인으로 사고하고 행동하는 것은 심리적 안전감을 느낄 수 있을 때 가능하다. 심리적 안전감이란 "대인관계의 위험부담으로부터 안전하다는 팀원들 사이에 공유된 믿음이며 (…) 사람들이 자신의 모습 그대로를 보여도 편안함을 느끼는 (…) 팀 분위기"이며,[30] 구성원들이 서로 신뢰하고 존중하며 자기 생각을 솔직하게 나눌 수 있을 때 느끼는 심리 상태이다.

심리적 안전감은 학습문화와 혁신문화의 토대이다. 일하는 방식과 보고체계, 업의 본질과 비즈니스 모델, 경영방침과 경영철학에 이르기까지 기존의 경계를 넘어서서 사고하고 조직 내에서 그에 대한 목소리를 자유롭게 내려면 그 결과가 그들에게 여러 가지 형태의 불이익이 되어 돌아오지 않으리라는 확신이 있어야 한다. 선의로 도전한 혁신적 시도가 비록 실패하더라도 그 실패에 대한 책임을 추궁받지 않으리라는 확신이 있어야 한다. 사람들은 심리적 안전감을 느낄 수 있을 때 비로소 실수나 실패에 대해 처벌받을지 모른다는 두려움에서 벗어나 어떤 제안이나 문제점들을 자유롭게 이야기할 수 있다. 그리고 자신이 실수한 것들이나 자신의 약점에 대해서도 개방적으로 인정하고 다양한 개선 방안들을 찾아 나설 수 있다. 실패를 통한 학습과 혁신은 그러한 분위기 속에서 활성화된다.

심리적 안전감은 단기적 결과에 책임을 묻는 성과주의 문화에 의해 손상된다.[31] 단기적 성과를 근거로 보상과 처벌을 시행할 때 심리적 안전감보다는 인간의 생존 본능에 내재되어 있는 위험 회피 성향이 강하게 작동한다. 그러한 조건에서 구성원들은 실패의 위험을 감수하면서 새로운 길을 탐색하려 하기보다는 안전한 길을 택한다. 성공의 원인은 자신의 역량과 노력으로 돌리는 반면 실패의 원인은 외부요인에서 찾으려 한다. 이러한 성과주의 문화는, 특정 결과를 만들어낸 방안들을 점검하고 지속적으로 발상의 전환을 시도하며 더 나은 방안들을 찾으려는 혁신적 태도를 저해한다.

그렇다고 책임성을 결여한 채 심리적 안전감만을 강화하는 것도 문제가 있다. 무사안일주의로 귀착될 수 있기 때문이다. 애미미 에드먼슨Amy C. Edmondson(2008)에 따르면,[32] 사람들은 책임성이 결여된 상태에서 심리적 안전감만을 느낄 때 안전지대comfort zone에 머무는 경향을 보이며, 사람들은 책임성은 있지만 심리적 안전감이 결여될 때 불안지대anxiety zone에서 침묵을 지키는 경향을 보인다. 반면 책임성과 심리적 안전감이 결합되면 학습지대learning zone가 만들어진다. 즉

학습과 혁신문화는 심리적 안전감과 책임성이 특정한 조합을 이룰 때 꽃 피울 수 있다.[33]

다만 여기에서 강조하는 책임성은 단기적인 결과에 대한 책임성 outcome accountability보다는 과정에 대한 책임성process accountability에 방점이 두어진다.[34] 과정에 대한 책임성을 이야기할 때도 최상의 과정이 있다는 전제하에 주어진 과정을 엄격하게 따랐는지를 묻는 차원의 책임성이 아니다. 그것은 끊임없이 창의적으로 더 나은 과정을 찾아 나갔는지, 최선의 과정을 찾기 위해 다양한 의견을 수렴하며 주도성을 발휘했는지, 개별 과정의 효과성을 투명하게 공유하고 다양한 각도에서의 리뷰에 개방적인 자세로 임했는지 등을 묻는 차원에서의 책임성이다. 즉 창의성과 혁신을 제약하는 차원에서 책임성을 묻는 것이 아니라 그것들을 촉진하는 차원에서 책임성을 묻는 것이다.

내재적 동기

인간의 동기는 외재적 동기extrinsic motivation와 내재적 동기intrinsic motivation로 나뉜다. 외재적 동기는 금전적 보상, 상사의 기대 등과 같은 외부로부터 주어지는 자극에 의해 유발되는 동기를 가리킨다. 외재적 동기를 높이려는 접근법은 사람을 보는 관점 측면에서 X이론에 기반한다. 업무가 직무수행자들의 자발성을 유발하기 어려운 단순 반복적일 때 주로 사용한다. 그에 반해 내재적 동기는 호기심, 흥미, 보람, 성취감 등과 같이 개인의 내면적 요인에 의해 유발되는 동기를 가리킨다. 내재적 동기를 높이려는 접근법은 사람을 보는 관점 측면에서 Y이론에 기반한다. 직무수행자들에게 자발성, 성장 욕구, 보람, 성취감 등을 경험할 수 있는 업무를 제공하는 데 초점을 맞춘다.

조직구성원들의 창의성 발현과 관련이 높은 동기는 어느 것일까? 창의성에 관한 연구에 천착해온 사회심리학자 테레사 애머빌Teresa Amabile(1997)의 연구 결과에 따르면,[35] 창의성은 세 가지 요소, 즉 내재적 동기와 전문성과 창의적 사고 기술이 함께 어우러질 때 발현된다. 내재적 동기가 창의성 발현의 필요조건인 셈이다. 린다 그래튼(2008)도 창조적 에너지가 넘치는 혁신의 시공간은 구성원들이 내재적 동기에 따라 일에 집중할 수 있는 곳이어야 한다고 말한다.[36]

그에 반해 외재적 동기는 창의성의 발현에 부정적 영향을 미친다. 제한된 시간 안에 달성해야 할 과업 목표를 설정하고, 그것에 인센티브를 건 경쟁적 상황을 만들어 외재적 동기를 강화하면, 구성원들의 관심은 인센티브에 쏠리게 된다. 그리고 그 인센티브와 연결된 업무 목표의 달성을 위해 매진하게 된다. 창의적이고 혁신적인 방식으로 매진하기보다는 자신이 가장 잘하는 방식, 즉 이전에 유사한 업무에서 가장 확실하게 효과를 봤던 방식으로 매진하게 된다. 창의적이고 혁신적인 방식을 시도해볼 여유를 갖지 못하기 때문이다.[37] 큰 인센티브가 걸려 있기 때문에 마음이 조급해지고 위험부담이 큰 혁신적 방안을 찾으려고 하지 않는다.

사람을 보상과 처벌로 관리·통제하면, 일 그 자체에 관심을 두고 임하기보다는 인센티브를 받고 처벌을 피할 수 있는 방식으로 일에 임하기 때문에 시야가 좁아진다. 터널 비전tunnel vision 현상이 강화되는 것이다. 창의성과 혁신적인 사고가 발현되려면 자신이 익숙한 업무수행 레퍼토리들로부터 한 걸음 물러서서 새로운 레퍼토리를 탐색하고 시도해볼 수 있어야 하는데, 인센티브를 받는 데 집착하게 되면 그런 시도를 할 엄두를 내지 못한다. 요컨대 단기간에 특정한 목표를 달성하도록 독려할 목적으로 인센티브를 사용하면 구성원들로 하여금 익숙한 방식으로 목표에 매진하게 하는 결과를 야기하고, 혁신적 방식으로 도전해보려는 열정은 물론 실패를 통해 역량을 키워보려는 성장 마인드를 약화시키게 된다.

의미 있는 작은 성취를 맛보게 하는 것도 내재적 동기를 높이면서 구성원들의 창의성을 북돋는 방법이다. 테레사 애머빌(2011)은 업종이 서로 다른 7개 기업에서 연구개발 등 제품 혁신 업무를 담당하는 직원 238명을 대상으로 짧게는 6개월에서 길게는 1년 동안 일기와 그날그날의 감정 상태와 업무의 진전 등에 대한 자기 보고식 자료를 제출받아 분석하여 기분 상태가 창의적 업무 성과에 어떤 영향을 미치는지와 긍정적 기분에 영향을 미치는 사건은 무엇인지 도출하였다. 에머빌의 분석 결과에 따르면, 직원들의 전반적 기분이 좋아질수록 새로운 아이디어를 내는 등의 창의성이 높아졌다. 그리고 사소해 보이는 업무에서라도 의미 있는 작은 성취를 경험하는 것이 긍정적 기분 상태에 가장 큰 영향을 미치는 것으로 나타났다.[38] 이는 의미 있는 작은 성취 경험들을 통해 내재적 동기의 심리적 동인 중 하나인 진척감sense of progress[39]을 향상시킨 결과라고 볼 수 있다.

여유자원, 혁신의 필요조건

과학 저널 『사이언티픽 리포트Scientific Reports』 2016년 2월 16일 자에 여유자원의 중요성과 관련하여 관심을 끄는 연구 결과가 하나 게재되었다.[40] 일본 생물학자인 하세가와Hasegawa와 그의 동료들(2016)이 개미 군집을 연구한 결과로 곤충 사회에서 게으른 일꾼들의 존재가 집단의 장기적 존속을 위해 필요함을 보여주었다. 사회성이 강한 개미의 군집을 관찰하다 보면, 관찰 시점에 보통 20~30퍼센트의 개미는 일하지 않고 게으름을 피운다고 한다. 이러한 현상은 관찰 시점에 일을 열심히 하는 개미들만을 따로 분리해놓아도 나타나고 게으름을 피우는 개미들만을 따로 분리해놓아도 나타난다고 한다.

연구자들이 개별 개미들을 구분할 수 있도록 표시한 후에 관찰 시간을 늘려서 동적인 행동을 관찰했다. 그 결과 한 시점에 게으름을 피우는 개미들이 계속 게으름을 피우는 것이 아니라 열심히 일한 개미들이 피곤하여 휴식을 취해야 할 때 임무 — 위 실험에서는 알이 세균에 오염되지 않도록 침으로 계속 닦아주는 임무 — 를 교대한다는 점을 발견하였다. 그 관찰 결과를 기초로 시뮬레이션을 진행한 결과 매 순간 모든 개미가 일에 매달리는 군집은 장기적으로 존속하지 못한 반면, 휴식을 취하는 하위 그룹을 두고 순차적으로 임무를 교대하는 군집은 장기적으로 존속할 수 있었다.

어느 집단이든지 생존하며 발전하기 위해서는 당장의 경쟁에서 우위를 점하기 위한 단기적 생산성 극대화에 대한 요구와 변화하는 환경에 적응하면서 장기적인 생존력을 높여야 할 요구 사이의 상충관계에서 오는 긴장을 경험하게 된다. 이러한 연구 결과는 단기적으로 생산성을 극대화하기 위해 모든 개체가 일에 매달리는 집단보다는 어느 정도 여유개체들이 존재하면서 서로 역할을 교대하는 집단이 장기적 생존력 면에서 더 유리하다는 사실을 말해준다. 이는 창의성과 혁신역량을 높임으로써 변동성이 높은 환경에서 장기적 경쟁우위를 확보하려는 조직의 인력운영에 시사하는 바가 크다. 연구자들은 이 연구 결과를 근거로 "게으른 일꾼들의 존재가 집단의 장기적 존속을 위한 필요조건이다. 혁신 게임의 시대에는 여유인력 운영의 중요성에 대해 더 말할 필요도 없다."라고 말한다.

개인이든 조직이든 창의적이고 혁신적인 방식을 탐색하고 시도하고자 하면 시간적으로나 투입자원 면에서 어느 정도 여유가 확보되어야 한다. 모든 구성원이 일상적인 업무에 매달려야 하는 조건에서는 기존의 일하는 방식에서 한 걸음 물러서서 자신들이 하고 있는 것들에 대해 비판적으로 성찰하거나 기존 틀을 벗어나 새로운 길을 찾아볼 여유를 갖기 어렵기 때문이다. '최근 4년 이내에 개발된 상품의 매출액이 회사 전체 매출액의 30% 이상을 차지하도록 한다'는 모토 하에 창의적 기업의 명성을 오랫동안 유지해온 3M에서는 연구개발 인력들에게 15퍼센트 룰—그들에게 근무시간의 15퍼센트에 해당하는 시간을 재량껏 사용하도록 허용하는 규칙—을 적용해왔다. 그런가 하면 구글은 15퍼센트 룰을 확대하여 20퍼센트 룰을 적용해왔으며, 인력자원 배치 측면에서 70:20:10의 원칙—인력의 70퍼센트는 검색 및 광고와 같은 주력 사업에, 20퍼센트는 최근에 개발된 것에, 나머지 10퍼센트는 실패할 리스크가 아주 크지만 성공할 경우 큰 이익을 보장할 것에 할당하는 원칙—을 적용해왔다.[41] 이러한 여유시간과 여유자원 투입은 효율성 극대화를 모토로 하는 경영 관점에서 보면 자원 낭비라고 할 수 있지만 지속적 혁신을 추구하는 관점에서 보면 필수적인 투자라 할 수 있다.

여유인력은 기술과 지식의 반감기가 급격하게 짧아지는 오늘날 조직의 역량 확보 측면에서도 필수적인 조건이라 볼 수 있다. 기술과 지식의 반감기가 짧아질수록 구성원들이 보유하고 있는 기술과 지식은 빠르게 진부화되고 새로운 기술과 지식을 적시에 습득하지 못하면 개개인은 물론 조직도 뒤처질 수밖에 없다. 따라서 지속적인 학습을 통한 새로운 기술과 지식의 습득 및 활용은 매우 중요하다. 그리고 기술의 반감기가 짧아지면 짧아질수록, 기술 간 연계구조가 복잡해지면 복잡해질수록 구성원들의 지속적 학습에 더 많은 시간과 자원을 투입해야 한다. 하지만 모든 인력이 일상적 업무에 매달려 있다면 학습을 통한 역량 향상을 꾀할 수 있는 시간을 확보하기 어렵다. 그런 점에서 지속적인 학습은 더 이상 업무 외적인 선택사항이라기보다는 업무의 중요한 일부로 간주되어야 한다. 이를 현실화하기 위해서도 어느 정도의 여유인력 확보가 필요하다.

콜린스와 한센(2012)에 따르면,[42] 동종 업계에서 비교 기업보다 10배 이상의 수익을 창출하는 위대한 기업들이 보이는 공통점 중 하나는 운luck에서 높은 수익을 창출한다는 점이다. 운과 같은 기회 측면에서는 위대한 기업들과 비교 기업들 사이에 별다른 차이를 보이지 않음에도 불구하고 운에서 높은 수익을 낸다는 것은 운과 같은 기회가 예기치 않게 찾아왔을 때 즉각적으로 그 기회를 살릴 수 있는지에서 차이가 존재함을 말해준다. 보통의 기업들은 기회가 왔음을 감지하지만 제대로 살리지 못한다. 반면 위대한 기업들은 그 기회를 민첩하게 수익 창출과 연계시킬 수 있다. 우연에 의한 한두 번의 차이라면 몰라도 일관되게 기회 포착의 차이를 보인다면 위대한 기업들은 분명히 그러한 기회들을 수익으로 연결할 차별화된 내부역량을 보유했다고 볼 수 있다. 이것이 바로 평소에는 비효율적으로 보이는 여유인력의 확보와 운영이 중요한 이유를 말해준다.

집단창의성, 인지적 다양성과 독립성 속에서 발현

갈수록 문제가 복합적 성격을 띠고 환경의 유동성 때문에 불확실성이 높아지는 상황에서 집단창의성을 활용하는 것은 선택이 아닌 필수이다. 집단지성에 관해 탐구한 제임스 서로위키James Surowiecki(2004)는 평균이란 '보통 수준'을 의미하지만, 집단의 지혜가 개입되면 평균은 '탁월함'으로 변한다고 말한다.[43] 창의성과 혁신은 개인 수준보다는 집단지성이 발휘되는 메커니즘 속에서 시너지 효과가 나타날 때 활성화된다.

집단지성의 장점이 발현되기 위해서는 네 가지 조건이 충족되어야 한다.[44] 첫째는 인지적 다양성이 확보되어야 한다. 전문성이나 관점에서 동질성이 강한 집단에서는 창의적인 집단지성이 작동하기 어렵다. 다양성이 결여된 집단은 집단지성이 아닌 집단사고groupthink의 덫에 빠지게 된다. 반면 인지적 다양성은 해법의 범위를 확장시켜주며 문제를 바라보는 독창적이고 기발한 해석을 가능하게 한다. 집단 의사결정에 관한 전문가 찰런 네메스Charlan Nemeth(1986)는 '소수의 의견'이 중요한 이유는 "그들의 의견이 결국 옳다고 판명되는 경향이 있기 때문이 아니라 다양한 측면에 관심을 두게 하고, 사고를 촉진시키기 때문"[45]이라고 강조한다. 결과적으로 그들의 의견이 틀린 것으로 판명된다 해도 소수의 의견이 창의적 해결 방안을 찾아내거나 질적으로 더 나은 결정을 내리는 데 기여한다는 것이다.

두 번째 조건은 집단구성원들이 다른 구성원들의 의견에 의존하거나 편승하지 않고 독립적으로 생각하고 자유롭게 자신의 의견을 이야기할 수 있어야 한다는 것이다. 독립성은 특정한 구성원들의 판단 착오가 서로 연관되어 집단적 편향으로 전환되는 것을 막아주고 신선하고 새로운 정보와 아이디어가 논의 테이블에 올라올 기회를 넓혀준다.[46] "누구의 머리에서 나왔든지 아이디어는 아이디어 그 자체로 경쟁하고 협력해야 한다."[47] 따라서 리더는 집단 내에서 개인의 독립적 의견 개진을 가로막는 요소들을 제거하고 자유로운 의견 개진이 일어날 수 있는 여건과 프로세스를 마련해야 한다. 특별히 위계적 질서가 강한 집단이나 동질적인 집단에 속한 개인들은 심리적으로 동조화 압력을 강하게 받는다. 한시적인 과제 수행을 위해 다양한 전문성과 기술을 가진 개인들로 구성된 집단보다는 상시적으로 함께 일하는 집단(예: 기능부서) 내에서 동조화 압력은 더 강할 것이다. 또한 의견을 순차적으로 발표하게 할 경우에도 평소 전문성이나 영향력이 큰 사람의 의견에 영향을 받을 수 있다.

세 번째 조건은 분산화이다. 문제에 대한 좋은 해법은 그 문제에 근접한 사람들에게서 나올 가능성이 크다. 정보의 질적인 면이나 현장 구성원들의 암묵적 지식과 전문성의 활용 측면에서 분산화는 큰 장점이 있다. 비유컨대 인체의 모세혈관이 잘 발달해야 신체의 각 부분의 발달이 건강하게 이루어지는 것과 같다. 일선 현장 조직의 구성원들에게 현장 전문성과 노하우를 활용할 수 있도록 주도권을 주고 필요로 하는 정보를 충분히 제공해줄 때 집단지성을 위한 정보와 아이디어의 다양성 및 질이 크게 향상될 수 있다. 그뿐만 아니라 의사결정의 분산화는 구성원들의 자율성과 그에 따른 내재적 동기를 높이는 데도 기여한다.

네 번째 조건은 종합해내는 능력이다. 분산 시스템은 시스템 내 모든 사람의 정보를 통합하는 메커니즘을 가졌을 때만 집단지성의 시너지 효과를 낼 수 있다.[48] 다양한 창의적 아이디어들을 테이블 위에 펼쳐놓더라도 그것을 수렴하여 신속한 실행으로 전환하지 못한다면 창의적 아이디어를 내려는 구성원들의 의지는 점차 시들해질 수밖에 없다. 따라서 구성원들이 특정 과제에 대해 창의적 아이디어를 펼쳐놓으면 해당 과제에 대해 주도권을 갖는 개인이나 팀이 그것들을 수렴하여 실행으로 옮기든, 아니면 반영을 하든 일단 매듭을 지을 수 있어야 한다.

집단지성이 효과적으로 발휘되는 추가적인 조건 차원에서 생각해볼 개념이 심리학자 다니엘 웨그너 Daniel Wegner(1991)가 제시한 분산기억 transactive memory[49]—특정 집단의 사람들이 분산해서 보유하고 있는 합동기억—이다. 이 개념에서 중요한 것은 친밀한 집단에 속한 구성원들은 해당 집단 내에서 필요로 하는 모든 정보를 각 개인이 독립적으로 기억하기보다는 다른 구성원들과 함께 분산해서 저장한다는 것이다. 사람은 인지 용량의 제한이 있기 때문에 가능한 한 자신이 가장 잘하는 일에 집중하려는 경향이 있다. 웨그너는 구성원들 간 서로 취향, 욕구, 전문성 등에 대해 잘 알면 누가 어떤 유형의 정보를 기억하는 데 가장 적합한지에 대한 상호이해를 바탕으로 암묵적인 합동기억체계, 즉 분산기억체계를 형성한다고 말한다. 새로운 정보가 발생하면 그 정보를 기억에 저장하는 데서 누가 적임자인지 직감적으로 안다는 것이다. 이런 분산기억이 작동하는 집단 내에서는 서로 강점, 기억하고 있는 정보, 전문성 등을 잘 알고 있기 때문에 구조적·제도적 방해요인만 없다면 협력이 효율적으로 이루어지고 개별 구성원이 다른 구성원들의 아이디어나 전문성에 접근하기 쉽다. 한편, 말콤 글래드웰Malcolm Gladwell(2020)은 던바의 법칙[50]을 차용하여 한 집단 내에서 분산기억체계가 효과적으로 작동할 수 있는 구성원들 간 친밀함과 신뢰성이 유지되려면 해당 집단의 크기가 150명을 넘지 않아야 한다고 주장한다.[51]

낯선 것에 대한 개방성

뇌과학자 정재승(2018)은 "창의적인 사람이 따로 있는 것이 아니라 창의적인 순간이 있을 뿐"이라고 말한다.[52] 그의 설명에 따르면 '아하! 모멘트', 즉 창의적 아이디어가 만들어지는 순간에는 평소 신경 신호를 주고받지 않던, 굉장히 멀리 떨어져 있는 뇌의 영역들 사이에 서로 신호를 주고받는 현상이 벌어진다고 한다.[53] 이는 창의성이란 무에서 유를 창조하는 것이 아니라 기존에 있는 것들, 특별히 서로 모순적이고 역설적인 관계에 있는 것들, 익숙하지 않은 낯선 것들을 생산적으로 재배열하는 것이라 볼 수 있다. 이 점을 고려하면, 창의적이고 혁신적인 발상이 이루어지려면 해결해야 할 문제와 평소에는 서로 상관없어 보이는 다양한 관점과 지식과 경험 등이 재료로 준비되어야 하고, 그것들이 서로 어우러져 불꽃이 튈 수 있는 조건이 형성되어야 한다. 반복적인 일상에서 벗어나 해결해야 할 문제를 새로운 관점에서 바라보고 상관없어 보이는 개념들을 서로 연결해보는 과정에서 창의적 아이디어와 통찰이 일어난다는 것이다.

그러한 면에서 사회적 네트워크 이론도 혁신과 관련하여 '약한 연결고리weak tie'의 중요성을 강조한다. 약한 연결고리란 자주 직접적 교류를 하지는 않지만 가끔 혹은 간접적으로 교류할 수 있는 관계를 가리킨다. 보통 교류가 잦은 강한 연결고리로 맺어진 관계를 통해서는 새롭고 낯선 관점이나 정보나 아이디어를 접하기 어렵다. 서로의 생각과 아이디어를 반복적으로 공유하고 확인하기 때문에 익숙한 사고방식과 정보와 아이디어를 강화하는 역할을 한다. 결과적으로 당사자들에게 안정감을 주는 익숙함의 세계를 제공하는 역할을 한다고 볼 수 있다.

그에 반해 익숙함의 경계를 넘어서서 형성되는 약한 연결고리는 평소 접하기 어려운 생소한 정보, 아이디어, 새로운 관점을 접할 수 있는 통로 역할을 하게 된다. 린다 그래튼(2008)이 "경계를 넘어선 외부 세계와 약한 연결고리들을 활성화할 때 새로움에 대한 탐색과 혁신이 활발하게 일어날 수 있다"[54]고 한 이유이다. 창의적 혁신의 발현은 새로운 자극, 새로운 정보 원천, 본인과 다른 관점이나 전문성을 가진 사람들과 약한 연결고리 등을 유지하면서 그 연결고리들을 통해 들어오는 낯설고 이질적인 것들과 접할 때 활성화된다. 익숙함과 낯섦이 부딪히는 경계에서 새로운 창조와 혁신이 이루어진다.[55] 혁신이 주류에서보다는 변방에서 나오는 경우가 많은 이유이다.

역사적으로 봐도 중국의 춘추전국시대에 중원을 자극하고 긴장을 일으키면서 다양한 정치적·경제적·군사적 혁신을 일으켰던 세력은 초楚나 진秦과 같은 변방 제후국들이었다. 결국 천하통일을 이룬 세력도 중국과 융족의 경계선에서 혁신의 진원지 역할을 했던 진이었다. 변방은 주류로 인정받지 못하고 업신여김을 받는 지위에 있거나 안주하기 어려운 척박한 자연환경인 경우가 많고, 기존 이해관계 구조가 견고하지 못하기 때문에 토지개혁이나 조세개혁과 같은 새로운 제도개혁 등을 실험하고 실행하기 용이하다. 기존 질서를 공고하게 하는 프레임이나 패러다임을 거부하며 새로운 패러다임에 대해 열려 있다. 이질적인 환경과 문화와 생활방식을 동시에 접할 수 있는 위치에 있으며, 잃을 것이 별로 없기 때문에 도전적이고 위험 감수형 의사결정을 과감하게 할 수 있다.

창의적 혁신역량을 개발하기 원하는 개인들은 질문을 통해 새로운 과제들을 탐색하고 평소 자신의 전문성 탁마뿐만 아니라 폭넓은 독서나 경험 그리고 자신과 다른 관점이나 식견을 갖춘 사람과의 느슨한 네트워크 등을 통해 창의적 사고의 레퍼토리를 축적하면서 해결해야 할 과제에 대한 해법을 다각도로 모색하는 습관을 체질화할 필요가 있다. 조직을 운영하는 경영자는 체계적으로 이를 뒷받침해야 한다. 구성원들이 안정 지향성을 뛰어넘어 창의적이고 혁신적인 문제 해결 방안을 찾는 데 몰입할 수 있도록 그것을 가로막는 제도적 장벽을 제거하고 대신 그것을 촉진하는 구조적·제도적 여건을 마련할 필요가 있다.

조직구성원들이 자신의 사회적 경계 너머 조직 내외부의 사람들과 약한 연결고리를 유지하도록 장려하는 데서 한 걸음 더 나아가 개방형 혁신[56]의 문을 전향적으로 열 필요가 있다. 창의성과 혁신은 다양한 관점과 전문성과 아이디어들이 상호작용하는 과정을 통해 발현된다. 그 점을 고려하면 창의성의 발현을 활성화하는 데 필요한 다양성의 조건을 한 조직 내에서 충족하는 것은 거의 불가능하다. 과거 내부노동시장 중심의 인력운영에서 외부노동시장에 문을 여는 방향으로 인력 확보 면에서의 변화들이 진행되어왔지만, 창의적 혁신을 활성화하기 위한 다양성 확보의 관점에서 보면 그러한 노력 또한 제한적일 수밖에 없다.

따라서 대안적으로 고려해볼 수 있는 방안은 다양성을 적극적으로 포용하는 조직문화를 구축하되 외부 세계에 존재하는 다양한 관점과 전문성과 정보와 아이디어들을 크라우드소싱crowdsourcing[57] 등을 통해 적극적으로 받아들이고 활용하는 것이다. 초연결 디지털 인프라의 확장이 다양성 원천과의 접점 확보나 그에 따른 거래비용 문제 등을 해소할 수 있는 길을 크게 넓혔기 때문이다.

낯선 것에 대한 개방성 면에서 특별히 주목해볼 것은, 지금까지 조직을 이끌어온 기성세대가 직접적으로 맞닥뜨리는 이질적 변방은 디지털 환경 속에 둘러싸여 태어나 성장한 Z세대—1997년부터 2012년 사이에 태어난 세대—와 알파세대—2013년 이후 태어난 세대—라는 점이다. 그들의 주 활동공간은 물리적 제약을 받는 오프라인 세계가 아닌 디지털 가상세계이며, 온라인과 오프라인이 융합된 메타버스 세계이다. 기성세대가 그들의 생활방식과 사고방식을 이해하기 어렵고, 그들에게 다가가려고 노력하지만 현실적 벽을 느끼는 경우가 많다. 그러나 현재 디지털 인프라를 기반으로 한 파괴적 혁신을 주도하는 세대는 바로 Z세대이고 조만간 알파세대도 또 다른 파괴적 혁신의 주역들이 될 것이다. 그들을 이해하고 그들을 대상으로 한 비즈니스 모델을 구축하겠다는 수준의 노력도 중요하지만, 그들을 대상화하는 수준을 넘어서서 그들에게 혁신의 주도자가 될 폭넓은 기회와 장을 열어주는 개방성이 중요하다.

빠른 실패와 학습의 통합 과정

혁신은 정교한 계획을 통해 만들어지지 않는다. 혁신은 다양한 시도와 실패를 통해 학습하는 과정에서 발현한다. 그러므로 혁신은 완결성을 추구하는 태도보다는 불확실성과 미완성 상태를 받아들일 줄 아는 태도로부터 나온다. 혁신적 제품을 개발하여 새로운 시장을 창출하는 과정은 미완성의 베타 버전을 시장에 출시하고, 고객들의 피드백을 받아 폐기하거나 개선·발전시켜 다음 버전을 출시하고, 또다시 피드백을 받아 그다음 단계로 발전시켜 나아가는 과정이다. 실행을 통한 학습의 과정이라 할 수 있다.

오늘날과 같이 변화가 빠른 시대에는 기술적으로나 기능적으로 완성품을 만들어 출시하겠다고 시간을 끄는 동안 애자일 프로세스를 따라 출시된 경쟁사의 제품에 시장을 선점당할 위험이 매우 크다. 그뿐만 아니라 외부의 피드백을 받지 않고 기술적으로나 기능적으로 완결성을 갖춘 제품을 개발하는 것 자체도 쉽지 않다. 오늘날과 같은 뷰카VUCA 환경에서 속도가 중요한 이유이다. 혁신의 거점이 된 실리콘밸리의 모토 중 하나가 '빨리 실패하라fail fast'[58]인 것도 이 사실을 반영한다. 이 점은 제품이나 서비스 개발에만 적용되는 것이 아니다. 제1종 오류[59]에 따른 부작용이 크지 않은 제반 혁신 노력에 적용된다고 볼 수 있다. 요컨대 혁신에서 중요한 것은 실험정신에 기반한 다양한 시도를 속도감 있게 진행하면서 현장으로부터의 피드백을 받아 발전시켜나가는 애자일 프로세스이다.

그런가 하면 혁신은 다양한 시도를 통해 특정한 상황, 특정한 시점에서 최선이라 할 수 있는 선택지를 찾아나가는 역동적 과정이다. 그 점에 대해 콜린스와 한센(2012)은 '조준 후 발사' 프로세스가 아닌 '발사 후 조준' 프로세스로 설명한 바 있다.[60] 다양한 과녁을 향해 실탄을 발사하면서 집중 포격을 해야 할 과녁을 확인한 후 그 과녁에 포탄을 집중적으로 투하하는 것처럼, 실패 가능성을 전제로 다양한 작은 실험과 시도들을 해나가면서 그 과정에서 될성부른 선택지가 확인되면 그곳에 자원을 집중적으로 투입하는 방식이다. 이러한 방식은 불확실성이 높은 환경에서 필수적이라 할 수 있다. 가능성을 빠르게 타진하고 기회가 포착되면 민첩하게 대응해서 높은 성과를 내야 하기 때문이다. 이러한 접근법이 가능하려면 상황과 환경이 빠르게 변화한다는 것을 전제로 평소 다양한 시도를 해볼 수 있는 여유역량과 여유자원을 보유하고 있어야 하며, 실패에 대한 관용적 분위기가 형성되도록 제도적으로 뒷받침해야 한다.

이상의 과정은 인간 마음의 의식적인 부분의 작동 방식과도 잘 맞아떨어진다. 마크 뷰캐넌(2010)에 따르면, 인간 마음의 의식적인 부분이 마음의 본능적인 부분에 비해 인간의 행동과 의사결정에 대한 지배력은 약하다. 하지만 적응하는 능력, 즉 규칙, 아이디어, 상식 등을 바탕으로 일단 해보고 그 결과에 따라 적응하는 능력은 마음의 의식적인 부분의 강점이다. 합리적 사고 자체가 대개 시행착오를 겪으면서 첫 번째 추측보다 점점 더 나은 답을 얻으며 나아가는 과정이다. 이처럼 단순한 것에서 출발해서 적응하고 배우는 능력이 인간 지성의 진정한 비밀이라고 할 수 있다.[61]

또한 조직학습 관점에서 보면 창의성과 혁신을 촉진하는 학습은 '빠른 학습'과 대비되는 '느린 학습'이다. 조직학습 전문가 이무원(2015)에 따르면,[62] 빠른 학습과 느린 학습의 구분은 구성원들이 조직이 요구하는 코드에 얼마나 빨리 적응하고 내재화하는지에 따라 결정된다. 조직이 추구하는 미션과 전략적 방향에 따라 모든 구성원이 일사불란하게 움직이는 것이 빠른 학습의 전형적인 예인 데 반해 구성원들 간의 차이를 강조함으로써 조직 코드로의 수렴이 더딘 문화는 느린 학습을 특징짓는다.

효율성 제고에 중점을 두는 활용 전략을 위해서는 빠른 학습이 요구된다. 반면 탐험 전략의 경우에는 느린 학습이 더 유익하다.[63] 이는 효율성보다는 창의성과 혁신을 기반으로 경쟁하는 21세기 경영 환경에서는 빠른 학습보다는 느린 학습에 방점을 둘 필요가 있음을 시사한다. 따라서 창의성과 혁신을 추구하려는 조직은 느린 학습을 장려하는 제반 제도와 조직문화를 구축할 필요가 있다. 무엇보다도 다양하고 도전적인 시도에 따른 실패를 어느 수준까지 허용하고 격려하는지가 느린 학습에 대한 경영자의 의지를 보여주는 리트머스 종이가 될 것이다.

창의성과 혁신을 지원하는 조직 특성 체크리스트

『하버드 비즈니스 리뷰Harvard Business Review』는 하버드 비즈니스 에센셜 시리즈 「창의성과 혁신을 경영하기」 편에서 창의성과 혁신을 지원하는 조직의 여섯 가지 특성을 제시한 바 있다.

〈표 6-1〉 창의성과 혁신을 지원하는 조직 특성 체크리스트

특성	우리 회사의 점수	
	강	약
경영진이 위험 감수를 수용한다.		
새로운 아이디어와 새로운 일 처리 방식을 환영한다.		
정보의 자유로운 흐름이 존재하며, 경영진이 통제하지 않는다.		
직원들은 고객, 벤치마킹 파트너, 과학 집단 등 여러 종류의 원천에서 지식을 얻을 수 있다.		
경영진이 훌륭한 아이디어를 적극 후원한다.		
혁신자에게 보상을 제공해준다.		

출처: 하버드 비즈니스 리뷰 편, 2004.64

7장
새로운 인사 시스템의 기초 모델

> 사람을 핵심역량으로 삼아 탁월한 성과를 창출하는 기업들의 공통점 중 하나는 구성원들로부터 높은 수준의 정서적 몰입을 이끌어낸다는 데 있다.[1]
> – 존 카젠바흐, 2000.

 자율경영 패러다임을 뒷받침하는 사람경영 패러다임은 어떤 특성을 갖춰야 할까? 새로운 사람경영 패러다임은 적어도 몇 가지 조건을 갖춰야 한다. ① 조직구성원들이 일에 몰입할 수 있는 여건을 조성해야 하고 ② 환경 변화에 민첩하게 대응할 수 있는 유연성을 갖춰야 하며 ③ 미래의 불확실성에 대비할 수 있고 ④ 활용과 탐험 사이의 균형, 즉 현재와 미래 사이의 균형을 유지할 수 있어야 한다. 이상의 조건들을 충족하는 데 필요한 인사 시스템의 기반 모델로 고몰입 인사 시스템, 유연 지향 인사 시스템, 실물옵션형 인사 시스템, 양손잡이 조직 모델을 살펴본다.

01
고몰입 인사 시스템[2]

자율경영 패러다임이 부상하면서 몰입 지향 사람경영이 통제 지향 사람경영의 대안으로 등장하였다는 점에 대해서는 3장에서 소개한 바 있다.[3] 몰입 지향 사람경영 계열의 고몰입 인사 시스템high-involvement HR system은 글로벌화된 시장과 변동성이 높아진 경영 환경에서 인적 자산이 조직의 새로운 핵심역량이 될 수 있다는 이론적 뒷받침을 받으며 주목받게 되었다. 1990년대 이래 사람경영에 대한 전략적 접근 차원에서 그에 대한 실증 연구도 활발하게 이루어졌다.

고몰입 인사 시스템을 구성하는 제도 측면에서는 학자들 사이에 약간의 이견이 존재하지만,[4] 그것은 신뢰를 기반으로 인적 자본의 세 가지 차원인 지적 자본, 정서적 자본, 사회적 자본을 강화하고, 구성

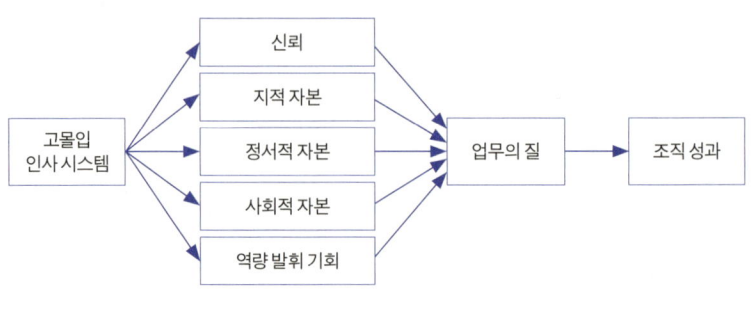

<그림 7-1> 고몰입 인사 시스템의 조직 성과 향상 기제

출처: 이학종·양혁승, 2012, 『전략적 인적자원 관리』, 오래: 13장.

원들의 역량 발휘 기회를 제고함으로써 조직의 성과 및 경쟁력 향상에 기여하려는 인사 시스템이다.

첫째, 고몰입 인사 시스템은 조직과 구성원 사이의 신뢰를 기반으로 한다. 구성원들이 조직에 대해 신뢰하지 않으면 조직에 대한 헌신이나 자신들이 맡은 역할에 대해 몰입하기 어렵다. 그뿐만 아니라 구성원 간 상호신뢰가 확보되지 않으면 창의적 아이디어 공유나 협업과 팀워크를 통한 시너지를 얻기 어렵다. 그러한 이유에서 신뢰는 고몰입 인사 시스템의 기초라 할 수 있다. 조직과 구성원 사이의 신뢰는 가치 공유와 일치된 이해관계를 통해 확보되며, 구성원들 사이의 신뢰는 공통의 이해관계 강화를 통해 확보된다.

둘째, 지적 자본, 즉 구성원들의 업무수행 역량을 지속적으로 향상시키는 데 초점을 맞춘다. 지식 기반 경쟁에서는 구성원들의 역량이 타 경쟁사들보다 뛰어나야 경쟁에서 우위를 점할 수 있다. 지식이나 기술의 반감기가 짧아질수록 구성원들이 보유한 지식과 기술이 빠르게 진부화하고 그에 따라 생산성이 급격하게 떨어진다. 구성원들의 역량을 높이기 위한 지속적인 투자가 필수적이다.

셋째, 구성원들의 정서적 자본, 즉 일에 대한 내적 동기와 조직에 대한 정서적 몰입을 높이는 데 초점을 맞춘다. 아무리 직원들의 업무수행 역량이 뛰어나다 해도 업무에 대한 의욕이나 조직에 대한 애착이 없는 상태로 임한다면 업무의 질이 결코 향상될 수 없다. 자신이 맡은 일에 대한 열정과 조직에 대한 높은 애착을 가진 직원들로 구성된 조직과 그렇지 않은 조직 사이에는 성과와 경쟁력 측면에서 큰 격차가 존재한다. 사람을 핵심역량으로 삼아 탁월한 성과를 창출하는 기업들의 공통점 중 하나도 구성원들로부터 높은 수준의 정서적 몰입을 끌어낸다는 점에 있다.[5]

넷째, 구성원들의 사회적 자본, 즉 구성원들 간 상호신뢰를 바탕으로 직원들 사이의 팀워크와 협업을 촉진하는 데 초점을 맞춘다. 오늘날에는 환경과 업무가 복잡해지고 지식과 기술이 고도화됨에 따라 팀워크와 협업의 중요성이 갈수록 커지고 있다. 20세기 조직운영이 업무를 세분화하고 전문화함으로써 개인 단위 업무수행을 중시했다면 21세기 조직운영은 관계와 네트워크를 중시한다.[6] 구성원들 사이의 팀워크와 협업이 활성화되면 조직 내부자원의 효과적 활용과 시너지 효과가 촉진됨으로써 조직의 성과가 향상되는 효과를 기대할 수 있다.

마지막으로 구성원들 안에 축적된 잠재역량을 마음껏 펼칠 기회가 제한되어 있다면 역량과 열정은 사장되고 말 것이다. 따라서 떠오르는 아이디어를 언제라도 공유하거나 제안하고 그러한 아이디어를 구체화하고 구현해볼 수 있도록 기회의 문을 넓게 열어줄 필요가 있다. 그와 더불어 역량 발휘를 제약하는 방대한 관료적 규정과 절차들, 즉 레드 테이프Red Tape ─ 방대한 양의 공문을 묶어 저장할 때 붉은색 띠를 쓴 데서 유래한 용어이다 ─ 를 과감하게 제거해야 한다.

고몰입 인사 시스템은 이상의 운영원리에 부합한 실행 방안들을 활용해왔다.[7] 우선, 구성원들의 신뢰를 확보하기 위해 직장생활의 질을 높이려는 노력을 해왔다. 주로 고용보장 및 내부승진제도와 직장-생활 간 균형을 돕는 가족 친화 지원 프로그램 등이 활용되어왔다. 둘째, 지적 자본은 우수역량을 확보·유지하고 그들의 역량을 지속적으로 개발함으로써 향상될 수 있기에 지적 자본 향상을 위해 선별적 인력 선발, 경쟁력 있는 급여, 평생학습, 체계적 경력 개발 등을 활용해왔다. 셋째, 정서적 자본은 내재적 동기 강화, 목표 및 가치의 일체화, 자율성 확대 등을 통해 향상될 수 있으므로 정서적 자본 제고를 위해 직무충실화, 사회화 프로그램, 조직 성과와 연동된 보너스, 분권적 의사결정제도, 광범위한 정보 공유 등이 자주 활용되어왔다. 넷째, 사회적 자본을 향상시키기 위해서는 구성원들 간 공통 이해 기반을 구축하고 팀워크 및 협업 등을 장려할 필요가 있기 때문에 이윤배분제, 응급지원기금제도, 다방향 의사소통 채널 강화, 임금 격차 완화, 자율팀제 등이 활용되어왔다. 끝으로, 구성원들의 역량 발휘 기회의 확대는 구성원들의 참여 채널을 크게 여는 방향으로 추진되어왔는데 제안제도, 아이디어경진대회, 혁신과제 T/F팀, 광범위한 정보 공유 프로그램, 열린 소통 채널 등이 자주 활용되었다.

다만 오늘날과 같은 뷰카VUCA 환경 아래서는 고몰입 인사 시스

<표 7-1> 고몰입 인사 시스템의 운영원칙과 대표적 제도 및 실행 방안

	운영원칙	대표적 제도 및 실행 방안
신뢰 자본	고용안정성 제고	장기고용계약, 고용보장, 내부승진제도
	일-생활 균형 지원	가족 친화 지원 등 직장생활의 질 향상 프로그램
지적 자본	우수역량 확보·유지	선별적 모집 및 선발, 경쟁력 있는 임금
	지속적 역량 강화	평생학습체계, 다기능훈련, 직무순환제, 역량급
정서적 자본	내재적 동기 강화	직무 충실화, 각종 인정認定 프로그램
	목표 및 가치 일체화	사회화 프로그램, 조직 성과 연동 보상
	자율성 확대	권한위임, 분권적 의사결정제도, 경영정보 공유
사회적 자본	공통 이해 기반 구축	이윤배분제, 응급지원기금제도
	팀워크·협업 장려	열린 소통 채널, 임금 격차 완화, 자율팀제 확대
역량발휘 기회	구성원 참여 채널 확대	제안제도, 아이디어경진대회, 혁신 TF팀 활성화, 각종 참여 촉진 프로그램

출처: 이학종·양혁승, 2012, 『전략적 인적자원 관리』, 오래: 13장. 일부 내용 수정.

템이 혁신을 지향하는 조직에 양날의 칼이 될 수 있음을 유념할 필요가 있다.[8] 조직에 대한 구성원들의 신뢰를 높이려는 취지에서 고용보장과 내부승진 등 고용안정성을 강화하는 제도를 기계적으로 적용할 경우 인력운영의 경직성을 높이고 변화하는 환경에 유연하게 대응할 수 없게 만드는 결과를 불러올 수 있다. 그에 더하여 고몰입 인사 시스템을 운영하는 기업들이 구성원들의 신뢰와 상호유대감을 높이는 과정에서 부지불식간에 가치관이나 사고방식 면에서 구성원들 간 동질성을 높이는 결과를 야기할 수 있다. 그리고 동질성이 강한 조직문화가 자리 잡으면 다양한 인재를 유치·보유하는 데 걸림돌로 작용할 수 있다. 따라서 뷰카 환경에서 창의성과 혁신역량의 발현을 뒷받침할 목적으로 고몰입 인사 시스템의 운영원리를 적용할 경우에는 다양성과 유연성과 개방성의 가치가 훼손되지 않도록 특별히 유념해야 한다.

한편 일부에서 구성원들 간 강한 사회적 유대감이 필연적으로 구성원들 간 동질성과 집단사고를 강화할 것이라고 우려하는 목소리도 있다. 그러나 직관적 추론과는 달리 이에 대한 실증 연구들을 분석한 결과는 "유대감이 일관되게 집단사고를 유발한다는 실제 증거는 발견되지 않았다"고 말해준다.[9] 오히려 구성원들 간 유대감이 강하면 소통이 활발해지고 서로가 다른 의견을 가지고 있을 때 솔직하게 이견을 말할 수 있다. 그런 점에서 사회적 유대감과 다양성은 상충하지 않고 얼마든지 상호보완적일 수 있다.[10]

02 유연 지향 인사 시스템

불확실성이 높은 경영 환경에서 조직이 환경의 변화에 민첩하게 대응하기 위해서는 무엇보다 유연성을 확보해야 한다. 유연성이란 지속적으로 변화하는 동적 환경 속에서 발생하는 다양한 필요를 충족할 수 있는 능력을 가리키며,[11] 기계적 조직과 대비되는 유기적 조직의 핵심적인 특징이기도 하다. 그러한 배경에서 나온 것이 유연 지향 인사 시스템이다. 유연 지향 인사 시스템은 경영 환경의 변화에 선제적으로 대응할 수 있는 인사 시스템을 일컫는다.[12]

유연 지향 인사 시스템은 두 가지 차원의 유연성, 즉 자원 유연성resource flexibility과 조정 유연성coordination flexibility[13]을 갖춤으로써 환경의 변화에 따른 새로운 요구와 필요를 충족하려 한다. 여기에서 말하는 자원 유연성은 조직이 보유한 인적 자원이나 제도적 자원의 내적 특성에 초점을 둔 개념으로 그러한 자원들에 내재된 속성이 유연한지 여부를 가리킨다. 예컨대 내부 인력이 다양한 기술들을 보유하고 있다면 새롭게 부여받을 다양한 과업이나 역할을 소화해낼 수 있기 때문에 자원 유연성을 보유하고 있다고 말할 수 있다. 제도나 실행 방안도 마찬가지이다. 특정한 인사제도가 운영 면에서 유연하게 활용될 수 있는 특성을 내포하고 있다면 그 제도의 자원 유연성이 높다고 말할 수 있다.

그러나 자원 유연성 확보만으로 인사 시스템의 유연성이 확보된다고 말할 수 없다. 자원 유연성은 잠재적 적응역량이라 할 수 있으며, 그것이 조직 내에서 구체적으로 실현되려면 조정 유연성이 확보되어야 한다. 조정 유연성은 환경 변화로 인해 인적 자원을 재배치하거나 인사제도를 재편하고자 할 때 얼마나 유연하고 신속하게 이해 충돌이나 역할 갈등 등을 조율할 수 있느냐에 관한 것이다. 특별히 인사 패러다임을 바꾸고 인사제도를 개편하고자 할 때 구성원들 사이에 신뢰 수준이 낮고 정보 공유와 의사소통이 원활하게 이뤄지지 않을 경우 조정비용이 클 수 있다.

자원 유연성부터 보자. 자원 유연성은 인적 자본, 인사제도, 인사 시스템 모두에서 확보되어야 한다.[14] 우선, 구성원들의 역량 면에서 유연성을 제고하는 길은 구성원들이 지금 당장 업무수행에 사용할 수 있는 기능 보유에 머물지 않고 다양한 과업이나 역할을 감당해낼 수 있도록 다기능 습득과 새로운 지식이나 기술을 학습하는 데 기반이 되는 학습역량을 높일 수 있도록 지원하는 것이다. 또한 신규 인력을 채용할 때에도 학습역량과 다기능을 보유한 인재를 선발함으로써 구성원들의 역량 풀을 넓혀야 한다. 구성원들의 학습역량을 높이고, 그들이 보유하고 있는 역량의 풀을 넓힐 때 그들이 환경 변화로 인해 새롭게 요구되는 과업이나 역할 전환에 능동적이고 개방적인 자세를 취할 수 있다. 뮤지컬과 연극 분야 프로듀서인 박명성(2019)의 "젊었을 때부터 콘텐츠의 곳간을 가득가득 채워야 한다. 콘텐츠의 압력이 폭발한 결과가 '작품성 있는 역발상'으로 나타나는 것이다."[15]라는 언급은 자원 유연성에 대해 시사하는 바가 크다.

한편 조직구성원들이 보유하고 있는 역량은 과업을 수행하는 행동을 통해 성과로 구현된다. 업무수행 행동은 역량과 성과 사이를 매개한다고 볼 수 있다. 조직의 효율성을 높이고자 할 때는 가장 효율적인 행동 레퍼토리나 업무수행 루틴을 설정하고 구성원들로 하여금 그것을 공유하고 반복하도록 하는 것이 바람직하다. 하지만 조직의 유연성은 구성원들이 다양한 행동 레퍼토리를 보유하고 함께 공유하며 활용할 수 있을 때 높아진다. 그런 점에서 구성원들에게 다양한 업무 경험 기회를 제공하고, 습관과 관행을 따라 반복적으로 행동하던 루틴을 벗어나 새로운 행동 레퍼토리를 탐색하고 시도해볼 기회를 제공하는 것이 중요하다.

둘째, 개별 인사제도들이 그 자체로서 유연한 특성을 보유해야 한다. 예를 들면 상대평가제도는 절대평가제도에 비해 운영 면에서 경직성이 높은 제도에 속한다. 구성원들의 업무수행 성과를 상대적으로 비교해야 하므로 업무 특성이 매우 다른 구성원들에게까지 획일적인 평가기준을 적용한다. 또한 동기 제고 목적의 평가제도도 경직성이 매우 높다. 평가 결과가 개개인의 보상과 승진 등의 기초 자료로 활용되기 때문에 이해구조의 틀에서 벗어나기 어렵다. 그에 반해 피드백 목적이나 육성 목적의 평가제도는 운영상의 유연성이 매우 높다고 볼 수 있다. 상시적인 피드백이 가능하고, 업무 개선과 역량 제고 목적의 피드백은 수용성이 높기 때문이다.

셋째, 인사 시스템 수준에서도 유연성을 확보해야 한다. 제도들 간 내적 적합성을 확보하는 차원에서 보면 상호보완성이 높은 제도들을 단단하게 결합하여 인사 시스템을 구성할 수도 있고 느슨하게 결합하여 인사 시스템을 구성할 수도 있다. 인사 시스템의 유연성 차원에서 보면 전자보다는 후자가 유연성이 더 높다. 전자는 안정된 경영 환경에서 인사 시스템의 강도를 높여 기대하는 효과를 극대화할 수 있는 장점이 있는 반면, 변동성이 높은 경영 환경에서는 시스템의 경직성을 높여 변화 적응력을 떨어뜨릴 수 있다. 예를 들면 구성원 개개인의 보상 및 승진과 단단하게 연계된 연례평가제도는 운영 면에서 경직성이 매우 높다. 평가 결과와 개개인의 보상이 깊이 연계되어 있고 1년을 주기로 운영되기 때문에 환경의 변화에 따라 새로운 평가제도로 교체하려 해도 연말 성과평가가 이루어지기 전까지는 그 제도를 손대기 어렵다. 변화하는 경영 환경에 맞춰 인사 시스템을 구성하는 제도와 실행 방안들을 재조합하면서 역동적으로 내적 적합성을 확보할 수 있으려면, 두 개의 사물을 단단하게 결합하여 일체화하기보다는 조인트로 연결할 때 움직임의 유연성이 높아지듯이, 상호보완성이 있는 제도들을 느슨하게 결합할 필요가 있다.

한편 환경과 상황의 변화에 맞춰 구성원의 역할을 재조정하거나 인사제도를 바꾸거나 인사 시스템을 구성하는 제도들을 새롭게 조합할 때 조정 유연성이 떨어진다면 조직이 환경 변화에 민첩하게 대응하기 어렵고 변화에 대한 적응력이 떨어질 수밖에 없다. 변화를 추진하는 과정에서 봉착하게 되는 저항은 주로 변화를 추진하는 취지와 목적에 대한 불신과 오해가 있을 때, 변화로 인해 기존의 이해관계에 균열이 생기고 구성원들 중에서 손실을 보게 될 것이라는 우려가 발생할 때, 변화로 인한 미래의 이익이나 혜택은 불확실한 반면 당장 감수해야 하는 손실이나 불편함이 크게 느껴질 때, 상당한 비용과 희생을 감수하더라도 변화를 반드시 완수하겠다는 주요 의사결정권자들의 의지가 강하지 않다고 느껴질 때 주로 발생한다. 따라서 조정 유연성을 높이기 위해서는 평소 경영진과 구성원들 사이에 원활한 양방향 소통 채널을 활성화해야 하며, 조직과 구성원 사이뿐 아니라 구성원들 상호 간 공통의 이해 기반과 신뢰 자본을 강화할 필요가 있다.

유연 지향 인사 시스템 측정 척도

송창Song Chang과 그의 동료들(2013)이 유연 지향 인사 시스템을 측정해볼 수 있는 항목들을 개발하여 제시하였기에 참고로 소개한다.[16]

〈표 7-2〉 유연 지향 인사 시스템 측정 항목

유연성 구분	측정 항목
HRM의 자원 유연성	1. 핵심 지식근로자 구성원들이 다양한 직무를 수행할 수 있는 기술을 습득할 수 있도록 다양한 교육과정을 제공한다. 2. 핵심 지식근로자 구성원들이 다양한 기술을 습득할 수 있도록 현재 직무와 직접적인 관련이 없는 교육을 제공한다. 3. 핵심 지식근로자 구성원들이 다양한 기술을 습득할 수 있도록 순환근무 기회를 제공한다. 4. 핵심 지식근로자 구성원들이 다양한 기술을 습득할 수 있도록 직무를 포괄적으로 설계한다. 5. 대안적인 용도로 투입될 수 있도록 기술과 경험의 다양성을 기준으로 핵심 지식근로자들을 채용한다.
HRM의 조정 유연성	1. 핵심 지식근로자 구성원들의 정보를 정보 시스템에 유지하고 정기적으로 업데이트하여 그들이 효과적이고 신속하게 재배치될 수 있도록 한다. 2. 핵심 지식근로자 구성원들과 중요 정보를 공유함으로써 그들이 효과적이고 신속하게 재배치될 수 있도록 한다. 3. 조직 성과 기반 급여 시스템을 활용하여 핵심 지식근로자 구성원들이 효과적이고 신속하게 재배치될 수 있도록 한다. 4. 핵심 지식근로자 구성원들의 제안과 피드백을 이끌어내고 이에 따라 그들이 효과적이고 신속하게 재배치될 수 있도록 한다. 5. 핵심 지식근로자 구성원들의 효과적이고 신속한 조정이 가능하도록 그룹 기반 급여 시스템을 사용한다. 6. 성과 평가 프로세스를 핵심 지식근로자 구성원들 간의 효과적이고 신속한 조정을 가능하게 할 목적으로 사용한다.

출처: Chang, Gong, Way, & Jia, 2013.

03
실물옵션형 인사 시스템

변동성과 불확실성이 높은 경영 환경에서 불현듯 닥쳐오는 기회와 위기에 효과적으로 대비하기 위해서는 미래의 인적 자산 가치 변동에 선제적으로 대처하는 것이 중요하다는 점에 대해서는 4장 실물옵션이론에서 이미 확인한 바 있다. 거기서는 특별히 인적 자산에 내재된 세 가지 불확실성―수익의 불확실성, 규모와 조합의 불확실성, 비용의 불확실성―에 대해 살펴보았다.

그렇다면 그러한 불확실성에 대비하기 위해 사람경영 차원에서 미리 투자해둘 만한 인사 옵션들로는 어떠한 것들이 있을까? 브하타카르야Bhattacharya와 라이트Wright(2005)는 각각의 불확실성에 대비하기 위한 대표적인 인사 옵션을 제시한 바 있다.[17] 우선, 수익의 불확실성에 대처할 수 있는 인사 옵션으로는 직원들의 역량을 지속적으로 높이는 데 투자하는 것을 들 수 있다. 직원들이 보유한 역량은 지속적으로 개발하지 않으면 머지않아 쓸모가 없어질 수 있다. 따라서 현재 기업이 보유한 인적 자산의 미래 가치가 낮아지지 않도록 하려면 그들이 지속적으로 학습하고 자신들의 업무수행 역량을 끌어올림으로써 미래의 역량 수요에 대비하도록 해야 한다. 기업이 지속적으로 직원들에게 비즈니스 환경과 기술의 변화를 감지하고 미래 역할에 대한 역량을 개발할 수 있도록 지원한다면 인적 자본의 미래 가치가 갑작스럽게 하락할 위험을 피할 수 있고 새롭게 떠오르는 기회를 활용할 수 있다. 즉 미래의 환경 변화에 대처할 수 있는 직원 역량 강화에 대한 투자는 회사가 인적 자본의 미래 가치에 대한 불확실성에 대비하고 새로운 기회를 활용할 수 있도록 도와줌으로써 전략적 유연성의 기반이 될 수 있다. 또한 유능한 인재들이 회사를 떠나지 않고 생산성 향상에 기여할 수 있도록 제반 제도로 뒷받침하는 것도 중요하다. 우수 인재들에게 시장 경쟁력을 갖춘 급여 수준이나 스톡옵션을 제공한다든지 구성원의 주도적 참여를 촉진하는 다양한 프로그램을 운영하는 것 등이 그 예이다.

다음으로, 인력의 규모와 조합의 불확실성에 대비하기 위한 인사 옵션이다. 브하타카르야와 라이트는 시장 환경의 변화에 따른 인력 수요에 유연하게 대응하는 방안으로 비정규직이나 계약직 혹은 파트타임직 직원을 활용하는 방안 등을 제시한다. 그런가 하면 직원들의 다기능 혹은 다양한 역할 수행 능력을 배양할 수 있는 직무순환이나 자율팀의 활용 등도 이 범주에 속한다. 다만 비정규직이나 계

<표 7-3> 인적 자산의 가치 변동에 대비하기 위한 인사 옵션들

불확실성의 특성	세부 인사 옵션
수익성의 불확실성 관련 옵션 투자	• 성장 및 학습 옵션 　- 학습역량을 끌어올리면서 새로운 기술 습득 훈련 　- 다기능을 보유한 인재 모집·선발 　- 기술급 혹은 역량급의 활용 • 이직 관리 및 생산성 관리 옵션 　- 경쟁력 있는 급여 활용 　- 직원 대상 스톡옵션 활용 　- 직원 참여 프로그램 활용 　- 고충 처리 메커니즘 확충 　- 매력적인 후생복리 활용
수요와 조합의 불확실성 관련 옵션 투자	• 인력규모 및 근무시간 유연화 옵션 　- 비정규직 직원 활용 　- 계약직 직원 활용 　- 파트타임 직원 활용 • 역할 전환 유연화 옵션 　- 직무순환 　- 팀 기반 작업
비용의 불확실성 관련 옵션 투자	• 비용 유연화 옵션 　- 변동급 활용: 조직·부문 성과와 연동된 인센티브 플랜 　- 기여확정형 연금 플랜

출처: 브하타카르야와 라이트, 2005.

약직 혹은 파트타임직 직원의 활용은 이미 앞에서 살펴본 몰입 지향 인사 시스템의 기조와 맞지 않을 수 있다는 점을 감안할 때 유의할 필요가 있다.

끝으로, 비용의 불확실성에 대비하기 위한 인사 옵션이 있다. 대표적인 것으로는 고정급 중심의 급여제도보다는 변동급의 비중을 일정 수준 유지하는 방안인데, 조직의 경영성과와 연동한 집단 성과급제(예: 이윤배분제) 등이 그 예이다. <표 7-3>은 브하타카르야와 라이트가 제시한 불확실성의 특성별 세부 인사 옵션들이다.

04
양손잡이 조직 모델

　양손잡이 조직 이론에서 제기된 활용과 탐험을 통합적으로 실현할 방안은 무엇일까? 마이클 투쉬만Michael Tushman과 찰스 오레일리Charles O'Reilly III(1996)는 점진적 변화와 불연속적 변혁을 동시적으로 추진하는 능력은 동일 조직 안에 서로 상충되는 복수의 구조와 프로세스와 문화를 담아낼 수 있느냐에 달려 있다고 말한다.[18] 그들은 기본적으로 조직을 작고 자율적인 단위로 유지하면서 현장 중심의 분권적 의사결정이 이루어지도록 하되, 규모의 경제를 이룰 수 있는 조직 단위에서는 그에 맞는 규모를 유지하는 것이 성공적인 사례에서 볼 수 있는 공통점이라 말한다. 단, 큰 규모로 유지하는 조직 단위에서는 규모의 경제를 실현한다는 장점을 살리는 것을 넘어서 중앙집중적 의사결정과 통제를 강화하는 결과를 일으키는 수준까지 가서는 안 된다고 강조한다. 소규모 자율조직 중심으로 운영될 때 각 단위 조직에 속한 구성원들이 주인의식을 갖고 자신들이 맡은 조직의 결과에 대해 책임감을 갖게 된다.

그에 더하여 투쉬만과 오레일리는 단단하면서도 동시에 느슨한 복수의 조직문화를 유지하는 것이 성공적인 양손잡이 기업 사례에서 관찰되는 또 하나의 공통점이라 말한다. 우선 개방성·자율성·주도성·모험처럼 혁신 관련 규범들을 강조하는 조직문화가 개별 단위 조직들 사이에 광범위하게 공유되어 있다는 점과 다양성을 갖는 소규모 자율조직들을 하나로 묶어주는 역할을 한다는 점에서 단단하다. 그에 반해 혁신을 강조하는 조직문화와 가치들이 각 단위 조직에서 구현되는 방식은 단위 조직별로 요구되는 혁신의 종류에 따라 다양한 양상을 띨 수 있다는 점에서 느슨하다. 그러한 특성 때문에 개별 단위 조직에 소속된 구성원들은 혁신을 강조하는 조직문화를 공유하지만, 자신들이 관여하는 특정 단위 조직에 맞는 각양각색의 하위문화를 누린다.

그러나 활용과 탐험 간 균형을 이루는 방안을 모색할 때 직면하는 딜레마는 둘 사이의 관계가 통상 조직 내 제한된 자원을 놓고 서로 경쟁하는 상충관계라는 점이다. 활용을 극대화하기 위한 의사결정 기준과 프로세스는 탐험을 활성화하기 위한 의사결정 기준 및 프로세스와 근본적으로 달라 한 조직 내에서 활용과 탐험을 동시에 실현하기란 결코 쉽지 않다. 혁신기업의 딜레마에 대해 깊이 연구한 클레이튼 크리스텐슨Clayton Christensen(2009)에 따르면, 기존 기술을 활용하는 데 가장 효과적인 조직의 가치와 프로세스가 파괴적 혁신에 적대적으로 작용한다. 조직의 능력에 영향을 미치는 세 가지 요인, 즉 자원, 프로세스, 가치 중[19] 다양한 상황에서 융통성 있게 사용될 수 있는 자원과는 달리 프로세스와 가치는 본질적으로 융통성이 없다. 왜냐하면 "프로세스와 가치의 존재 이유는 똑같은 일을 일관성 있게 반복적으로 실행되도록 하는 것이기 때문이다."[20]

그래서 생각해볼 수 있는 대안이 조직을 분리하는 것이다. 크리스텐슨 교수는 존속적 기술 변화를 위한 프로세스와 가치를 강점으로 가진 조직, 즉 활용에 강점을 가진 조직으로부터 파괴적 혁신, 즉 탐험을 추구하는 조직을 완전히 독립시켜야 한다고 강조한다.[21] 당장의 성과를 기대하기 어렵고, 높은 실패 위험을 감내하며 창의적 혁신을 위한 탐험을 추진하는 조직을 단기적 성과 압박, 실패에 대한 불관용과 비난, 예산 통제, 조직 간 공정성 시비 등으로부터 보호해야 하기 때문이다.

물론 조직의 분리는 창의적 혁신을 가능케 하는 프로세스와 가치를 지키기 위한 것이며, 탐험과 활용 사이의 유기적 연결을 통한 시너지 효과는 활성화되어야 한다. 서로 다른 프로세스와 가치에 따라 운영되는 뉴욕 브로드웨이의 대형 뮤지컬과 오프브로드웨이의 실험적이고 화제성 짙은 뮤지컬이 공존하며 서로 영향을 주고받는 것이 한 예이다. 사피 바칼(2020)도 룬샷을 만들어내는 그룹과 프랜차이즈를 이어가는 그룹이 분리되어 있으면서 양쪽 그룹 사이에 프로젝트나 피드백이 수월하게 오가는 상태, 즉 분리되는 동시에 서로 계속 연결되는 상태를 조성할 것을 강조한다.

4부
혁신 지향 사람경영의 구현

지금부터 50년 후 그보다 많이 빠르지는 않더라도 세계 경제의 주도권은 지식근로자의 생산성을 가장 체계적으로, 그리고 가장 성공적으로 향상시킨 국가와 기업으로 이동할 것이다.[1]
-피터 드러커

완성이란 더 이상 보탤 것이 없을 때가 아니라 더 이상 제거할 것이 없을 때에 이루어진다.[2]
- 생텍쥐페리

8장
혁신 지향 몰입형 인사 시스템

> 규모를 중시하고 대부분 틀에 박힌 생산과정을 반복하는 구식 경영에서는 종업원들의 지성과 창조성을 최대한 이끌어내는 일이 그리 중요하지 않다. 지휘·통제식 관리방식이 충분히 성과를 낼 수 있다. 그러나 기업들이 차츰 탈중심화되고 지식산업이 경제를 좌우하게 됨에 따라 혁신이 갈수록 중요해지고 있다. 이런 상황에서는 직원의 지성과 창조성을 최대한 이끌어내는 것이 비즈니스 성공의 최대 관건 중 하나가 되어간다.[1]
> – 토마스 말론, 2005.

4차 산업혁명이라는 불연속적 대변혁은 새로운 사람경영 패러다임을 요구하고 있다. 변동성과 불확실성이 매우 높은 경영 환경, 효율성 중심에서 혁신 중심으로 바뀐 경쟁의 룰, 높은 수준의 교육과 자율역량을 갖춘 지식노동자가 주류를 이루는 노동시장의 인력 구성, 정보의 비대칭을 빠르게 해소해주는 정보기술의 급격한 발전 등이 4차 산업혁명 시대가 요구하는 새로운 사람경영 패러다임의 지향성을 시사한다. 이 책에서는 4차 산업혁명 시대가 요구하는 새로운 사람경영 시스템을 '혁신 지향 몰입형 인사 시스템'으로 명명하고, 본 장에서는 그것을 구현하기 위한 조건들을 살펴본다.

01
관료제 조직운영 패러다임 탈피

21세기 조직운영 패러다임으로 전환하기 위한 최우선 과제는 관료제 조직운영 패러다임을 탈피하는 것이다. 20세기 조직운영 모델의 전형이었던 관료제는 합리성에 기반한 효율성 제고라는 장점을 가지고 있지만, 그 이면에 상당한 부작용을 내포하고 있다. 우선 관료제 아래에서 세세한 규칙과 절차가 늘어나고 그러한 규칙과 절차를 따라 업무를 처리해야 한다는 형식논리가 지배하게 되면 조직의 목적 달성을 위해 만든 규칙과 절차가 오히려 조직의 목적 달성을 방해하는 현상을 일으키고, 업무의 효율성을 떨어뜨리는 결과를 가져올 수 있다. 거기에 전문 관료들의 업무비밀주의, 직위 남용, 규칙과 절차의 획일적 적용, 책임을 지지 않기 위한 보신주의 등 관료주의 병폐가 더해지면 관료제가 조직의 목적 달성을 방해하는 단계에 이르게 된다.

관료제 조직은 빠르게 변동하는 경영 환경에 민첩하게 대응할 수 있는 의사결정과 조직 차원의 유연한 대응을 어렵게 하며, 구성원들을 규칙과 절차 안에 얽어맴으로써 창의적이고 혁신적인 아이디어를 시도해볼 여지를 없애버리는 결과를 초래하게 된다. 관료제의 합리성과 효율성을 통찰했던 막스 베버도 관료제가 초래할 궁극적 결과에 대해서는 비관적 견해를 견지했다. 그는 관료제가 합리성을 추구하는 데 있어서의 기술적 우위 때문에 멈추지 않고 지속적으로 확산될 것이라 보았다. 그리고 궁극적 결과로서 규칙에 기반한 합리적 통제와 관료주의가 영혼 없는 '철창iron cage'에 개인들을 가둬두는 상태로 이끌어가고, 인간의 소외 현상을 유발할 것임을 경계한 바 있다.

조직의 민첩성과 구성원들의 창의적 혁신활동을 촉진하고 불시에 닥쳐오는 기회와 위기를 적절하게 대응할 수 있게 하기 위해서는 관료제 패러다임에서 탈피하여 자율경영 패러다임으로 전환해야 한다. 자율경영 패러다임으로의 전환은 피라미드형의 수직적·계층적 조직구조를 자율성과 주도권을 갖는 작은 조직 단위들로 구성된 수평적 조직구조로 전환하고, 중앙집중화된 의사결정구조를 분권화된 의사결정구조로 전환하는 것을 내포한다. 그러한 맥락에서 비대화된 본부 관리조직과 경영·관리계층을 축소하고, 대신 현장 사업조직들을 확충하고 사업 단위의 자율경영을 강화한다. 수평적 조직구조로의 전환은 소규모 조직의 기동성과 유기적이고 신축적인 경영행동을 가능케 한다.

　자율경영 패러다임은 일선 현장 조직의 구성원들 안에 환경 변화를 감지하고 대응할 수 있는 능력이 있고, 그들 안에 창의적 혁신의 씨앗이 있으며, 그들의 집단지성을 통해 조직의 비전 실현이 가능하다는 것을 전제한다. 아울러 그들은 강한 통제 상황 속에서 엄격한 지시와 감독을 받아야 비로소 조직의 목표 달성을 위해 일하는 수동적 존재가 아니라, 신뢰의 조직 토양 속에서 책임감을 가지고 조직의 비전 달성을 위해 자신들의 잠재역량을 발휘하려는 의지를 가진 능동적 주도자임을 전제한다.

02

신뢰,
혁신 지향 몰입형 인사 시스템의 토대

　혁신을 위한 탐색과 과감한 도전은 구성원들이 조직 내에서 신뢰의 닻을 내릴 수 있을 때 가능하다. 우선 조직의 발전과 성장이 구성원 개개인의 성장과 상호 연동된다는 신뢰가 있어야 한다. 구성원들이 조직의 성장과 이익 증대가 개개인의 성장 및 이익과 동떨어져 있다고 인식한다면, 그들이 주인의식을 갖기 어렵고 조직의 성장에 헌신하지 않을 것이기 때문이다. 따라서 혁신을 통해 조직이 창출한 파이가 커지면 구성원들도 커진 파이를 함께 공유할 수 있는 메커니즘이 확보되어야 한다.

　그뿐만 아니라 지속적인 혁신을 통한 조직의 경쟁력 제고와 생산성 향상이 자신들의 고용안정성을 해치지 않는다는 신뢰가 있어야 한다. 통상 혁신을 통해 종전보다 기술집약적이고 부가가치가 높은 가치사슬을 구축하면 그것이 조직 내 노동 수요를 줄이고 그 결과 인력 구조조정으로 이어질 개연성을 높인다. 따라서 그에 대한 우려를 불식해야 한다. 혁신을 통해 업무의 효율화가 향상될수록 일상적 업무에 투입하는 근무시간은 줄이고 역량 제고를 위한 학습활동과 혁신활동에 더 많은 시간을 투입할 수 있도록 인력운영 기조를 전환할 필요가 있다.

또 과감한 혁신에 도전했을 때 그 결과가 해당 개인들에게 불이익이 되어 돌아오지 않는다는 신뢰가 있어야 한다. 파격적 혁신은 가보지 않은 미답지를 탐험하는 것과 같아서 많은 실험과 시행착오를 통해 열매를 맺는다. 따라서 선의의 실패에 대해서는 관용을 넘어 적극적으로 인정해주고 지지해줄 필요가 있다.

그에 더하여 정보와 아이디어와 전문성을 동료들과 자유롭게 공유했을 때 그것이 공유한 개인들에게 불이익으로 되돌아오지 않는다는 구성원 상호 간 신뢰가 확보되어야 한다. 창의적 혁신은 다양하고 거친 아이디어들을 나누고 조합하고 협업할 때 발현되기 때문이다. 구성원들로 하여금 보상이나 승진과 같은 제한된 자원을 놓고 제로-섬 경쟁을 하게 한다면, 그러한 조건 속에서는 특정 개인이 가지고 있는 정보와 아이디어와 전문성을 나누는 순간 그 개인은 자신의 상대적 경쟁력을 떨어뜨리는 결과에 직면해야 한다. 따라서 인사 시스템은 구성원들 간 상호신뢰를 강화하고 협업을 장려하는 실행 방안들로 짜여야 한다.

03

디지털 전환, 21세기 조직운영의 기본 인프라

이미 1장에서 확인한 바와 같이 4차 산업혁명이라는 불연속적 변화의 물결이 기업의 경쟁 생태계를 빠른 속도로 바꾸고 있다. 디지털 정보통신기술의 발달로 온라인 연결성과 디지털 플랫폼을 기반으로 한 비즈니스 모델이 비즈니스 경쟁 생태계에 지각변동을 일으키고 있다. 비즈니스의 핵심 인프라가 오프라인에서 디지털 플랫폼을 축으로 한 온라인으로 빠르게 이동하고 있다. 디지털화는 전례 없는 방식과 비교할 수 없는 속도로 세상을 변화시키고 있다. "아마도 가장 중요하면서도 종종 무시되는 것은 디지털 혁신이 우리 자신을 조직하고 관계를 구축하고 유지하는 방식에 막대한 영향을 미친다는 점일 것이다."[2] 1990년대에 싹을 틔우던 디지털 인프라 기반 비즈니스 모델이 맹아기를 지나 다양한 영역으로 가지를 뻗치며 푸른 잎들로 무성해지는 성장기로 접어들었다. 디지털 정보통신기술의 발전과 다양한 디지털 기기들의 보급률이 크게 높아지면서 디지털 가상 플랫폼을 축으로 한 연결 인프라가 크게 확장되었기 때문이다. 디지털 전환이 비즈니스의 새로운 인프라로 확고하게 자리 잡게 된 현시점에서 디지털 전환은 비즈니스의 생존·발전을 위해 선택이라기보다는 필수조건이 되었다.

사람경영에서 디지털 전환은 대략 네 가지 측면에서 추진할 수 있으리라 판단한다. 첫째, 디지털 가상세계의 초연결성이라는 특성을 활용하는 측면이다. 디지털 가상세계는 물리적 제약을 받지 않고 많은 사람과 만날 수 있다. 세계적으로 사회적 거리두기를 강요한 코로나19의 장기화는 기술적으로 실시간 비대면으로 만나는 온텍트 플랫폼을 활성화시켰고, 사람들로 하여금 디지털 가상세계를 기반으로 한 생활양식에 적응하도록 만들었다. 이는 물리적으로 한 공간에서 협업하던 일터도 디지털 가상공간이나 메타버스에서 협업하는 분산 일터로 전환될 수 있음을 확인해주었다. 그뿐만 아니라 초연결성은 다양한 전문성과 재능을 연결해주는 크라우드소싱crowdsourcing 플랫폼 — 예: 빅데이터 전문가들의 연결 플랫폼인 캐글, 혁신적 문제 해결 아이디어의 연결 플랫폼인 이노센티브 등 — 을 활성화함으로써 조직 경계 밖의 인재들과의 접점을 늘려주고 그들과 개방적 협업을 가능하게 하였다.

둘째, 데이터 기반의 의사결정을 활용하는 측면이다. 구성원들의 업무 관련 활동과 협업이 초연결 플랫폼을 기반으로 이루어지면, 그렇게 축적된 데이터는 정보의 비대칭성을 해소하는 데 크게 기여할 수 있다. 그동안 인사와 관련된 의사결정—채용 면접, 성과평가와 피드백, 승진 심사, 팀 구성, 인력 배치, 인력 육성, 경력 코칭 등—은 주로 주관적 판단이 개입되는 방식에 기반해 이루어지는 경우가 많았다. 그러나 디지털 전환을 통해 비즈니스 프로세스에서 일어나는 제반 현상과 그 과정에 관여하는 개인이나 단위 조직의 활동 내역이 디지털 플랫폼에 빅데이터로 쌓이고, 인공지능으로 대표되는 데이터 분석 알고리즘을 통해 그 빅데이터를 정확하면서도 효율적으로 분석할 수 있게 되면, 객관적 데이터에 기반한 합리적 의사결정이 가능해진다.

셋째, 인사업무의 효율화 측면이다. 디지털 전환은 반복적으로 이루어지는 일상적 인사 관련 업무를 자동화할 수 있게 한다. 예를 들어 인공지능 알고리즘으로 업그레이드된 챗봇 등을 통해 회사의 인사정책이나 구성원 개개인의 인사 관련 제반 질문에 효율적으로 응대할 수 있고, 360도 피드백을 목적으로 다양한 자료원data sources 으로부터 수집한 피드백 자료들을 통합적으로 정리한 개인별 보고서 등을 자동으로 생성할 수 있을 것이다. 이처럼 인사업무는 물론 이거니와 전사적으로 디지털 전환을 통해 시간 소모가 큰 업무의 효율화가 이루어지면, 창의성과 혁신을 뒷받침할 수 있는 여유인력 확보가 가능해지고, 그 결과 보다 많은 구성원들이 지속적인 학습과 창의적인 업무에 투입될 수 있는 여력이 커진다.

넷째, 개인 맞춤형 인사 측면이다. 대량생산체계를 뒷받침하기 위한 관료제 아래에서는 인사제도도 효율적 운영에 초점이 맞춰졌고, 조직의 표준화된 단일 인사제도 틀에 구성원들을 끼워 맞췄다. 개개인의 필요를 반영한 인사를 수행하기에는 그에 따른 행정비용이 너무나 컸기 때문이다. 그러나 자율경영 기조 아래서 구성원들이 혁신의 주체가 되도록 한다는 것은 인사 시스템을 운영함에 있어서 인사 서비스 공급자의 관점이 아니라 구성원의 관점을 취해야 함을 의미한다. 즉 구성원 스스로가 각자의 필요를 충족할 수 있도록 제도적으로 뒷받침하는 접근법을 취해야 한다는 것이다. 이것이 바로 직원 경험employee experience에 초점을 맞춘 접근법이다. 대표적으로 보상방식, 역량개발계획, 경력관리 등에 있어서 주도권을 구성원에게 줘야 한다. 디지털 전환을 통해 구성원 개개인에 관한 데이터가 축적되면 과도한 행정비용을 들이지 않고도 기술적으로 개인 맞춤형 인사가 얼마든지 가능해지기 때문이다.

이상과 같은 디지털 전환의 활용은 단순히 지금까지 하던 사람경영 방식을 보완하고 효율화하는 데 머물지 않고 사람경영과 관련된 제반 기능(예: 인재 소싱, 성과관리, 보상관리, 커뮤니케이션 방식, 협업방식 등)에서 전면적 발상의 전환과 혁신적 사고를 요구하게 될 것이다.

성과관리 제도의 디지털 전환 사례[3]

IBM의 인사 부문은 회사 차원에서 추진해온 비즈니스의 디지털 대전환에 발맞춰 전통적으로 시행해오던 연간 성과 리뷰와 줄 세우기식 평가제도를 폐기하고 인사 시스템의 디지털 전환을 추진해왔다. IBM은 4차 산업혁명의 핵심기술이라 할 수 있는 지능형 클라우드 컴퓨팅과 빅데이터 활용과 같은 새로운 영역으로 비즈니스의 무게중심을 옮겨왔다. 이러한 변화를 지원하기 위해 전통적인 성과관리 시스템을 민첩하고 유연한 성과관리 시스템으로 대체하지 않으면 안 되었다. 체크포인트 시스템Checkpoint System이라 불리는 새로운 성과관리 시스템은 비즈니스의 필요에 따라 관리자와 구성원들이 업무 목표를 유연하게 바꿀 수 있고, 구성원들이 업무 목표의 효과적 달성이나 역량개발을 위해 필요한 피드백을 수시로 요청할 수 있으며, 관리자들은 구조화되고 간편한 방식으로 구성원들에게 피드백을 제공할 수 있게 한다.

새로운 성과관리 시스템에서는 구성원들을 평가할 때 다섯 가지 기준을 사용한다. 비즈니스 결과, 고객 성공에 대한 기여, 혁신, 동료에 대한 책임, 기술이 바로 그것들이다. 여기에서 비즈니스 결과는 연중 유기적으로 관리되는 업무 목표를 얼마나 효과적으로 달성했는지에 관한 것이고, 고객 성공에 대한 기여와 혁신과 동료에 대한 책임은 IBM이 추구하는 가치와 연관된 기준들이며, 기술은 기술 향상에 관한 것이다.

IBM 인사 부문은 새로운 성과관리 시스템을 개발하면서 세계 170여 개국에 흩어져 있는 38만여 명에 이르는 구성원들의 의견 수렴을 통해 시스템의 내용을 구체화해나갔다. 사내 사회적 소통 플랫폼을 통해 의견을 수렴하는 과정에서 구성원들은 전통적인 평가 시스템을 폐기하기를 원했고, 더욱 잦은 피드백을 받기 원했으며, 연중 자신들의 목표를 필요에 따라 유연하게 바꿀 수 있기를 바랐다. 앞에서 소개한 다섯 가지 평가기준도 구성원들의 수렴된 의견을 기반으로 도출한 것이다.

새로운 성과관리 시스템의 핵심적인 특징은 연중 상시적인 피드백을 제공하고 경직된 연간 관리 프로세스로부터 목표를 해방시켜 개개인의 목표가 보다 더 크고 거시적인 목표와 긴밀한 연계성을 갖는 유기적인 이정표가 되도록 하는 데 있다. 그리고 다섯 가지 기준은 연중 상시로 제공되는 피드백의 방향을 잡아주고 구성원 개개인에 대한 최종 평가의 기초가 된다.

　새로운 성과관리 시스템은 성과를 관리하는 하나의 프로그램이라기보다는 IBM이 전사적으로 추진해온 비즈니스 대전환을 위해 내딛는 중요한 걸음이라 할 수 있다. IBM은 체크포인트 시스템을 통해 구성원들이 보다 더 나은 업무수행 방식을 스스로 찾아 나서도록 돕는 개방적인 소통과 피드백 문화를 창출하는 데 역점을 기울이고 있다.

04
관리 범위의 확대와 조직의 수평화

　조직구성원들에게 실질적 자율성을 확대함으로써 혁신을 활성화하기 위해서는 조직 구조적인 측면에서 조직을 수평조직으로 전환할 필요가 있다.[4] 조직을 수평조직으로 전환한다는 것은 수직적인 조직구조의 직급 수를 대폭 줄인다는 의미이며, 곧 관리자와 경영진의 관리 범위를 대폭 확대한다는 의미이기도 하다.

　산업화 시대가 본격화되기 시작한 20세기 초부터 조직의 효율성을 높이기 위해 직무는 세분화·표준화·전문화되었고, 한 명의 관리자가 관리할 수 있는 관리 범위를 좁게 설정하여 다층적인 직급구조를 만들고 위계적 통제를 강화하였다. 관리 범위가 좁게 설정됨에 따라 관리와 통제는 그만큼 촘촘하게 이루어졌으며, 현장 조직 단위에서 일하는 구성원들에게 주어진 권한은 매우 제한되었다. 계층이 늘어날수록 조직의 경직성은 증가한다. 계층 하나하나가 의사결정을 늦춘다. 정보이론 법칙에 따르면 "모든 명령의 전달 단계마다 잡음은 두 배로 늘어나고 메시지는 반으로 줄어든다."[5]

업무수행자 관점에서 보면 종전에는 관리·감독이 세밀하게 이루어지는 매우 강한 통제 상황에서 업무를 수행해왔다. 그처럼 강한 통제 상황에서는 구성원 개개인의 자율과 자유가 제약되기 때문에 그들로부터 창의적 혁신을 기대하기란 매우 어렵다. "창조성은 자율적이고 수평적인 구조에서 탄생한다. (…) 창의적 혁신은 다양한 실험들이 자유롭고 자율적으로 시도될 때 이루어지며, 강력한 중앙집권적 조직이나 사회는 단기 효율성은 높을지 몰라도 창조성은 억압될 수밖에 없다."[6]

그에 반해 관리 범위를 대폭 넓히고 그에 따라 직급 계층의 수를 크게 줄이면 관리자의 관리·통제가 약해질 수밖에 없고, 현장 조직 단위에서 일하는 구성원들에게 권한이 위임되며, 자율과 자유의 폭이 커진다. 약한 통제 상황이 되기 때문이다. 탈중앙화된 자율적 조직으로 전환되면 구성원들은 자신들이 속한 단위 조직의 성공에 직접 기여하고 있다는 자부심과 책임감을 갖게 된다.

그러한 기조를 극단적으로 강화한 예가 중간관리자들을 모두 없애고 구성원들이 수평적 상호작용을 통해 자율적으로 업무를 수행하도록 한 홀라크라시 조직이다. 조직 내에서 자신들이 맡은 업무에 대해 구성원들이 주인의식을 갖고 유기적으로 동료들과 조정하면서 업무수행 책임을 다하도록 하려는 취지이다. 그뿐만 아니라 직급의 수가 줄어들면 직급 승진이 구성원들의 주 관심에서 멀어지고, 그에 따라 직급 승진을 위한 사내정치 또한 약화된다. 그로 인해 조직이 중시하는 창의성 발휘와 혁신활동에 구성원이 역량과 에너지를 집중하는 효과를 기대할 수 있다.

05
21세기형
인재 확보 전략

　자율경영의 기조를 채택한다는 것은 현장 조직에 그만큼 권한을 위임하고 구성원들에게 자율성을 크게 부여한다는 의미이다. 이처럼 약한 통제 상황에서 상당한 재량권을 가지고 자신들의 역할을 수행하게 할 경우 관료제와 같은 강한 통제 상황에서 정해진 역할을 수행하게 했을 때에 비해 구성원들의 개인차가 성과 차이로 나타날 가능성이 더 커진다. 특별히 창의적 혁신 성과는 표준화되고 반복적인 업무의 성과와 달리 그것이 가치로 전환되는 데 상한선이 없기에 더욱더 그렇다. 이는 혁신을 주도할 수 있는 인재를 잘 변별하여 확보하는 것이 관료제하에서보다 훨씬 더 중요하다는 것을 의미한다.
　인재 확보의 중요성은 역사의 발전 과정에서 가장 중요한 주제

중 하나였으며 수많은 역사적 사례들로부터 시사점을 얻을 수 있다. 대표적으로 춘추전국시대 제나라 재상 관중을 들 수 있다. 중국 주나라 왕실의 권위와 지배력이 급격하게 약화된 시점—기원전 770년 수도를 호경에서 낙읍으로 천도한 시점—부터 시작된 춘추시대에 존왕양이尊王攘夷라는 명분 아래 패자 중심의 신질서를 기획하고 자신이 섬겼던 제나라 환공을 춘추시대 첫 패자로 만들었던 사람이 관중이다. 관중이 환공의 물음에 답하면서 제시한 인재관리의 원칙은 시대를 초월하여 시사하는 바가 매우 크다. 제 환공은 관중을 재상으로 앉히고 자신이 과연 패자가 될 수 있겠는지를 자주 물었다. 그에 대해 관중은 물론 가능하다고 답하며 패업을 이루는 데 가장 중요한 인재 등용의 원칙을 말한다. ① 유능한 인재를 알아봐야 하고(知人) ② 알아봤다면 그를 써야 하고(用人) ③ 쓰기로 했으면 소중하게 써야 하고(重用) ④ 중용했으면 믿고 일을 맡겨야 하며(委任) ⑤ 무엇보다도 소인배를 멀리해야 한다(遠小人).[7]

그렇다면 어떻게 좋은 인재를 확보할 수 있을까? 인재 선발의 기술적인 문제보다 중요한 것은 조직이 인재를 끌 수 있는 환경을 어떻게 조성하느냐이다. 이를 위해서는 조직이 인재를 소중하게 여기고 그에 걸맞게 대우한다는 신호를 외부인재시장에 내보내야 한다. 그런데 가장 강력한 신호는 조직이 이미 보유하고 있는 내부 인재들을 어떻게 대우하느냐에 의해 발신된다. 이를 잘 대변해주는 고사성어가 죽은 천리마의 뼈를 사서 살아 있는 천리마를 얻는다는 의미를 내포하고 있는 매사마골買死馬骨이다. 이 이야기에서 깨달음을 얻은 연나라 소왕은 곽외를 스승으로 모시고 인재들에게 줄 금을 쌓아놓은 황금대를 지어 널리 인재들을 구한 결과 악의, 추연, 극신 등을 비롯한 인재를 얻어 제나라를 멸망 직전까지 몰아붙이고 연나라의 황금기를 열 수 있었다.

매사마골 買死馬骨[8]

연燕나라 소왕昭王이 즉위한 후 거의 망한 연나라를 다시 수습하여 자신의 부왕父王을 살해하고 나라를 유린한 제나라에 설욕하기 위해 곽외 선생을 찾아가 어떻게 천하의 선비들을 모을 수 있는지 조언을 구하였다. 곽외는 비유를 들어 말했다.

"제가 옛날이야기를 하나 하지요. 옛날 어떤 임금이 천금으로 천리마를 구하려 하였지만 3년이 되도록 구하지 못했습니다. 그때 궁중의 청소하는 자 하나가 임금에게 나타나 '청컨대 제가 구해오겠습니다.' 하더라는 겁니다. 왕이 그를 보냈더니 과연 천리마를 구하였습니다.

그자는 처음에는 죽은 말을 샀습니다. 500금을 주고 말 머리를 사서 돌아와 임금에게 보고하는 것이었습니다. 임금은 크게 노하여 꾸짖었습니다. '내가 구하는 것은 산 말이다. 죽은 말을 어찌 500금이나 주고 사 왔다는 말인가?' 그러자 청소하는 자의 대답은 이러하였습니다. '죽은 말도 500금이나 주고 사는데, 하물며 살아 있는 말이야 어떻겠습니까? 천하가 틀림없이 대왕께서 말을 보실 줄 안다고 여겨 곧 좋은 말이 모여들 테니 두고 보십시오.' 과연 1년이 넘지 않아 천리마가 3필이나 들어왔습니다.

지금 대왕께서 진실로 선비를 모으고 싶으시거든 저로부터 시작하십시오. 저 같은 자도 섬김을 받는다면 하물며 저보다 어진 자들이 가만히 있겠습니까? 어찌 천 리를 멀다 하겠습니까?"

이에 소왕은 곽외 선생을 위해 집을 지어주고 스승으로 모셨다. 그로부터 과연 악의가 위魏나라로부터, 추연이 제齊나라로부터, 극신이 조趙나라로부터 찾아왔고, 숱한 선비들이 다투어 연나라로 몰려들었다.

◇◇◇◇◇◇◇◇◇◇◇◇◇◇◇◇◇◇◇◇◇◇◇◇◇◇◇◇◇◇◇◇

어떠한 자질을 갖춘 사람이 이 시대의 인재인가? 전문지식과 기술의 반감기가 갈수록 빨라지고 변동성과 불확실성이 높은 경영 환경에서 요구되는 인재상을 인적 자본의 세 가지 차원, 즉 지적 자본, 정서적 자본, 사회적 자본 면에서 그려볼 수 있다. 먼저, 지적 자본 측면에서 창의적 혁신을 이끌어가야 할 인재는 자신의 전문 분야에 대한 지적 안목을 갖추되 지적 개방성과 호기심, 새로운 영역에 대한 학습능력을 갖춰야 한다. 자신이 습득한 전문성이나 닫힌 사고의 틀에 갇혀 있는 사람에게서 창의적 혁신을 결코 기대할 수 없다. 하나의 사물이나 사건을 이해하고 다뤄나갈 때 자신에게 익숙한 방식으로 접근하기보다는 낯선 관점이나 지식체계를 탐색하고 그것들을 능동적으로 수용·활용하려는 지적 개방성과 갈수록 폭이 넓어지고 급속하게 변하는 전문지식체계를 빠르게 습득할 수 있는 학습능력 등은 인재가 갖춰야 할 중요한 자질이다.

그런 점을 감안할 때 적어도 창의적 혁신을 주도해갈 인재를 선발할 때는 당장 특정한 직무를 맡아 수행할 수 있는 기술을 보유했느냐 차원의 개인-직무 간 적합성 기준보다는 그 개인의 학습능력과 사고의 유연성, 잠재적 경력탄력성career resilience 등을 선발기준으로 사용하는 것이 바람직하다고 볼 수 있다. 경력탄력성이란 변화하는 경력 전망에 탄력적으로 적응하고 경력과 관련한 난관에 부딪혔을 때 이를 극복해낼 수 있는 능력을 일컫는 개념이다. 개인 입장이든 조직 입장이든 변동성과 불확실성이 높은 환경일수록 구성원들이 경력탄력성을 갖추는 것이 더욱더 중요해진다.

다음으로, 정서적 자본 측면에서 인재가 갖춰야 할 자질은 모호성과 어려운 여건 속에서 자신이 맡은 과제를 끈질기게 풀어나갈 수 있는 열정과 성장 마인드growth mindset이다. 창의적 혁신을 추진하는 사람들은 대담한 도전과제를 풀어내기 위해 서로 모순되어 보이는 관점들과 폭넓은 지식체계를 활용하는 과정에서 인지적 모호성과 난관에 자주 직면할 수밖에 없다. 그러한 난관을 헤치고 나아갈 힘이 곧 지적 모호성을 끌어안고 뚜벅뚜벅 걸어갈 수 있는 열정과 성장 마인드이다. 여기에서 성장 마인드는 도전적인 과제들과 맞닥뜨렸을 때 그것에 대한 성공과 실패 여부에 매달리기보다는 그와 같은 도전 경험을 통해 자신의 역량이 키워지고 성장할 수 있다는 점에 주목하는 마음가짐을 가리킨다.[9] 창의적 혁신은 완벽함을 추구하는 데서 나오기보다는 새로움을 추구하면서 부딪히는 잦은 난관과 실패의 과정들을 통해 발현되기 때문에 어려움을 뚫고 나가는 열정과 성장 마인드를 갖는 것은 매우 중요하다.

오늘날 인재에게 요구되는 또 하나의 자질은 조직의 사회적 자본 형성과 깊이 관련되는 협력적 태도, 즉 자신의 자존심과 이익을 챙기기에 앞서 '무엇이 팀에게 가장 좋은가?'를 먼저 생각하는 태도라 할 수 있다. 이 책의 5장과 6장에서 구성원들 간의 신뢰와 협력은 한 집단이 적자생존의 경쟁에서 우위를 점하기 위해서뿐만 아니라 창의적 혁신이 발현되기 위한 기본 조건이라는 점을 확인하였다. 대표적으로 마틴 노왁(2012)은 "경쟁이 아닌 협력은 혁신의 기초가 된다. (…) 협력은 세포에서 다세포생물, 그리고 개미집, 마을, 도시에 이르기까지 모든 진화에 걸쳐 창조성을 책임지고 있다."라고 갈파한 바 있다.[10] 경영 환경과 조직이 대응해야 할 문제의 복잡성이 커지면 커질수록 집단지성을 활용하는 문제 해결이 요구되기 때문에 동료 구성원들과 지적으로나 정서적으로 시너지를 낼 수 있는 태도를 견지하는 것은 갈수록 그 중요성이 커진다고 볼 수 있다.

끝으로, 인재 확보 차원에서 꼭 유념해야 할 점은 선발 과정에서 다양성이 훼손되지 않도록 특별히 신경을 써야 한다는 것이다. 산업조직심리학자 벤자민 슈나이더Benjamin Schneider(1987)에 따르면,[11] '끌어당김Attraction-선발Selection-이직Attrition'이라는 일련의 프로세스를 통해 시간이 흐를수록 한 조직 내 구성원들 사이에 동질화되는 경향이 나타난다. 모집 단계에서 구성원들의 집단적 특성이 그들과 유사성이 높은 사람들을 끌어당기는 힘으로 작용하고, 선발 단계에서도 유사성이 높은 사람들을 뽑는 경향이 있으며, 선발된 후에도 구성원들과 이질성이 높은 사람들은 조직을 떠나는 경향이 있기 때문에 그러한 프로세스가 반복되면서 구성원들 사이에 유사성이 높아진다는 것이다. 창의적 혁신의 활성화 관점에서 보면 이러한 경향은 결코 바람직하지 않다. 이를 예방하기 위해서는 인력을 확보하는 과정에 참여하는 임직원들이 인지적 다양성의 중요성을 공유하고 자신들이 위와 같은 편향에 빠지기 쉽다는 점을 의식할 필요가 있다.

06
구성원의 혁신역량과 고용적격성 제고

실물옵션이론을 통해 확인한 바와 같이 환경의 변동성과 불확실성이 커짐에 따라 한때 높은 가치를 보유했던 인적 자본이 급격한 가치 하락에 직면하기 쉽고, 지식과 기술의 반감기 또한 빠르게 줄어들기 때문에 평상시 구성원들의 학습역량과 다기능역량을 끌어올리기 위한 투자에 소홀하면 안 된다. 이는 7장의 유연 지향 인사 시스템에 관한 논의에서 확인한 바와 같이 조직이 보유한 인적 자원의 자원 유연성resource flexibil을 높이는 것과 맥을 같이한다. 구성원들의 역량 풀을 두텁게 하기 위한 투자의 중요성에 대해 뮤지컬 프로듀서 박명성(2019)의 말은 시사하는 바가 크다. "손익계산을 따지자면 신인 육성은 그들보다 나에게 더 이익이다. 작품을 하고 싶은데 그 역에 어울리는 배우가 없어 공연을 하지 못한다면 누가 더 억울한가. 배우층이 두터울수록 나에게는 더 좋다."[12]

그에 더해 구성원들의 역량 제고를 위한 지속적인 투자는 구성원들이 전통적 관료제 조직에 맞춘 행동양식에 매몰되지 않고 혁신활동에 전향적으로 참여하도록 촉진하는 면에서도 중요하다. 전통적인 통제 지향 인사 시스템에서 혁신 지향 몰입형 인사 시스템으로 전환을 시도하는 조직의 구성원들은 자신의 여력을 혁신과제에 투입하는 것이 좋을지, 아니면 자신의 입지 확보를 위한 사내정치에 투입하는 것이 좋을지 가늠한다. 그 점을 고려하여 승진에 따른 보상보다 혁신활동에 따른 성공 지분이 더 큰 인센티브 구조로 바꾸었다 하더라도, 구성원들이 혁신역량을 갖추지 못한다면 그들은 성공 가능성이 낮은 혁신활동보다 안정적 승진을 확보하기 위한 사내정치에 뛰어들 것이다.[13] 반면 혁신과제와 구성원들의 역량 사이에 적합도가 높은 조직에서는 구성원들이 혁신과제에 자신들의 역량을 집중할 것이다. 자신의 추가시간과 에너지를 혁신과제에 투입했을 때 그로부터 좋은 결과를 얻을 가능성이 커질수록 자신들의 역량과 열정을 사내정치보다는 혁신활동에 집중하게 될 것이기 때문이다.

몰입 관점에서 보더라도 업무와 역량 사이의 적합성 확보는 매우 중요하다. 몰입에 관한 전문가 미하이 칙센트미하이Mihaly Csikszentmihalyi (1999)에 따르면, 몰입은 목표가 명확하고 활동 결과가 곧바로 나타나며 과제와 실력이 균형을 이루는 조건에서 발현된다.[14] 과제와 실력 사이의 균형 면에서 보면 자신의 능력에 비춰 너무 쉬운 일이나 지나치게 어려운 일을 할 때보다는 적당한 난이도가 있는 도전적인 일을 수행할 때 몰입이 발현된다. 구성원들의 역량이 혁신과제를 수행하기에 크게 미치지 못한다면 그러한 과제를 수행해야 할 기회의 문이 열려 있다 해도 능동적으로 도전하기보다는 오히려 불안이나 걱정에 휩싸이게 되고, 그 결과 일에 몰입하지 못하는 상태에 이르게 된다.

구성원의 역량 제고를 위한 투자는 고용적격성employability 제고를 통한 고용안정성 보장과도 직결된다. 1990년대 전후까지만 해도 몰입 지향 인사 시스템은 조직과 구성원 간 신뢰 구축을 위해 고용보장을 중시했다. 몰입 지향 인사 시스템을 채택하여 실행한 기업들(예: 사우스웨스트항공사) 중에는 무해고 원칙을 공개적으로 천명한 기업들도 많았다. 비교적 해고를 자유롭게 할 수 있는 미국의 법체계 아래서 무해고 원칙을 공개적으로 천명하고 지킨다는 것은 매우 적극적인 고용보장 의지를 보여준 것이다. 그러한 기업들은 구성원들과 장기고용 관계를 추구하면서 내부노동시장 중심의 인력운영을 유지했다. 고용안정성 보장은 구성원들이 조직과 자신들의 일에 몰입할 수 있도록 신뢰와 심리적 안전감을 제공하는 제도적 기반으로 여겨졌다. 그리고 장기적 고용 관계를 기반으로 한 내부노동시장 중심의 인력운용은 거래비용 경제학 이론에 비춰봐도 타당했다.

그러나 경영 환경의 변동성과 불확실성이 급격히 커지고 거래비용을 낮출 수 있는 정보기술이 빠르게 발전함에 따라 기업의 입장에서는 장기고용 관계를 기반으로 한 내부노동시장 중심의 인력운영에 따른 위험부담이 커졌다. 실물옵션이론에서 확인한 바와 같이 환경의 변동성과 불확실성이 커진다는 것은 조직이 보유한 인적 자산의 미래 가치 또한 그만큼 불확실성이 높아진다는 것을 의미한다. 새로운 지식과 기술의 발전 속도가 빨라질수록 내부 육성을 통해 기업이 필요로 하는 인재를 충분하게 확보하는 데 한계가 있을 수밖에 없고, 사업 포트폴리오를 신속하게 변경하며 급변하는 환경에 적응하기도 쉽지 않다. 그런가 하면 정보기술 발전에 따른 정보 비대칭성 완화와 외부노동시장에서 고용 관계를 맺는 데 따른 거래비용의 감소 추세는 내부노동시장 중심의 인력운영이 갖는 거래비용 측면에서의 긍정적 효과를 반감시키고 인력운영상의 경직성으로 인한 위험부담을 크게 부각시켰다. 한때 구성원의 몰입에 기반한 경쟁우위의 근원이었던 요소들이 경직성 요인으로 전환되어 조직의 변화 적응력과 경쟁력을 떨어뜨리는 결과로 귀결될 가능성을 높인 것이다.

조직구성원의 관점에서 보더라도 한 조직에서의 고용보장이 자칫 기술의 진부화를 초래한다면 자신들에게 결코 도움이 되지 않는다. 기술 진부화로 인해 자신들의 시장 가치와 이동성을 잃어버리기 때문이다. 사업 환경과 기술 환경의 변동성이 높아질수록 특정 조직이 구성원들의 고용을 평생 보장해줄 가능성은 더 낮아질 수밖에 없다. 따라서 개인들은 특정 조직의 고용보장에 의존하기보다는 시장에서 자신의 가치를 유지함으로써 시장으로부터 고용보장을 받아야 한다. 그러한 맥락에서 종전의 고용보장에 대한 대안으로 고용적격성—시장에서 고용 기회를 확보할 수 있는 수준의 적격성을 갖추고 있는 정도—을 제고하는 것이 고용과 관련된 새로운 도덕적 계약이 되어야 한다는 주장이 제기되어왔다. 그에 대한 고샬과 바틀렛(2000)의 이야기를 들어보자.

궁극적으로 전통적인 계약이 지속될 수 없었던 이유는 경영진이 아니라 시장 때문이다. 세상이 안정되어 있을 때는 과거의 계약이 효과적일 수 있었다. (…) 그러나 지금과 같은 역동적인 세계에서는 한때 경쟁우위의 근원이었던 요소가 시대에 뒤처진 것일 뿐더러 때로는 불이익을 가져오기도 한다. 핵심 경쟁력이 오히려 핵심 경직성이 되고 마는 것이다. 귀중한 지식과 기술이 급속도로 시대에 뒤떨어지게 된다. 때로는 사람들의 학습능력보다 시대가 더 빠른 속도로 발전하는 것이다. 시장이 이동하고, 기술이 변하며, 가격은 떨어지고, 새로운 경쟁자들이 나오면서 과거에는 벌이가 되던 제품과 시장이 단번에 쓸모없는 것이 되어버렸다. 오늘날 대부분의 기업이 바로 이런 환경에 직면해 있다. 이런 조건 속에서 과거의 계약은 존속할 수 없을 뿐만 아니라 그렇지 않은 척하려는 시도 자체가 이미 비도덕적이다.[15]

구성원들의 조직에 대한 신뢰와 몰입의 기반을 견고하게 하기 위해서는 가능한 한 조직이 최대한 구성원들의 고용을 보장하기 위해 노력해야 한다. 그러나 그것이 경직성으로 작용하여 조직의 변화 적응력과 경쟁력을 떨어뜨리고 더 나아가 구성원들의 시장에서의 가치와 고용적격성을 떨어뜨리는 결과를 일으켜서는 안 된다. 조직운영상의 유연성과 구성원들의 고용안정성을 동시에 충족할 수 있는 길을 찾아야 한다. 구성원들의 고용적격성과 경력탄력성을 높이기 위해 조직이 지속적으로 투자해야 하는 이유이다.

고용적격성과 경력탄력성을 높이기 위한 역량개발 투자는 종전의 훈련과 어떻게 다를까? 첫째, 종전의 기술훈련 투자가 주로 해당 조직에 특화된 기술firm-specific skills[16]을 향상시키는 데 초점을 맞추었다면 시장에서의 고용적격성을 높이는 역량개발 투자는 범용적 기술general skills을 향상시키는 데 초점을 맞춘 투자이다. 범용적 기술이 해당 조직이 아닌 다른 조직에서도 유용하게 쓰일 수 있는 특성을 갖고 있다는 이유로 종전에는 기업들이 구성원들의 범용적 기술을 향상시키는 데 투자하기를 꺼렸다. 둘째, 종전의 기술훈련 투자가 현업에서 당장 쓰일 수 있는 기술역량을 향상시키는 투자였다면, 고용적격성과 경력탄력성을 높이기 위한 투자는 변동성이 높은 환경에서 미래의 역할 변화를 감당해낼 수 있는 학습역량 및 기술역량을 키우는 육성 투자이다. 고용적격성을 높이기 위한 투자는 구성원들에게 성장의 기회를 지속적으로 제공하는 것을 포함한다.

고용보장에 대한 새로운 도덕적 계약은 시장에서 통하는 고용적격성이 확보될 때 궁극적으로 고용안정성을 보장받을 수 있으며, 또 조직의 성과는 구성원들의 창의적 혁신역량으로부터 나온다는 전제 위에 서 있다. 아울러 기업은 구성원들의 조직 내에서의 고용안정성을 넘어 자신들이 선택한 분야에서 최고의 인재가 될 수 있도록 도울 도덕적 책임을 진다는 것을 의미한다.[17] 한편 조직이 구성원들의 고용적격성을 지속적으로 높일수록 그러한 인재를 조직 내에 붙잡아놓을 수 있는 가능성이 높이지고, 서로의 필요에 의해 양자 간 고용 관계가 장기적으로 유지될 가능성 또한 높아진다.

07 성과관리 패러다임의 전환

성과관리에 대한 관점 넓히기

성과관리라고 하면 무엇이 떠오르는가? 대다수 경영진과 관리자들은 구성원들의 업무수행성과를 평가하고 그 결과와 연동하여 차등적으로 보상하는 것을 떠올릴 것이다. 즉 평가와 보상을 성과관리의 핵심축으로 인식하고 있다. 그러한 인식 아래 어떻게 하면 평가를 통해 구성원들의 동기를 좀 더 강화할 수 있을지, 어떻게 하면 평가와 관련한 공정성 시비를 완화할 수 있을지 고민해왔다. 그러던 중 새로운 경영 환경에 직면한 다수의 글로벌 선도 기업들이 기존 성과관리 방식의 한계를 직시함에 따라 그동안 금과옥조처럼 여겼던 평가·보상 중심의 성과관리 방식을 폐기하고[18] 새로운 성과관리 접근법을 시도하기 시작했다. 이는 사람경영 패러다임의 변화와 함께 성과관리 패러다임도 변하고 있음을 말해준다.

성과관리란 구성원들이 조직의 비전과 전략적 목표를 효과적으로 실현할 방안을 찾고 그것을 효과적으로 실행할 수 있도록 뒷받침해주는 과정 관리이다. 따라서 효과적인 성과관리가 이루어지려면 단순한 평가·보상을 넘어서서 구성원들이 조직의 성과에 영향을 미치는 핵심 기제를 이해할 필요가 있다. 대표적인 것으로는 조직의 비전과 핵심가치 공유, 조직의 전략적 목표와 하위 조직 단위의 목표 간 일관성 유지, 업무 진행 프로세스의 진단 및 해법 찾기, 목표 달성을 위한 실행 방안의 효과성과 진척도 점검, 구성원의 역량개발 및 육성 지원, 합리적 인사 관련 의사결정 지원, 구성원의 작업 동기 제고 등을 들 수 있다. 전통적인 성과관리 접근법은 이러한 기제들 중 구성원의 작업 동기 제고에 가장 높은 비중을 두고 운영되어왔다. 다른 기제의 중요성을 의식하지 않은 것은 아니지만, 구성원의 작업 동기 제고에 강조점을 둠에 따라 다른 기제의 활용이 소홀히 취급되었거나 제약을 받아왔다고 볼 수 있다.

일례로 구성원들의 작업 동기 극대화에 초점을 맞춰 성과관리가 운영되면, 구성원들의 주 관심은 조직이 추구하는 핵심가치나 전략적 목표보다 다른 구성원들보다 평가를 더 잘 받을 수 있는지 여부에 꽂히게 된다. 그리고 평가등급에 불만족을 가진 구성원들에게 상사가 역량개발과 육성을 위한 피드백을 진솔하게 제공하기도 어려울 뿐만 아니라 피평가자 역시도 그러한 피드백을 수용하려 하지 않는

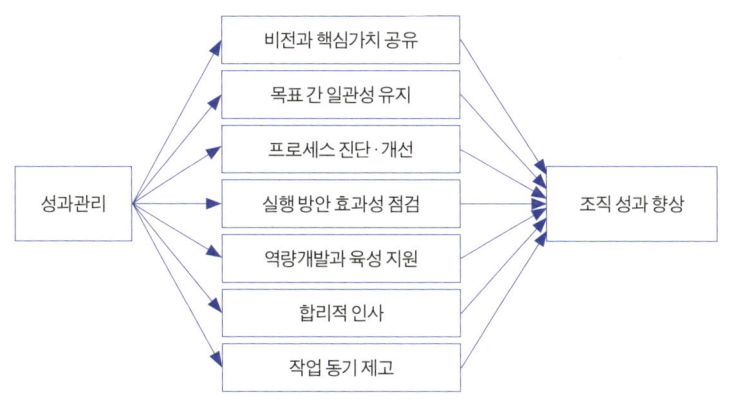

〈그림 8-1〉 성과관리가 조직 성과 향상에 기여하는 주요 기제

다. 평가 결과에 대한 정당성을 강변해야 하는 평가자로서의 입장과 구성원의 육성을 이끌어줘야 하는 리더로서의 입장이 상충하며, 피평가자 또한 불만족스러운 평가 결과로 인해 소통하려는 마음의 문이 닫히기 때문이다.

전통적 평가·보상 중심 성과관리의 문제점

첫째, 구성원들로 하여금 일에 몰입하기보다는 평가 결과에 민감하게 한다. 구성원 개개인은 평가 결과가 자신의 보상과 직결되기 때문에 매우 민감할 수밖에 없다. 그러한 상황에서는 구성원들이 일 자체의 효과적 수행보다는 어떻게 하면 좋은 평가 결과를 받을지에 더 큰 관심을 쏟게 된다.

둘째, 평가 결과에 대한 공정성 문제이다. 대부분의 조직에서 연례평가 시기가 지나고 나면 평가 결과의 공정성에 대한 불만이 제기되고, 그로 인해 구성원들의 사기가 저하되는 현상이 나타난다. 이 문제가 해결하기 어려운 이유 중 하나는 원인이 매우 복합적이라는 데 있다. 구성원들이 평가 결과에 대해 민감한 상태에서 만족할 만한 공정성을 확보하기란 무척 어려울 수밖에 없다. 거기에다가 평가자의 주관과 편향이 개입할 여지가 크고, 피평가자 또한 자신의 상대적 성과에 대해 자신에게 유리한 방식으로 인식하는 경향이 존재한다.

셋째, 획일적 기준 적용에 따른 하위 조직 간 역차별 문제이다. 조직 내 하위 조직들 중에는 우수 인재들의 밀집도가 높은 단위 조직들도 있고, 밀집도가 낮은 단위 조직들도 있게 마련이다. 하지만 상대평가제 아래서 평가등급별 할당비율이 통상 일률적으로 적용되기 때문에 우수 인재들의 밀집도가 높은 단위 조직에 속한 구성원들은 평가에서 불이익을 당하게 된다. 평가제도로 인해 우수 인재들의 사기가 떨어지는 부작용이 발생하는 것이다.

넷째, 평가제도의 본래 취지에 맞지 않는 편법의 관행화이다. 이 문제는 연공서열과 체면을 중시하는 우리나라의 사회문화 때문이라 볼 수 있다. 승진연차를 채운 구성원들 중 승진 심사를 앞둔 개인들에게 상위 평가등급을 우선적으로 배정하는 것이 많은 조직에서 관행화되어 있다. 그러한 관행과 동전의 양면을 이루는 것이 곧 동일 직급 내에서 연차가 낮은 구성원들이 평가에서 불이익을 감수할 수밖에 없다는 점이다. 이러한 편법의 관행화 역시 평가의 불공정성을 심화시키는 요인이다.

다섯째, 실질적인 성과 향상을 견인하는 과정 관리를 소홀히 취급한다는 점이다. 평가·보상 중심의 성과관리는 통상 업무 목표와 실행계획을 세우는 연초와 성과를 평가하는 연말에 단위 조직의 장이 반짝 챙기는 연례적인 행사처럼 운용되고 있다. 연중 상시로 구성원들의 업무수행을 코칭하고 그들의 역량 향상을 돕는 것이 실질적인 성과 향상과 개개인의 성장에 중요하지만, 전통적인 평가·보상 중심의 성과관리는 연중 상시로 이뤄져야 할 과정 관리에 소홀했다.

여섯째, 운영상의 경직성 문제를 들 수 있다. 평가 결과가 개개인의 보상과 직결된 기존의 평가·보상 중심 성과관리에서는 평가기준이나 연간 성과 목표가 일단 정해지고 나면 중간에 그것들을 바꿔야 할 상황이 발생한다 해도 그것들을 바꾸기가 매우 어렵다. 이러한 경직성은 오늘날과 같이 조직의 민첩성과 유연성이 요구되는 환경에서는 더욱더 조직의 적응력과 경쟁력을 약화시키는 요인이 될 수 있다.

마지막으로, 보다 본질적이고 표면에 드러나지 않는 문제는 주인의식을 가지고 도전적 목표를 세우고 혁신적인 방안들을 찾아보려는 구성원들의 의지를 꺾는다는 데 있다. 평가 결과가 자신들의 이해와 직결되는 조건 속에서는 구성원들이 가능한 한 난이도가 낮은 목표를 세우려고 한다. 연말에 목표 대비 달성률을 기준으로 평가등급을 받기 때문이다. 이처럼 구성원들이 각자의 이익을 최우선적으로 챙기기 위해 가능한 한 도전적인 업무 목표를 회피하고 실험적이고 혁신적인 새로운 방안을 도외시하는 것이 조직문화로 뿌리내리게 되면 그 조직의 경쟁력은 하락할 수밖에 없다.

피드백 중심의 성과지원체계

성과관리의 경직성을 해소하고 환경 변화에 대한 유연성을 높이며 구성원들이 창의성을 발휘하고 혁신적으로 업무를 수행하도록 지원하려면, 외재적 동기 강화에 초점을 맞춘 평가·보상 중심의 성과관리 패러다임에서 탈피하여 성과관리의 기본 전제와 목적을 전면적으로 바꿔야 한다. 자율경영 패러다임의 기본 전제는 구성원들이 관리와 통제의 대상이 아니라 업무수행의 과정을 스스로 관리하고 통제할 수 있는 주체라는 점이다. 따라서 성과관리의 기저에서 작동하는 인간관을 맥그리거의 Y론적 인간관으로 전환하고, 성과관리의 목적을 동기 제고에서 상시적 피드백으로 전환해야 한다. 피드백 중심의 성과지원체계는 평가 결과와 보상을 연계시키는 대신 구성원의 자율성을 존중하며 상시적인 피드백을 통해 목표를 효과적으로 달성할 수 있는 혁신적 방안을 찾고, 그 과정을 통해 역량을 키워갈 수 있도록 도움을 주는 데 초점을 맞춘다.

성과관리의 기본 전제와 방향을 바꾸면 인센티브나 처벌과 같은 직접적 방식으로 구성원들의 행동을 통제·관리하기보다는 피드백을 통해 넌지시 옆구리를 건드리는 넛징 방식으로 구성원들의 행동 변화를 촉진할 수 있다. 평가 결과와 당사자들의 급여를 직접적으로 연계시키지 않기[19] 때문에 연간 주기에 얽매이지 않고 수시로 업무수행 과정을 점검하며 실질적인 피드백을 줄 수 있다. 그리고 개인 간 공

〈표 8-1〉 평가·보상 중심 성과관리와 피드백 중심 성과지원체계의 차이점

평가·보상 중심의 성과관리	피드백 중심의 성과지원체계
• 구성원들의 성과·역량 변별에 주안점	• 업무수행 및 성장 지원에 주안점
• 평가 결과를 보상·처벌·승진과 연계	• 업무개선 및 역량 개발 코칭과 연계
• 구성원의 동기 제고 지향	• 진단과 문제 해결 지향
• 운영상의 경직성이 높음	• 운영상의 경직성이 낮음
• 구성원들이 평가 과정과 결과에 민감	• 평가 과정과 결과에 덜 민감
• 과거에 이룬 성과를 중시(과거 회고적)	• 앞으로 이룰 성과를 중시(미래 지향적)
• 인센티브를 통한 바람직한 행동 유도	• 피드백과 사회적 인정을 통한 넛징
• 구성원들 간 팀워크와 협력 저해	• 상호 피드백과 협업 장려

정성 확보의 필요성 때문에 고수해야 했던 획일적 평가기준의 적용이나 평가등급별 일률적 인원 배정 비율 할당 등과 같은 문제로부터도 자유로워질 수 있다. 공정성을 이유로 구성원들 간 업무수행 성과를 비교하여 일렬로 줄 세우고 상대적 등급을 매기지 않아도 되기 때문이다.

또한 목표 달성률을 기계적으로 적용하여 평가등급을 부여할 필요가 없기 때문에 도전적인 목표를 세우고 실험적이고 혁신적인 방식으로 업무를 수행할 수 있는 여지와 분위기를 만들 수 있다. 그 외에도 성과관리에 대한 구성원들의 인식이 통제의 수단에서 문제해결과 역량개발의 지렛대라는 인식으로 바뀌게 되면, 상사나 동료들로부터 오는 업무수행 관련 피드백을 방어적이 아닌 개방적인 자세로 받게 될 것이다. 평가의 목적이 개개인의 급여와 직결되지 않고 육성과 지원에 맞춰지면, 평가하는 입장에 서 있는 상사나 동료들도 피평가자의 효과적 업무수행과 역량개발에 필요한 피드백을 훨씬 더 자유롭고 진솔하게 제공할 수 있게 된다. 근래 주목을 받고 있는 OKR 성과관리는 피드백 중심의 성과지원체계를 대표하는 사례 중 하나이다.

OKR 성과지원체계[20]

OKR은 Objectives and Key Results의 앞글자를 따서 만든 약어로 목표 및 핵심결과 기반의 성과지원제도를 일컫는다. 개인이나 단위 조직마다 매년 우선순위와 중요도가 높은 3~5개의 업무 목표$_{objectives}$를 세우고, 개별 목표의 진행

률과 달성 여부를 중간중간 점검할 수 있도록 각 목표에 딸린 3개 전후의 핵심결과들key results을 이정표로 설정하여 지원하는 방식이다. 여기에서 말하는 핵심결과들은 수행해야 할 과업 리스트가 아니고, 과업수행에 따른 결과물을 가리킨다. 예를 들어 '고객의 서비스 만족도를 조사한다'와 같은 활동 지표가 아닌 '3월 말까지 고객의 서비스 만족도를 조사하여 그 결과를 발표한다'와 같은 결과 지표로 설정한다는 것이다. 이 OKR은 구글을 비롯한 글로벌 기업들에서 채택하여 실행함으로써 많은 기업의 관심을 끌었다. 구글 등에서 실행하고 있는 OKR 성과지원체계는 전통적인 목표관리제MBO와 몇 가지 점에서 본질적 차이를 보인다.

첫째, 대담한 목표를 설정하게 한다는 점이다. 구글에서는 달성 가능성이 60퍼센트~70퍼센트 정도 되는 목표를 세우도록 지도한다. 그렇게 하는 1차적인 이유는 당사자들로 하여금 심리적 안전지대에 머물지 않도록 자극하기 위함이다. 심리적 안전지대에 머물러 있게 되면 창의적이고 혁신적인 방식을 찾을 필요도 느끼지 못하고, 도전을 통한 성취감이나 실패를 통한 학습을 경험할 수도 없다. 안전지대에 머물게 하는 목표는 기존의 익숙한 방식으로 어렵지 않게 달성할 수 있기 때문이다. 반면 대담한 목표를 설정하면 도전의식을 자극하게 되고, 비록 100퍼센트 달성률에 이르지 못하더라도 그 과정에서 많은 학습과 혁신역량이 축적되며, 도전정신과 성장 마인드를 가진 인재들이 활약할 수 있는 조직 토양이 조성된다. 아울러 대담한 목표를 향한 도전은 달 정복처럼 장기적으로 큰 진보를 이루기 위한 벽돌 쌓기와 같다.

둘째, 조직과 구성원들이 세운 목표와 핵심결과들을 모두가 볼 수 있도록 투명하게 공유한다는 점이다. OKR이 효과적으로 운영되기 위해서는 구성원들의 업무 목표가 조직의 전체 목표와 일관성을 유지하고 그들 사이에 자율적·유기적으로 업무를 조율하는 것이 매우 중요하다. 투명한 업무 목표 및 진척률의 공유가 이를 가능케 한다. 이처럼 투명하게 공유된다는 점에서 개별 구성원의 목표와 그에 딸린 이정표들은 해당 구성원의 전유물이 아닌 공적 특성을 가지며, 해당 업무와 관련된 이해관계자들의 점검과 피드백에 대해 열려 있다.

셋째, 판정을 위한 평가에 방점이 찍히지 않고 효과적 목표 달성을 위한 가이드와 피드백에 방점이 찍힌다는 점이다. 구글의 OKR은 구성원들에게 내재된 성장 마인드와 학습 의지를 일깨우고 창의적 혁신을 자극함으로써 장기적인 관점에서 큰 진보를 이루는 효과를 기대한다. 구성원 개개인을 대상으로 판정을 내리고 등급을 부여하는 것을 지양한다. 대신 주도적으로 세운 담대한 목표에 대한 주인의식과 목표 달성에 대한 몰입도를 높이고, 주기적인 업무 리뷰와 피드백을 통해 실패로부터 배우면서 보다 나은 목표 달성 전략들을 찾아나가도록 돕는다. 그렇기 때문에 OKR은 구성원들 사이에 업무를 매개로 한 지속적인 소통과 피드백 주고받기를 장려한다.

한편 혁신 지향 몰입형 인사 시스템을 구성하는 성과지원체계는 변동성이 높은 경영 환경에서 조직의 전략적 목표 달성을 효과적으로 이뤄내야 하기 때문에 유연해야 한다. 판정에 초점을 맞춘 평가·보상 중심의 성과관리 기조가 유지되는 한 그 안에 내재된 경직성 때문에 민첩하고 유연한 성과관리가 이뤄질 수 없다. 그 점에서 피드백 중심의 성과지원체계로의 기조 전환은 유연한 성과관리가 이뤄지기 위한 필요조건이라 할 수 있다. 여기에서 다시 한번 짚고 넘어가야 할 것은 피드백 중심의 성과지원체계가 효과적으로 작동하려면 피드백과 개인 보상을 명확하게 분리시켜야 한다는 점이

다. 생산적이고 건설적인 피드백이 활성화되기 위해서는 피드백을 제공하는 구성원이나 받는 구성원 모두가 상호 주고받는 피드백이 각자의 보상에 직접적으로 영향을 미친다는 의식을 하지 않아야 한다. 보상에 직접적으로 영향을 미치는 상황에서는 진솔한 피드백을 자유롭게 주고받지 못하기 때문이다.

투명한 목표 설정과 실행 로드맵의 공유는 피드백 중심 성과지원체계의 기본 축이다. 구성원 각자가 주도적으로 업무 목표를 설정할 때 자신이 속한 팀 혹은 상위 조직 단위의 전략적 목표와 연관성을 갖도록 설정하되, 자신과 업무상 관련성을 갖는 동료들과 피드백을 주고받으며 상호 업무 목표를 조율한다. 구성원 각자의 기간별(예: 연간, 반기, 분기 등) 업무 목표objectives와 각 목표에 딸린 핵심결과들key results이 구체화되면, 각 개인은 기간별 목표에 대한 실행계획을 수립하고 그에 관한 동료들의 피드백을 받아 확정한다. 일단 정해진 업무 목표와 실행 로드맵은 상황 변화에 따라 변경될 수 있다는 전제하에 공유되고, 연중 수시로 업무 진행과 관련된 피드백이 업무 관련자들 사이에 오가게 된다. 그로부터 기대하는 효과는 구성원들이 조직의 전략적 목표에 대한 주인의식을 갖게 하고 창의적 아이디어와 자율적 협력을 진작하는 것이다.

업무 목표, 실행계획, 진행률 등을 디지털 업무 플랫폼에 올려 투명하게 공유하고 목표를 유연하게 변경할 수 있도록 허용하는 것에 대한 조직구성원들의 수용도는 어떨까? IBM의 애자일 성과관리에 대한 구성원들의 피드백을 분석한 백서에 따르면,[21] IBM 직원들 중 70퍼센트가 목표를 투명하게 공유하는 것이 자신의 목표를 동료들의 목표와 일관성을 갖도록 하는 데 도움이 된다고 응답하였다. 그런가 하면, 목표를 유연하게 변경할 수 있도록 허용하는 것에 대해서도 직원들의 79퍼센트가 비즈니스와 연관성이 높은 목표를 세우는 데 도움이 된다고 응답하였다.

연중 실시간 수시 피드백을 제공하는 것에 대해서도 구성원들이 긍정적 태도를 보인 것으로 나타났다. 개인들은 자신들이 추구하는 목표에 대한 모호성과 불확실성을 줄이고 성공을 위해서 요구되는 행동이 무엇인지, 다른 사람들이 자신의 성과를 어떻게 바라보고 어떻게 생각하는지 알고자 피드백을 받기 원한다.[22] 전통적인 평가·보상 중심의 성과관리 시스템 아래서 1년에 한두 번 형식적으로 주어지는 피드백으로는 그러한 개인들의 욕구가 충족될 수 없다. 그뿐만 아니라 판정 차원의 평가가 이루어지고 그 판정 결과를 정당화하기 위해 주어지는 피드백에 대해 사람들은 개방적 자세보다는 방어적 자세를 취하게 된다.

그에 반해 피드백 중심의 애자일 성과지원체계 아래서 연중 필요할 때마다 실시간으로 제공되는 피드백은 구성원들의 피드백 탐색 욕구를 충족하는 데 도움을 준다. 특별히 구성원들은 감사 피드백—훌륭한 업무수행이나 도움에 대해 감사를 표현하는 피드백—이나 코칭 피드백—성과를 향상하고 역량을 개발하는 데 유용한 정보들을 제공하는 피드백—이 자신들의 업무 성과와 전문가로서의 성장에 도움이 된다고 응답하였다.[23]

상시적 피드백은 애자일 성과지원체계의 기본 조건이다. 애자일 성과지원 시스템에서는 연중 수시로 다양한 업무 관련자들로부터 다원적인 피드백이 오간다. 상시 피드백은 디지털 협업 플랫폼의 활용을 통해 이전보다 훨씬 더 충실하게 실행될 가능성이 커졌다. 이해관계자들의 업무 관련 피드백들도 디지털 협업 플랫폼을 통해 확보할 수 있는 길이 크게 열렸고, 실시간으로 이뤄지는 업무 관련 소통과 그에 대한 데이터는 자연어 처리[24]와 같은 비정형 데이터 분석 기법 등을 통해 객관적이고 종합적인 피드백 제공을 뒷받침할 수 있게 되었다. 그 점에서 상시적 실시간 피드백을 가능케 하는 디지털 협업 플랫폼은 애자일 성과지원체계의 기술적 기반이라 할 수 있다.

홀라크라시 조직에서 성과관리는 어떻게 이뤄지는가?[25]

1970년대부터 홀라크라시 조직을 성공적으로 운영해온 미국 모닝스타 Morning Star의 성과관리는 자율 기반 성과관리가 어떻게 이루어지는지 잘 보여준다. 홀라크라시 조직에서는 수평적 관계를 맺고 있는 구성원들이 동료들과 서로가 서로에게 져야 할 책임에 대해 협의하고 조정하는 과정을 중심축으로 하여 성과관리가 이루어진다.

매년 각 구성원은 자신의 업무에 큰 영향을 미치거나 영향을 받는 구성원들과 협상하며 동료양해각서 CLOU: Colleague Letter of Understanding를 작성한다. 각 구성원은 동료양해각서 작성을 위해 협상하는 동안 보통 10명 이상의 동료와 대화한다. 이렇게 작성된 동료양해각서는 한 해 동안 각자의 임무를 규정한 업무수행 계획서가 된다. 개별 구성원 기준으로 최대 30개의 활동 영역과 각 활동 영역에 대한 성과지표가 명시된다. 모닝스타의 모든 구성원은 동료양해각서 작성을 통해 다자간 약속의 거미줄 속에 자리 잡은 계약자가 된다. 동료양해각서 작성의 기저에 놓인 논리는 독립적인 담당자들 간의 자발적 계약은 매우 효과적인 조정 결과를 만들어내며, 이를 통해 공식적인 업무구조를 창출한다는 것이다. 모닝스타는 자유를 조정의 적으로 보지 않고 상호보완적인 관계로 본다.

책임은 자유와 짝을 이룬다는 인식이 모닝스타의 DNA 속에 내재되어 있다. 연말에 모든 조직구성원은 동료양해각서를 작성한 동료들로부터 종합적인 피드백을 받는다. 아울러 각 팀원은 1년 동안 자신이 자율적 판단에 따라 회사의 자원을 사용한 것에 대해 그 정당성을 설명하되, 부족한 점이 있었다면 어떤 점이 부족했고 앞으로 어떻게 개선할 것인지 계획을 세워 제시해야 한다. 동료 리뷰와 챌린지 프로세스이다. 각 구성원의 급여는 동료들의 참여 속에서 결정되기 때문에 동료들과 약속한 임무를 성실하게 수행하는 것이 매우 중요하다.

사업부문의 성과관리는 매년 2월에 개최되는 전략회의로부터 시작된다. 각 사업부문은 회사 전체 구성원들 앞에서 20분 정도 새해 계획을 발표하고 피드백을 받는데, 동료 구성원들은 사내 가상 화폐를 사용하여 가장 유망한 전략에 투자할 수 있다. 거기에서 충분한 투자를 받지 못한 사업부문은 철저한 심사를 받게 된다. 그리고 이듬해 1월에 모든 사업부는 지난 12개월 동안의 성과에 대해 설명하고 동료 구성원들의 도전적 질의에 대해 답변해야 한다. 각 단위 조직의 발표 내용은 사실상 주주들에 대한 보고서가 되므로, 사업부문은 성과에 따라 순위가 매겨지고, 최하위 사업부문은 필요에 따라 심층 심사를 받게 된다.

08
보상 패러다임의 전환

포지티브-섬 보상체계

보상의 패러다임을 제로-섬에서 포지티브-섬으로 전환해야 한다.[26] 제로-섬은 보상으로 사용할 수 있는 한정된 재원을 전제로 구성원들 사이에 각자가 받을 보상을 두고 동료들과 경쟁하게 하는 체계이다. 이 보상체계에서는 누군가 더 받으면 누군가는 반드시 그만큼 덜 받아야 한다. 그로 인해 구성원들 사이에 형성된 제로-섬 마인드는 창의성과 혁신을 발현하게 하는 조직 토양을 조성하는 데 걸림돌이 된다. 그것은 조직과 구성원 사이에 신뢰를 견고히 하는 면에도, 구성원들 사이에 건강한 경쟁과 협업을 진작하는 면에도, 다양성에 기반한 집단창의성을 활성화하는 면에도, 활용과 탐험 사이에 통합적 균형을 이루게 하는 면에도 부정적 영향을 미친다.

제로-섬 보상체계 아래서는 조직의 성과에 기여도가 큰 동료의 공을 기꺼운 마음으로 인정하기보다는 그 동료로 인해 자신의 보상이 깎일 수 있다는 심리가 작동하기 때문에 '사촌이 논을 사면 배가 아픈' 질시의 분위기가 조직 내에 형성되기 쉽다. 혁신을 주도할 구성원들에게 그에 필요한 도전 기회와 자원을 제공할 경우에도 일상적 업무에 전념하는 구성원들은 상대적 박탈감과 피해의식을 갖기 쉽다. 이러한 상태를 타개하기 위해서는 무엇보다도 보상의 패러다임을 포지티브-섬으로 바꿔야 한다. 창의적 혁신을 통해 조직의 성과 향상에 크게 기여한 구성원들에게 파격적인 인정과 보상을 할 수 있으려면 타 구성원들이 그에 대해 제로-섬 마인드로 인식하지 않도록 제도적 여건을 마련할 필요가 있다.

포지티브-섬 보상체계로 전환하기 위해 선행되어야 할 점이 있다. 그것은 생활급적 측면이나 대외경쟁력 측면에서 지불 능력이 허용하는 한 기본급과 후생복리의 안정성을 보장하는 것이다. 따라서 제로-섬 방식으로 배분해오던 개인 성과급 재원을 기본급으로 편입시켜 기본급의 안정성을 높이고, 직급-직책-보상 간 단단한 결합체계 속에서 직급 승진을 엄격하게 관리하는 방식을 바꿀 필요가 있다. 기본급과 후생복리의 안정성을 높이는 전제 하에서, 인사 시스템의 유연성을 높이는 방안으로 뒤에 다시 언급하겠지만, 직급과 직책을 분리하고 기존의 기본급에서 직책수당에 해당하는 부분은 떼어내어 특정 직책을 맡은 사람에게 제공할 필요가 있다.

또한 활용과 탐험 사이의 통합적 균형을 유지하는 차원에서 조직 내에 공존하는 활용에 집중하는 단위 조직과 탐험에 집중하는 단위 조직 사이에도 포지티브-섬 보상원리가 적용되는 방안을 모색할 필요가 있다. 예컨대 탐험에 중점을 두는 신사업에서 새로운 혁신 기반의 성장이 발생할 때 거기에서 키워진 파이 중에서 해당 신사업에 투자하고 협력한 여타 단위 조직과 구성원들도 그 성장의 열매를 일정 정도 공유할 수 있게 하는 방안을 생각해볼 수 있다.

혁신의 성공 지분 키우기

보상체계는 조직이 중시하는 가치와 행동양식이 무엇인지 그 신호를 구성원들에게 보내는 면에서 가장 강력한 인사제도 중 하나이다. 그런 의미에서 혁신을 활성화하기 위해 보상구조를 획기적으로 바꿔야 한다. 단, 전제는 창의성과 혁신이 조건부 인센티브를 통해 촉진되거나 활성화되지는 않는다는 점이다. 그럼에도 불구하고 승진에 따른 보상이 구성원들의 외재적 동기를 강하게 붙들고 있는 현 상태에서 적어도 과도기에 그러한 보상구조의 견인력을 완화하고 그것을 대체할 만한 보상구조를 고민하지 않으면 안 된다.

우선 성공 가능성이 낮은 혁신활동과 관련된 유·무형의 보상이 직급 승진을 통한 안정적 보상보다 더 커야 한다.[27] 위험을 감수하면서 도전하고 혁신하는 데 따른 성공 지분이 관료제 속에서 안정적으로 승진하는 길을 택한 데 따른 보상보다 작다면 누가 굳이 도전과 혁신활동에 동반되는 위험을 감수하려 하겠는가? 이를 위해 직급 단계를 줄이고 직급과 직책을 분리함으로써 종전 직급 승진이 조직 내에서 갖던 중요도를 낮출 뿐 아니라 승진에 따른 기본급 인상률도 과거의 관행보다 낮출 필요가 있다. 반면 창의적 혁신 노력과 과감한 도전에 대해서는 유·무형의 사후 포상으로 인정해주고, 혁신을 성공했을 때 그로 인해 커진 파이에 대한 참여자들의 성공 지분을 직급 승진에 따른 보상보다 더 크게 제공할 필요가 있다.

의미 있는 도전이 실패했을 때 그것을 학습 기회로 삼고 다시 도전할 수 있는 안전판을 제공하는 것도 중요하다. 사람들은 특정 규모의 이익이 가져다주는 만족보다 동일 규모의 손실이 야기하는 불만족을 훨씬 더 크게 느낀다. 그래서 10만 원을 얻을 수 있는 확률과 10만 원을 잃을 수 있는 확률을 0.5로 동일하게 설정할 경우 사람들은 그러한 게임에 참여하는 것을 기피하는 손실회피 경향을 보인다. 이는 "인간이 쾌락을 얻는 구조 중 가장 중요하고 큰 특징은 플러스적인 자극보다도 마이너스적인 자극에 훨씬 더 민감하다"는 점을 말해준다.[28] 행동경제학자 트버스키Tversky와 카너먼Kahneman(1991)이 수행한 연구 결과에 따르면, 손실이 이익보다 2배 이상 크게 평가되는 것으로 나타났다.[29] 물론 이익이나 손실의 규모가 달라지면 그러한 손실회피계수 또한 달라질 수 있다. 중요한 것은 실패의 확률이 높은 창의적이고 혁신적인 아이디어를 시도해보도록 장려하려면 그 실패의 결과가 당사자들에게 경제적 손실로 인식되지 않도록 일정한 안전판을 확보해줄 필요가 있다는 점이다.

그러한 점에서 연례적으로 시행되는 제로-섬 방식의 평가제도와 개인 성과급제를 폐기하고, 선의의 실패가 승진이나 보상 등에서 불이익이 되지 않도록 관련 제도들을 개편할 필요가 있다. 혁신 지향 몰입형 인사 시스템이 추구하는 바도 바로 구성원들이 심리적 안전감을 느낄 수 있도록 제도적으로 뒷받침함으로써 그들이 일에 몰입하고 창의적이고 혁신적인 시도들을 마음껏 할 수 있게 하는 데 있다.

인정과 감사의 표시로서의 보상

좋은 평가등급을 받으면 혹은 목표달성률이 어느 수준에 도달하면 일정한 보상을 주겠다고 약속하는 조건부 인센티브제가 내재적 동기와 창의성을 저해한다는 점에 대해서는 이미 확인한 바 있다. 특정한 과업수행에 조건부 인센티브가 걸려 있을 경우 그 과업을 수행하는 당사자들은 금전적 인센티브를 받기 위한 선택을 강요받게 되고, 그 결과 자기결정권 인식이 약화된다. 그뿐만 아니라 조건부 인센티브는 과업수행 자체에서 느낄 수 있는 의미감과 보람을 약화시킴으로써 당사자들로 하여금 일 자체보다는 돈에 몰입하게 한다. 과업수행자의 관심과 주의를 과업 자체보다는 그 결과로 얻게 될 보상에 기울이게 하기 때문이다.[30]

그런가 하면 외재적 동기를 강화하기 위한 조건부 인센티브는 구성원들의 관심을 단기적 개인 성과, 평가등급, 금전적 보상, 익숙한 업무처리 루틴 등에 붙들어 매는 효과가 커서 창의적 혁신, 과감한 도전, 실험정신 등을 훼손한다. 창의적 혁신은 금전적 보상보다는 업무 자체에 몰입할 수 있을 때, 즉 내재적 동기가 작동할 때 발현하는 속성을 가지고 있다. 따라서 유연성과 창의성을 촉진하기 위해서는 관료제의 틀 속에서 이루어져왔던 외재적 동기 강화에 초점을 맞춘 평가·보상제도를 우선적으로 걷어내야 한다.

그렇다면 내재적 동기를 손상시키지 않고 조건부 인센티브를 대체할 보상체계는 어떠해야 할까? 고용 관계가 본질적으로는 급여를 핵심매개로 한 경제적 거래 관계라는 점은 분명한 사실이다. 그렇지만 고용 관계는 상품시장에서의 거래처럼 고용주와 개별 구성원 사이에 초단기적으로 이루어지는 경제적 거래 관계와는 다르다. 일단 고용 관계가 형성되면 고용 기간 동안 사회적 관계가 중요한 비중을 차지하며, 조직의 대외적 경쟁력을 높이기 위해서는 내부 구성원들 간 협력이 중요하다.

요컨대 고용 관계는 경제적 관계와 사회적 관계가 중첩된 관계라고 볼 수 있다. 이러한 두 가지 관계적 속성을 상충되는 것으로 이해하고 둘 중 하나를 선택하여 조직의 고용 관계를 규정하기보다는 두 가지 관계적 속성을 통합할 방안을 모색할 필요가 있다. 경제적 관계가 사회적 관계의 전면에 자리 잡지 않도록 하는 것이다. 달리 표현하면 고용 관계가 유지되는 동안에는 가능한 한 경제적 관계가 고용 관계의 가장 저변에, 사회적 관계가 전면에 자리 잡게 하는 것이다. 경제적 거래 관계가 전면에 자리 잡을 때 사람들은 자신의 경제적 이익부터 챙기려는 이기적 행동을 보이기 쉽다. 원래 인간이 이기적이라서 돈을 추구하는 것이 아니라 돈이 인간을 이기적으로 만든다.[31]

금전적 보상체계가 크게 기본급·성과급·후생복리로 구성되어 있다는 점을 감안할 때 보상에 관한 우리의 관점을 바꿔야 할 부분은 바로 성과급이다. 기대이론expectancy theory[32]에 근거하여 가시성이 높은 조건부 개인 인센티브 방식으로 설계된 성과급이 전통적인 평가·보상제도의 핵심 골격이다. 이것이 구성원들의 관심을 금전적 보상에 붙들어 매는 주원인이다. 단기적이고 조건부적인 성과급이 부각되면서 사회적 관계가 뒤로 밀리게 된다. 따라서 우선 조건부 인센티브를 폐기하고 기여도가 뛰어난 개인이나 집단의 공功을 사후적으로 파악하여 포상하는 것이 바람직하다.

물론 사후적 포상이 공정하게 이루어지기 위해서는 그 대상자를 어떻게 선정하느냐가 중요하다. 그 기준은 고정된 기준보다는 특정한 시기에 조직이 역점을 두는 전략적 방향과 기준을 사전에 공표하고, 신뢰할 만한 포상위원회를 구성하여 포상 대상자를 선정하는 것을 고려해볼 수 있다. 조건부 인센티브 제도 아래서는 경직된 평가 기준(예: KPI)을 사용하게 되는데, 그러한 평가기준은 구성원들의 창의적 혁신을 제약할 위험성이 매우 높다. 아울러 사후적 포상 대상자를 선정할 때 모든 구성원을 대상으로 한 도토리 키재기식 평가에 근거하여 선정하기보다는 주변 동료들이 인정할 만한 두드러진 기여를 했거나 의미 있는 도전을 한 구성원들을 선정하는 것이 바람직하다.

성과급 운영 기조를 위와 같이 바꾸면, 기본급 운영 기조도 동시에 바꿔야 한다. 기존의 성과급을 자기 연봉의 일부처럼 생각했던 구성원들 입장에서는 급여 수준이 낮아진 것으로 인식할 수 있기 때문이다. 특별히 그동안 성과급의 비중을 높이면서 기본급의 비중을 낮춰 운영했던 조직의 경우 구성원들이 그렇게 인식할 가능성이 더 크다. 따라서 기본급은 조직 내부의 제로-섬 경쟁을 통해 더 받기도 하고 덜 받기도 하는, 즉 성과급적 요소가 가미된 급여라기보다는 노동시장에서의 급여경쟁력과 구성원들의 생활급 수요를 반영하여 안정적으로 지급하는 급여가 되도록 바꿔줄 필요가 있다.

기본급과 후생복리를 통해 급여에 대한 안정감을 느낄수록 성과급을 둘러싼 공정성 시비나 그에 대한 민감성으로부터 구성원들이 자유로워질 수 있다. 또한 금전적 보상에 대한 민감도가 낮아지고 안정감이 높아질 때 비로소 구성원들의 내재적 동기와 그에 기반한 창의적 혁신역량이 발현될 여지가 커진다. 요컨대 돈으로 창의적 혁신을 촉진할 수 없다. 돈에 대해 민감하지 않도록 급여체계를 바꿔주는 것은 곧 창의적 혁신의 발현을 방해하는 요인을 제거해주는 것이다.

협력 진작 보상

포지티브-섬 보상 패러다임에서 이미 다룬 내용과 겹치기는 하지만, 좀 더 구체적인 수준에서 구성원들 사이에 정보와 아이디어를 적극적으로 공유하고 긴밀하게 협업하는 데 따른 이득이 이기적 방식으로 행동하는 데 따른 이득보다 큰지 여부를 점검해봐야 한다. 신자유주의 이념과 함께 1990년대 우리나라 기업들이 대대적으로 도입했던 급여제도 중 하나가 개인 성과급제이다. 명분은 개인 성과급제가 구성원 개개인의 동기를 높임으로써 조직의 성과를 높일 수 있다는 것이었다. IMF 외환위기 직후부터 본격 확산되기 시작한 개인 성과급제는 당시 사회적 담론이 된 성과주의 기조를 수용하는지 여부를 가늠하는 척도로, 개인 간 급여격차의 크기는 성과주의를 어느 정도 수준에서 채택하는지를 가늠하는 척도로 여겨졌다. 개별 조직의 인사부서 입장에서는 개인 성과급제를 채택하지 않으면 마치 시대적 추세에 뒤처져 있다는 내·외부의 평가가 뒤따를 것을 우려하였기 때문에 그 제도의 효과성에 대한 이론적·합리적 평가와 무관하게 그 유행에 편승하지 않을 수 없었다.[33]

그러나 개인 성과급제는 개인의 외재적 동기를 제고하는 효과에도 불구하고 여러 부작용을 일으킨다. 첫째, 협력정신을 저해함으로써 조직이 핫스팟으로 가는 길을 막고 대신 블루스팟으로 떨어지게 만든다. 린다 그래튼(2008)은 한 조직이 핫스팟으로 발전하는 사이클과 블루스팟으로 전락하는 사이클을 분석·정리하면서 두 사이클의 차이는 조직운영이 협력적 사고방식에 기반하느냐, 아니면 경쟁적 사고방식에 기반하느냐에 달려 있다고 말한다. 또한 핫스팟으로 발전하는 사이클을 만들기 위해서는 협력정신을 장려하는 집단 인센티브가 바람직하다고 말한다. 집단적 보상만으로 협력적 사고방식이 생겨나지는 않지만, 집단적 보상은 개인에게만 보상을 제공할 때 발생하는 장벽을 제거하는 효과를 지닌다는 것이다.[34]

미 연방항공청 심리학자들의 실험 연구 결과도 개인 인센티브가 개인의 이익을 우선적으로 챙기려는 행동을 강화하고 협력을 저해한다는 점을 보여준다.[35] 그들은 여객기 내 승객들의 위기 시 행동에 관한 실험 연구를 수행하였다. 실험 참가자들에게 동일하게 11달러를 지급했을 때는 비상 상황에서 보이는 행동을 보이지 않고, 노약자를 배려하며 서로 협력하는 모습을 보였다. 그러나 실험 조건을 조금 바꿔서 비행기에서 가장 먼저 빠져나온 사람에게 그 두 배인 22달러를 주겠다고 약속하자 실험 참가자들이 비상 상황에 처한 실제 승객들처럼 행동하였고, 노약자를 배려하는 행동은 사라졌다. 오로지 개인 성과에만 초점을 맞춘 보상은 남들보다 빨리 탈출하려고 폭력적인 행동을 서슴지 않은 사람에게 주는 상금과 같다는 점을 확인했다.

따라서 구성원들이 공동운명체라는 의식을 가지고 협업하며 이룬 공동의 성취 결과를 함께 나누는 집단적 보상은 키우고, 상대적 지위 확보를 위한 제로-섬 경쟁과 연동된 개인 성과급은 줄이는 방향으로 보상구조를 바꿔야 한다. 협업을 통해 집단적으로 이룬 성과와 그에 대한 집단 보너스를 강화할 경우 그에 따른 무임승차 문제가 있을 수 있으나, 그 문제는 협업문화를 훼손하는 개인 인센티브를 강화함으로써 결코 해결될 수 없다. 대신 소규모 자율팀 구성을 활성화하는 등의 방법을 통해 해소하는 것이 더 효과적이다. 구성원들이 주도적으로 혁신과제를 발굴하고 자발적으로 혁신과제팀을 구성할 수 있는 기회의 문을 확대해나간다면, 팀워크에 대한 평판이 좋지 않은 사람들이 점차 설 자리를 잃게 되는 분위기가 형성됨으로써 무임승차 문제가 효과적으로 억제될 수 있다.[36]

09
인사 시스템의 유연성 제고

획일성에서 다원화로

오늘날과 같은 환경에서는 단일한 인사 시스템을 조직 전체에 걸쳐 획일적으로 적용하는 것은 결코 바람직하지 않다. 창의성과 혁신을 활성화하겠다는 취지에 따라 창의적인 아이디어를 실험할 수 있는 장場으로 사내 신사업부를 설치·운영하고 있지만, 기존 성숙 사업부에 적용하는 관리 중심의 평가·보상 제도를 신사업부에 그대로 적용한다고 생각해 보자. 1년을 주기로 개인 성과를 평가하고, 평가등급에 따라 제로-섬 방식으로 인센티브를 차등화하여 배분한다. 이같은 관리 중심의 평가·보상 제도는 과감한 도전과 창의적 혁신을 장려하는 제도라기보다는 안정적 승진에 구성원들의 역량과 에너지를 집중하게 만드는 제도이다. 그처럼 관리 중심의 단일 인사 시스템을 전사적으로 적용하는 조건 아래서 신사업부가 활성화되기 어렵다는 것은 너무나 자명하다.

따라서 조직 내 다양한 하위 단위 조직들이 개별 단위 조직에 맞는 인사 시스템을 채택하여 자율적으로 운영할 수 있게 하는 것이 바람직하다. 이는 4장 양손잡이 조직 이론에서 활용과 탐험 사이의 균형을 유지하는 방안 중 하나로 논의한 바 있는, 동일 조직 안에서 서로 상충될 수 있는 복수의 구조와 프로세스와 문화를 담아내려는 접근법과도 맥을 같이한다.

예컨대 조직 내에 인력의 수급 상황이 전혀 다른 직군들이 병존하는 경우가 많다. 4차 산업혁명을 선도하는 인공지능이나 빅데이터에 대한 전문가들은 근래 수요에 비해 공급이 턱없이 부족한 상태이다. 그러한 전문가들은 특정 조직과 동일시하기보다는 자신이 속한 전문가 집단과 동일시하는 경향이 강해서 수요 대비 공급이 많은 직군에 속한 인력들에 비해 조직 간 이동이 잦은 편이다. 이처럼 공급 부족 상태에 있는 전문인력들에 대해서는 내부노동시장 기반 저수지 관리형 인력운영보다는 외부노동시장 기반 강물 관리형 인력운영 방식으로 접근할 필요가 있다.

모든 하위 조직에 단일한 인사 시스템을 경직되게 적용함으로써 개별 단위 조직 특유의 특성과 잠재력을 살리지 못한다면 전체 조직의 유연성을 크게 떨어뜨리고 창의적 혁신을 옥죄는 결과를 야기하게 될 것이다. 따라서 개별 단위 조직들의 다양한 특성 차이를 고려하여 각각의 특성에 맞는 인사 시스템을 적용할 필요가 있다. 이는 공정성의 적용 범위를 전사 차원이 아닌 개별 단위 조직 차원으로 좁혀 적용하는 것을 의미한다.

경직된 제도에서 유연한 제도로

개별 인사제도를 운영상의 유연성 차원에서 점검해볼 필요가 있다. 특정 인사제도의 운영상 제약이 클수록 유연성이 떨어진다고 볼 수 있다. 운영상 제약이란 운영주기 측면에서 나타날 수도 있고, 구성원들 상호 간 이해관계가 얼마나 긴밀하게 연결되어 있느냐 측면에서도 나타날 수 있다. 개별 제도의 유연성이 떨어지면 다른 제도들과 재조합 가능성도 떨어져 인사 시스템 수준에서의 유연성까지 떨어뜨리게 된다.

전통적인 인사제도 중에서 경직성이 높은 제도는 이미 앞에서도 언급한 바 있는 상대평가제도 외에도 전통적인 누적식 성과급제이다. 누적식 성과급은 누적 이점 효과(혹은 마태 효과)를 인정해줌으로써 자원 배분에서의 파레토 현상(20:80 현상)을 강화한다. 파레토 현상의 강화는 특정 계기로 하위 80퍼센트에 속하게 된 구성원들에게는 기회와 자원 배분 면에서 누적 불이익으로 작용하며 그로 인해 잠재역량의 발휘와 재도전의 기회를 제약한다. 그 결과 조직경영상의 역동성을 떨어뜨리는 결과를 가져온다. 또한 성과급 재원이 누적식 성과급에 집중될 경우 구성원들의 바람직한 행동이나 성취나 기여에 대해 수시로 격려하거나 인정해줄 여력이 제한되고, 그에 따른 효과도 감소하게 된다. 따라서 기본급과 복리후생은 안정적으로 제공하되 단회성 성과나 기여에 대해서는 고정급 성격의 누적식 성과급보다는 단회성 인정 보너스를 활용하는 것이 바람직하다.

한편 특정 구성원의 기여에 대한 인정 보너스는 직책상 윗사람이 아랫사람에게 제공하는 톱-다운 방식에 국한하지 않고 구성원들 상호 간 동료의 기여에 대해 감사를 표현하거나 인정해주는 방식으로 확장하는 것도 바람직하다. 모든 구성원에게 인정 보너스로 활용할 수 있는 일정 한도의 재원을 배정하고 연중 각자의 업무수행에 도움을 준 동료들에게 고마움을 표현할 수 있는 프로그램을 운영하는 것이 하나의 예이다. 자율경영은 단위 조직의 구성원들이 공통의 목표에 대해 주인의식을 갖고 상호협력하는 분위기가 형성될 때 활성화될 수 있으며, 구성원들 간 상호기여에 대해 감사를 표현할 수 있게 하는 인정 보너스는 그러한 분위기를 강화하는 데 도움이 될 것이다. 그뿐만 아니라 톱-다운 방식의 평가·보상제도 운영 시 자주 야기되는 불공정성 이슈 등을 완화하는 데도 도움이 될 것이다.

제도 간 단단한 결합을 느슨한 결합으로

특정 제도들 사이에 단단한 결합tight coupling보다는 느슨한 결합 loose coupling[37] 상태를 유지하는 것이 인사 시스템의 유연성을 높이는 길이다. 시스템을 구성하는 제도들 사이에, 혹은 한 제도를 구성하는 부분들 사이에 단단한 결합이 이루어진 상태일 경우 하나를 바꾸려면 그것과 단단하게 결합되어 있는 것들을 모두 바꿔야 한다. 안정적인 환경에서 인사 시스템의 효율성을 높이는 측면에서는 인사 시스템이 지향하는 인사원칙과 일관성을 갖는 제도들로 단단하게 결합되어 있을 때 구성원들에게 발산하는 메시지나 신호가 강하고 기대하는 행동양식에 대한 모호성을 낮추는 데 효과적이다.

그러나 불확실성과 변동성이 높은 경영 환경에서는 한때 주어진 환경에 맞춰 내적 적합성이 높은 제도들로 단단하게 결합되어 있는 인사 시스템은 한순간에 환경과의 적합성을 잃어버릴 수 있다. 단단하게 결합된 제도들을 새로운 환경에 맞춰 재구성하기가 어렵기 때문에 변화에 대한 적응력을 떨어뜨리는 결과를 가져올 수 있다. 따라서 역동성이 높은 환경에서는 인사 시스템을 구성하는 제도들 간 동적인 내적 적합성을 갖춰야 한다. 즉 빠르게 변화하는 환경에 맞춰 유연하게 인사제도들을 재구성하면서 내적 적합성을 확보할 수 있도록 해야 한다. 그렇다면 전통적인 인사 시스템 속에서 단단한 결합 상태로 엮여 있던 제도들 중 우선적으로 분리하거나 느슨한 결합 상태로 전환해야 할 제도들은 무엇일까?

우선 직급과 직책을 분리할 필요가 있다. 통제 지향 사람경영에서는 위계적 계층구조 속에서 근속연수와 경력이 중요했다. 그러나 구성원들로 하여금 기존의 틀을 과감하게 벗어던지고 창의적이고 혁신적인 길을 탐색하며 시도하게 하려면 그들을 위계적이고 관료적인 틀 속에 가둬서는 안 된다. 더구나 환경의 변동성이 높고 기술의 반감기가 빠르게 변하는 조건 속에서는 한 조직 내에서의 근속연수가 그 개인의 생산성 곡선과 비례하지 않으며 근속연수가 길어질수록 오히려 생산성과 급여 간 괴리는 더 커질 수 있다. 따라서 직급에 상관없이 역량이 뛰어난 구성원이면 누구라도 중요한 직책을 맡을 수 있는 길을 열어 직급의 틀 속에 묶여 있던 역량을 발휘할 수 있도록 해줘야 한다. 다양한 중·단기 프로젝트라든지 자율 기반 혁신과제팀을 이끌 기회들을 넓게 열어줌으로써 중요 직책을 맡는 데 필요한 리더십을 습득하도록 도와줄 필요가 있다.

직급과 직책을 분리함에 따라 기본급과 직책수당도 분리할 필요가 있다. 종전에는 직급 승진이 이루어지면 직급과 단단히 결합되어 있는 직책도 함께 올라가는 것을 전제로 직급 승진 시 기본급 인상률이 높은 편이었다. 하지만 직급과 직책을 분리함에 따라 기본급은 외부노동시장에서의 급여경쟁력 유지, 인플레이션에 따른 실질소득 보전, 경력 상승과 함께 높아지는 일반적 기여도 등을 고려하여 설정하되, 직급과 직책이 단단하게 결합되었을 때 반영했던 직책 상승에 따른 급여 인상분은 직책을 맡는 동안 받는 직책수당으로 전환할 필요가 있다. 고정급적 성격의 기본급에서 직책수당을 분리해내면 근속연수에 따른 기본급의 상승 기울기가 완만해져서 직급 승진 제도를 종전보다 훨씬 더 유연하게 운영―자동 승진까지도 적용 가능하다―할 수 있으며, 역량과 기여도가 우수한 저연차 구성원들에게 중요한 직책을 맡김으로써 역량 발휘 기회와 그에 맞는 보상을 제공할 수 있는 길이 더 크게 열린다.

전통적인 평가·보상제도는 업무수행에 최적의 방법이 존재한다는 전제 아래 평가기준을 설정하고 평가 결과를 보상과 강하게 연계

함으로써 한편으로는 구성원들이 평가기준에 맞춰 행동하도록 동기 부여하고, 다른 한편으로는 그들의 행동을 통제했다. 그러나 이미 언급한 바와 같이 창의적이고 혁신적인 아이디어의 창발은 그러한 조건에서 이루어지지 않는다. 그들을 조건부 인센티브 구조 속에 가둬두게 되면 평가 결과에 안정적으로 반영될 수 있는 숫자 맞추기에 얽매일 수밖에 없고 개인적으로 위험부담을 감수해야 하는 새롭고 다양한 시도를 기피하게 된다. 따라서 평가와 보상 간 단단한 결합을 느슨하게 풀어줘야 한다. 일단 평가의 목적을 동기 제고에 두지 않고 상시적·건설적 피드백 제공에 두게 되면 평가와 보상이 자연스럽게 분리될 수 있다.

근속연수에 따른 생산성과 급여 간 관계

근속연수가 늘어남에 따라 생산성은 어떻게 변할까? 한 조직 내 평균적인 구성원들의 생산성 곡선은 일반적으로 근속 초반에는 생산성이 낮게 출발하지만 점차 업무수행 경험이 쌓이면서 높아졌다가 일정 단계에 이르면 점차 낮아지는 패턴을 보인다. 언제쯤 생산성이 최대치에 이를지는 업종에 따라, 사용하는 기술의 특성에 따라 다를 수 있다. 보통 반감기가 긴 아날로그 기술에 대한 의존도가 높을수록 생산성의 변곡점이 오른쪽으로 치우치고, 반감기가 짧은 디지털 기술에 대한 의존도가 높을수록 왼쪽으로 치우치는 경향을 보인다.

여기에 연공적 특성이 강한 급여 곡선 A를 추가해보자. 장기고용 관계를 전제로 할 때 이와 같은 연공형 급여체계하에서는 급여 곡선과 생산성 곡선이 교차하는 근속 시점까지는 구성원이 자신의 생산성, 즉 자신의 기여에 못 미치는 수

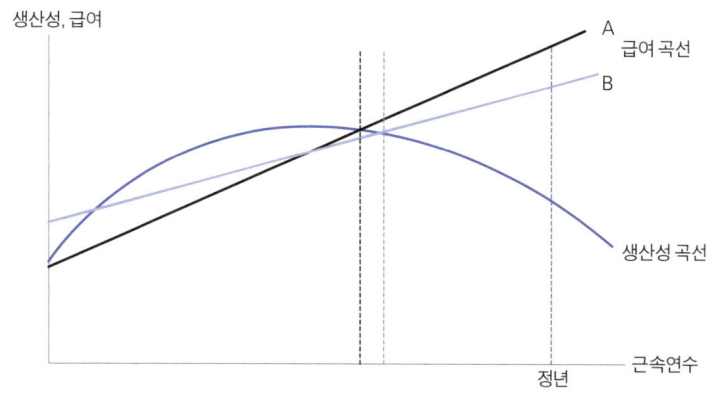

〈그림 8-2〉 연공형 급여체계에서의 생산성과 급여 간 관계

준의 급여를 받지만, 그 시점이 지난 후부터는 자신의 생산성보다 높은 수준의 급여를 받는다. 고용 관계의 양 당사자로서는 교차점 왼쪽 면적의 현재 가치[38]와 오른쪽 면적의 현재 가치가 같으면 서로가 만족하는 장기고용 계약을 맺을 수 있다. 조직의 입장에서는 구성원들을 일정 시점까지 조직에 머물게 함으로써 구성원들의 이직으로 인한 생산성 손실을 예방할 수 있고, 구성원의 입장에서는 소득 수요가 적은 일정 시점까지 교차점 왼쪽 면적에 해당하는 부분을 강제 저축의 형태로 조직에 남겨두었다가 소득 수요가 높은 고연령기에 교차점 오른쪽에 해당하는 부분을 되돌려 받음으로써 정년까지의 고용보장과 함께 안정적 소득을 확보하는 혜택을 누릴 수 있게 된다.

그러나 고용 여건 변화로 인해 이상과 같은 전통적인 생애 생산성과 생애 급여 간 균형에 균열이 나기 시작했다. 환경의 변동성이 높아짐에 따라 평생고용 관행이 사라지고, 기술의 디지털화가 급진전됨에 따라 생산성 곡선의 변곡점이 갈수록 왼쪽으로 치우치고 변곡점 오른쪽 곡선 기울기의 하강 속도는 더 빨라지기 시작했다. 이로 인해 교차점 왼쪽의 면적과 오른쪽의 면적 간 균형이 깨지기 시작한 것이다. 구성원의 입장에서 보면 정년까지 고용을 보장받지 못한 상황에서 교차점 왼쪽 면적에 해당하는 부분, 즉 강제 저축 부분을 먼 미래에 되돌려받게 되리라는 보장이 사라진 셈이다. 그 때문에 가능한 한 본인의 기여에 상응하는 급여를 당장 받으려는 심리가 커졌고, 미래 소득에 대해서는 높은 할인율을 적용하는 경향을 보인다. 조직의 입장에서 보더라도, 기술의 반감기가 짧아질수록 생산성 곡선과 급여 곡선 간 교차점이 왼쪽으로 이동하고 교차점 오른쪽의 면적이 왼쪽의 면적보다 더 빠르게 커지기 때문에 강한 연공형 급여체계를 전제로 장기고용 관계를 유지하는 것은 경영상 부담이 될 수밖에 없다.

새롭게 발생한 이 같은 불균형을 어떻게 해소할 수 있을까? 우선 기본급의 곡선 기울기를 급여 곡선 B와 같이 완만하게 변경함으로써 기본급의 연공적 특성을 완화할 필요가 있다. 이를 통해 교차점 왼쪽의 면적을 줄임과 동시에 오른쪽의 면적을 줄임으로써 특정 시점을 기준으로 생산성과 급여 간 괴리를 완화하는 효과를 기대할 수 있다. 이처럼 연공형 급여 곡선의 기울기 완화를 실현할 수 있는 방법 중 하나는 직급 승진에 따른 가급율을 낮추는 것이다. 이는 직급과 직책이 단단하게 묶여 있을 때는 승진에 따른 급여 인상분 속에 직책 상승에 따른 수당 인상분이 포함되어 있었다고 볼 수 있기 때문에, 직급과 직책을 분리함에 따라 직책 상승에 따른 수당 인상분을 기본급 인상분에서 분리해내는 것으로 이해할 수 있다.

9장
패러다임 전환을 위한 변화관리

> 불확실성이 특징인 세상에서 리더는 완벽한 프로세스보다 민첩하고 신속하게 행동하고, 수렴보다 발산되는 위험을 감수하며, 현재 또는 과거부터 있었던 것을 재설계하는 것 이상을 상상해야 한다.[1]
> – 데이브 울리치, 2021.

변동성이 높은 뷰카VUCA 환경에서 변화를 위한 시도는 결코 완벽을 요구하지 않는다. 의사결정과 관련하여 제한된 합리성bounded rationality이라는 개념을 제시한 노벨 경제학 수상자 허버트 사이먼Herbert A. Simon은 복잡한 환경과 제한된 정보 및 조건 속에서 이루어지는 현실적 의사결정은 완전한 합리성을 전제로 효용 극대화를 목표로 한 최적의optimal 솔루션을 찾기보다는 만족할 수준의satisficing 솔루션을 선택하며 적응해가는 과정이라고 말한다.[2] 그것은 만족할 수준의 솔루션을 선택하여 실행하고, 실패하고, 배우고, 빠르게 적응하는 일련의 과정을 밟아나가는 것을 의미한다. 그런 점에서 환경의 변동성에 민첩하고 유연하게 적응할 수 있는 유기적 조직(즉 애자일 조직)을 만들어가는 과정은 완벽한 설계도와 정밀한 프로세스를 미리 확보하고 움직이는 과정이라기보다는 방향 감각을 가지고 애자일 접근법에 따라 움직이는 과정으로 이해할 필요가 있다.

01

패러다임 전환 시 부닥치는 난관

관료제 패러다임과 그것을 뒷받침했던 통제 지향 인사관리를 자율경영 패러다임과 그에 맞는 혁신 지향 몰입형 인사 시스템으로 전환해야 한다면 과연 어디에서부터 시작해야 할까? 기존의 조직운영 패러다임을 자율에 초점을 맞춘 패러다임으로 바꾸고자 할 때 현장에서 조직을 이끌어야 하는 경영진과 이를 설계하고 실행해야 하는 부서의 관리자들은 만만치 않은 도전 앞에서 막막한 생각에 사로잡히기 쉽다. 새로운 조직구조와 인사 시스템을 설계하고 실행할 때 맞닥뜨리게 되는 딜레마는 통제에 초점을 맞춘 조직구조와 인사 시스템을 철폐하고 새로운 조직구조와 인사 시스템으로 대체했을 때 통제의 손을 놓음에 따라 생길 수 있는 혼란과 그에 대한 불안감이다.

추진해야 할 변화가 동일한 패러다임 내에서 부분적인 개선이라기보다는 패러다임 수준에서의 변화이고, 2차 산업혁명 시대의 조직운영을 지탱했던 모델에서 4차 산업혁명 시대의 조직운영을 뒷받침해야 할 모델로의 세기적 변화임을 고려하면 그 변화를 이끌어가야 할 조직의 리더에게는 결코 간단하지 않은 과제임에는 틀림없다.

그래서 이러한 변화를 추진할 때는 질서 있는 단계적 접근법을 고려해볼 수 있다. 변화를 이끌어야 하는 조직의 리더와 변화관리를 담당하는 부서의 구성원들이 변화 과정에 대한 통제감을 상실할 때에 패러다임 전환의 추진력을 잃을 수 있기 때문이다. 구성원들 또한 새로운 조직운영 패러다임에 대한 점진적 적응과 수용이 필요하다.

다만 단계적 접근법의 취약점 중 하나가 구성원들이 변화를 빨리 체감하지 못할 때 그것이 경영진의 변화 추진에 대한 의지의 약화로 비칠 수 있다는 점이다. 구성원들의 입장에서 '경영진이 변화를 추진하다가 어느 순간 과거로 회귀할 가능성이 있다'고 느낄 때 자신들의 단기적 이해관계의 변화를 감내하면서까지 새로운 태도나 행동양식을 주도적으로 받아들이려 하지 않는다. 그뿐만 아니라 그러한 미온적 변화 추진이 반복되면 향후 변화 추진에 대한 냉소주의가 조직에 자리 잡을 수 있다. 따라서 변화 추진에 대한 의지를 분명하게 공유하고, 제도를 단계적으로 실행하거나 새로운 시스템의 적용 대상을 단계적으로 확대하더라도 변화의 방향에 대한 신호를 명확하게 보낼 수 있도록 유의해야 한다.

또한 사람경영 패러다임의 전환은 투자 관점에서 접근해야 한다. 잘 짜인 관리체계 아래서 효율성 중심으로 돌아가던 조직을 느슨한 자율체계 아래서 실패와 다양한 실험적 시도를 허용하는 혁신 조직으로 전환하면, 혁신의 결과물과 그에 기반한 경쟁력은 상당한 시차를 두고 나오는 반면 효율성의 저하는 당장 나타날 수 있다. 그 때문에 과도기에는 경영지표 면에서 좋지 않은 성과와 맞닥뜨릴 가능성이 매우 크다. 효율성 게임에서의 성장 곡선에서 혁신 게임에서의 성장 곡선으로 갈아타는 과정에서 예견되는 과도기의 단기적 성과지표의 하락을 미래를 위한 투자로 인식하지 않으면 변화를 시도하다가 과거 체제로 회귀할 가능성이 매우 커진다.

중장기적 시간 프레임을 가지고 접근하는 것도 매우 중요하다. 조직운영 패러다임 전환의 최종 성공 여부는 구성원들의 역량과 태도와 행동양식이 새로운 패러다임이 지향하는 방향에 맞게 변화하는지에 따라 판가름 난다. 그런데 사람의 역량과 태도와 행동양식의 변화는 조직구조와 인사 시스템 등 구조적·제도적 틀을 바꾼다고 해서 곧바로 일어나지 않는다. 상당한 시간과 자원을 투입하여 그것들을 효과적으로 실행했을 때 시차를 두고 점진적으로 나타난다. 그뿐만 아니라 기존 관료제 조직운영 체계에서 평가, 보상, 승진, 보임 등 인사행정은 대체로 1년을 주기로 이루어져왔기 때문에 새로운 인사 시스템을 설계했다 해도 그것을 시행하려면 인사행정의 주기가 돌아올 때까지 기다려야 한다. 따라서 사람경영 패러다임의 전환은 그에 따른 초기 효과를 보기까지 적어도 5년 정도의 시간 프레임을 갖고 추진해야 한다.

'총론 찬성, 각론 반대'는 변화 추진 과정에서 부딪히는 보편적 현상이다. 조직운영 패러다임의 변화와 같은 심층적 수준에서의 변화를 추진할 때에는 원론적인 면에서 구성원들의 공감대 확보가 어렵지 않다. 구성원들이 주변에서 자주 일어나는 파괴적 혁신 사례들을 접하면서 경영 환경의 급격한 변화에 대응하지 않으면 도태될 위험에 처할 수 있다는 위기감을 공유하고 있기 때문이다.

그러나 새로운 조직운영 패러다임에 맞는 조직구조와 인사 시스템을 설계하고 실행하는 단계에 접어들면 구성원들의 불만과 저항의 목소리가 전면에 나타나게 된다. 새로운 구조와 시스템이 전반적으로 구성원들의 이익에 긍정적 영향을 미칠 수 있는 방향으로, 또한 관리·통제 기조에서 자율성을 높이는 방향으로 추진됨에도 불구하고 그럴 수 있다. 변화로부터 기대할 수 있는 이익은 새로운 구조와 시스템이 안정적 궤도에 오르기까지 상당한 시간이 흐른 이후에 맛볼 수 있지만, 변화에 따른 불편함과 이해관계구조의 변화에서 오는 손실 등은 당장 감내해야 하기 때문이다. 수직적 조직구조에서 승진 사다리를 타고 자신의 보상을 안정적으로 높여가던 구성원들의 입장에서 보면, 조직구조를 수평화함에 따라 승진의 기회와 그에 따른 급여 인상률이 줄어들고 창의적 혁신활동에 대한 인정과 성공에 따른 지분이 크게 높아지는 변화가 매우 불편하게 느껴질 수 있다.

02
자율경영을 제약하는 관행과 제도 철폐

　변화의 방향에 대한 신호를 명확하게 내보내고 자율경영으로 전환을 추진하려면 제도적 제약요인부터 철폐할 필요가 있다. 혁신조직으로 나아가기 위해서 취해야 할 "첫 번째 정책"—그리고 이것은 나머지 정책들에 대한 기초인데—은 「어제the yesterday」를 버리는 것이다. 첫 번째로 해야 할 일은 더 이상 성과에 기여하지 않고, 그리고 더 이상 결과를 산출하지 않는 것을 계속 유지하기 위해 투입되는 자원을 해방시키는 일이다. 어제를 먼저 포기하지 않고 내일을 창조한다는 것은 불가능하다. (…) 그러므로 첫 번째 변화 정책은, 조직 전체에 걸쳐 「조직적 폐기organized abandonment」를 추진하는 것이어야만 한다."[3] 픽사의 공동창업자 에드 캣멀(2014)도 "의도한 사람은 없어도 내가 의도한 기업이 은연중에 직원들의 재능을 억누르고 있다는 사실을 인정했다. 그리고 직원들의 재능 발휘를 억누르는 원인들을 파악하고 제거하려고 노력했다."[4]라고 말한다. 사람의 행동에 환경적 요인이 중요한 영향을 미치기 때문이다. 심리학자 존 달리John Darley와 대니얼 뱃슨Daniel Batson(1973)은 곤경에 처한 사람을 돕는 선한 사마리아인의 행동이 개인의 특성 때문인지, 아니면 상황의 힘 때문인지 규명하기 위한 실험 연구를 수행했다.[5] 그들은 프린스턴 신학교에서 공부하는 신학생들을 실험 참가자로 모집한 후 개별 참가자에게 연구자가 부탁하는 바에 따라 즉흥 설교를 준비해서 근처 건물로 걸어가 설교해달라고 부탁했다. 그리고 설교를 하러 가는 길에 개별 실험 참가자는 골목에 쓰러져 고개를 숙이고 눈을 감은 채 기침과 신음을 하고 있는 남성과 맞닥뜨리도록 실험 상황을 설정했다. 그들은 세 가지 변수를 기준으로 실험 참가자들을 그룹으로 구분하고 어떤 기준으로 구분했을 때 곤경에 처한 사람을 돕는 행동 면에서 그룹 간 유의미한 차이가 나는지 검증했다.

첫 번째 기준은 신학 공부를 하게 된 이유로서 종교를 개인적·정신적 성취를 위한 수단으로 생각한 그룹과 일상생활에서 의미를 찾기 위한 현실적 도구를 찾으려는 그룹으로 구분했다. 두 번째 기준은 부탁받은 즉흥 설교의 주제에 있어서의 차이였다. 한 그룹에는 직업적 성직자와 종교적 소명의식과의 관계에 관한 설교를 부탁했다. 또 다른 한 그룹에는 선한 사마리아인의 우화에 관한 설교를 부탁했다. 세 번째 기준은 실험 참가자에게 준 지시문의 차이였다. 한 그룹의 참가자에게는 설교하기로 되어 있는 옆 건물로 보내면서 실험자가 시계를 보며 "오, 늦었어요. 사람들이 몇 분 전부터 기다리고 있거든요. 빨리 움직여야겠어요."라고 말하고, 다른 그룹의 참가자에게는 "사람들이 설교를 들을 준비를 하는 데 몇 분 걸릴 것 같지만 지금 출발하는 편이 낫겠어요."라고 말했다. 실험 결과 첫 번째 기준과 두 번째 기준은 곤경에 처한 사람을 돕는 행위에서 유의미한 차이를 보이지 않았고, 세 번째 요인만이 돕는 행위에 있어서 유의미한 차이를 보였다. 서둘러 가던 참가자 중에는 10퍼센트만 가던 길을 멈추고 쓰러져 있는 남자를 돕는 행동을 보인 반면, 몇 분 여유가 있다는 걸 알고 있던 참가자 중에는 63퍼센트가 걸음을 멈추고 그 남자를 돕는 행동을 보였다.

창의성과 혁신을 제약하는 요인을 걷어내는 차원에서 우선 제로-섬 경쟁 패러다임을 강화해온 인사제도들을 철폐할 필요가 있다. 가장 대표적인 것이 이미 수차례에 걸쳐 언급한 바 있는 개인 성과급제도와 승진제도이다. 이러한 제도가 근간을 이루는 인사 시스템 아래서는 구성원들의 창의적 활동을 위한 운신의 폭이 좁을 수밖에 없기 때문이다. 주도적으로 혁신과제를 발굴하고 그 과제수행에 도전해보려 해도 그로 인해 예상되는 불이익이 발목을 잡는다. 제로-섬 경쟁에서는 한 개인의 평가 결과가 다른 구성원들의 평가 결과와 긴밀하게 연결되어 있기에 구성원들이 공정성에 민감할 수밖에 없고, 한시적으로 혁신과제를 수행하다가 복귀하게 될 사람들에게 별도의 평가기준을 적용하거나 그들에게 인사상 특별한 배려를 하기도 어렵다.

당장 평가·보상제도의 전면적 개편이 어려울 수 있다. 그럴 땐 최소한 구성원들이 혁신과제 수행 기간 동안 소속되어 혁신활동에 전념할 수 있는 별도의 조직을 두고, 그 조직에 인사 시스템 운영의 독립성을 보장해줄 필요가 있다. 그러한 조직에는 효율성 중심으로 돌아가는 조직과는 다른 업무수행 프로세스와 의사결정의 기준, 그리고 새로운 인사 시스템이 필요하다. 이미 앞의 8장에서 제시한 바와 같이 과감한 도전과 선의의 실패를 장려하고, 혁신 성과에 따른 보상 지분을 안정적 승진을 통해 얻게 되는 보상보다 크게 하며, 관리 범위를 넓혀 조직을 수평화하는 등 구성원들의 주도성과 혁신 의지를 뒷받침할 수 있도록 해당 조직에 조직운영의 자율성을 부여할 필요가 있다.

03 기본 골격 위에 자율경영의 점진적 확대

한 조직의 규모가 작을 때는 관리의 필요성이 크지 않기 때문에 CEO의 의지에 따라 자율경영 기조로 운영될 수 있지만, 점차 규모가 커지면 CEO의 관리 범위를 넘어서는 영역에서 문제들이 발생한다. 그뿐만 아니라 규모가 커지면 규모의 경제의 이점을 살려야 하기 때문에 점차 관리 시스템이 체계화되고 조직운영이 관료제화되는 경향이 강해진다. 이처럼 조직의 규모가 커지면 규모의 경제를 살리려는 힘과 민첩성 및 혁신성을 유지하려는 힘 사이의 줄다리기가 이루어지는 것이 일반적이다. 따라서 자율경영 기조 아래 애자일 조직으로 전환하고자 하면 그 둘 사이의 긴장을 발전적으로 승화시킬 수 있는 길을 찾아야 한다.

이미 2장에서 소개한 바와 같이 토마스 말론(2005)은 정보기술의 발전이 커뮤니케이션 비용과 자율적인 단위 조직들 간 조정비용을 크게 낮출 수 있기 때문에 작고 유연한 자율팀 중심의 조직운영과 큰 조직이 갖는 규모의 경제를 동시에 실현할 수 있다고 통찰한 바 있다.

그러나 규모가 큰 기존 조직이 관료제 패러다임에서 자율경영 패러다임으로 전환하고자 할 때 두 힘 사이의 긴장을 어떻게 발전적으로 해소할 수 있을까? 그 기본 원리는 스마트폰의 앱 생태계가 안드로이드 운영 시스템이나 애플 운영 시스템을 기축으로 하여 다양한 응용 프로그램들로 형성되듯이, 조직운영상의 안정성을 유지하는 데 필요한 조직의 기본 골격backbone은 유지하되, 그것을 발판으로 일선 현장에서 창의적 혁신을 주도하는 데 필요한 자율경영의 구성요소들(예: 혁신과제팀 운영)을 점진적으로 확대하면서 자율경영의 비중을 높여가는 것이다.[6]

그와 더불어 창의적 혁신을 능동적으로 시도하려는 구성원들에게 도전의 기회와 장場을 폭넓게 열어주어야 한다. 그 형식과 명칭이 무엇이든 다양한 차원의 혁신 아이디어들을 자유롭게 제안하고 관심 있는 혁신과제를 능동적으로 수행할 수 있도록 다양한 채널과 플랫폼을 구축하고 참여의 문턱을 대폭 낮춤으로써 구성원들의 혁신활동을 장려할 필요가 있다. 사내 벤처나 신사업부 운영, 혁신T/F 운영, 혁신 아이디어 경연대회 등 다양한 형태의 프로그램들이 이에 해당한다. 이를 위해 구성원들로 하여금 현재 업무에 매몰되지 않고 한 걸음 떨어져서 자신들의 업무수행에 대해 발상의 전환을 시도해보거나 혁신과제들을 발굴하여 추진계획을 수립해볼 수 있는 여유시간을 갖도록 하는 것도 바람직하다. 3M이 오래전부터 시행해왔던 15퍼센트 룰이나 그것을 확대 적용한 구글의 20퍼센트 룰 등이 이에 해당한다.

단계적 접근 차원에서 취할 수 있는 방안 중 또 하나가 실험실 접근법lab approach이다. 이 접근법은 우선 자율경영 조직운영의 장점을 가장 잘 살릴 수 있는 하위 단위 조직들을 선정—새로운 인사 시스템에 대한 능동적 수용 의지를 높이기 위해 하위 단위 조직들 중에서 자원을 받아 선정—하고, 해당 단위 조직이 새로운 시스템의 기대 효과를 극대화할 수 있도록 적극적으로 지원한다. 그리고 새로운 시스템의 적용 과정에서 나타날 수 있는 제도적 문제점을 바로잡아 나간다. 그 과정을 통해 새로운 시스템을 적용받았을 때 구성원들이 누릴 수 있는 다양한 측면에서의 이익이나 혜택을 여타 구성원들이 간접적으로 경험하게 함으로써 해당 시스템을 확대 적용할 수 있는 기반을 넓힐 수 있다.

실험실 접근법을 채택할 경우 새로운 인사 시스템을 설계하고 실행할 때 애자일 방식을 적용하기도 좋다. 21세기 경영 환경에 맞는 인사 시스템은 그 시스템을 구성하는 개별 인사제도가 그 자체로서 운영상의 유연성을 갖는 제도여야 하고, 그 시스템을 구성하는 인사제도들이 상호 내적 적합성을 갖되 제도들이 단단하게 결합되기보다는 느슨하게 결합되는 것이 바람직하다는 점에 대해서는 8장에서 설명한 바 있다. 그러한 속성은 새로운 인사 시스템을 실행하는 과정에서 애자일 방식을 적용 가능하게 한다.

구글의 20퍼센트 룰[7]

구글의 엔지니어는 본인의 업무와 별개로 자신의 관심 분야나 프로젝트에 업무 시간의 20퍼센트까지 사용할 수 있다. 구글의 성공 비결 중 하나로 알려진 '20퍼센트 룰'이다. 구글은 창의성을 장려한다는 취지 아래 창립 초기부터 이를 적극 장려하고 물심양면으로 지원해왔다. 이를 통해 구글뉴스Google News, 지메일Gmail, 구글맵Google Maps, 구글토크Google Talk, 구글어스Google Earth 등이 탄생했다.

이상의 20퍼센트 룰은 구성원들 주도의 상향식 혁신을 통해 새로운 서비스를 창출하는 구글의 문화를 잘 보여준다. 구글은 엔지니어 누구라도 20퍼센트 룰을 활용하여 자신들이 관심을 가지고 있는 프로젝트를 주도할 수 있도록 플랫폼을 만들고 소규모로 시작할 수 있도록 뒷받침한다. 업무 시간의 20퍼센트를 투입하여 시작한 프로젝트가 더 큰 프로젝트로 발전할 가능성을 인정받으면 회사의 정식 프로젝트로 승격받을 수 있다. 이 경우 개발자는 해당 프로젝트에 전념할 수 있게 된다.

20퍼센트 룰에 의해 시작되는 프로젝트는 사내 엔지니어들을 이어주는 소통 채널의 역할도 한다. 프로젝트를 진행하기 위해서는 다른 엔지니어들과 개방적이고 긴밀한 네트워크를 형성해야 하기 때문이다. 이처럼 자발적인 참여로 시작되는 프로젝트는 구성원들을 보다 창의적이고 열정적으로 만든다. 지속적인 혁신이 생명이라 할 수 있는 구글과 같은 기술 기업이 영속할 수 있는 밑거름이라 할 수 있다.

04
리더들의 역할 전환

> 사람들에게 뭘 해야 하는지 말하지 말라. 맥락을 알려주고 스스로 최선의 선택을 내릴 수 있도록 옆에서 도와주기만 하면 된다.[8]
> – 에릭 슈미트, 2020.

한 조직의 경영 패러다임을 전환하는 데 실질적으로 가장 중요한 역할을 수행하는 위치에 리더들이 있다. 이미 앞에서 언급한 바와 같이 구성원들의 역할수행 방식의 변화를 제약하는 구조적·제도적 걸림돌을 제거하고 그 변화를 촉진하는 새로운 조직구조와 인사시스템을 전면적으로 실행하는 것도 쉽지 않다. 하지만 설혹 그렇게 한다 하더라도 관리자들의 리더십에 변화가 없다면 구성원들의 태도와 행동양식의 변화를 이끌어내기는 결코 쉽지 않다. 그에 대해 고샬과 바틀렛(2000)은 "문제는 구조적이며 엔지니어링식 모델이 그들의 마음을 너무나 휘어잡고 있어서 변화를 추구하는 방식이 자산의 재규정, 프로세스의 리엔지니어링에 머물고 있다는 점이다. 하지만 실제로는 개인의 동기와 상호 간의 관계를 어떻게 변화시킬 것인가에 초점을 맞추어야 한다. 형질 전환적 변화를 통해 기업을 성공적으로 이끌고 있는 사람들은 한 가지 중요한 진실을 알고 있다. 즉 사람이 바뀌기 전에는 어떤 변화도 일어나지 않는다는 사실이다."라고 일갈한다.[9] 사람이 바뀌지 않으면 "제1세대 관리자에 의해 움직이는 제2세대 조직을 통해서 제3세대 전략을 실천하려"[10]는 현상이 벌어진다.

따라서 최고위직부터 중간관리직에 이르기까지 리더들이 관료제 조직 모델에서 수행하던 전통적 역할에서 탈피하여 자율경영 조직 모델에서 요청되는 새로운 역할로 전환해야 한다. 자율 기반 조직에서 리더들에게 요구되는 가장 중요한 리더십은 사람을 키우는 리더십이다. 그것은 구성원들이 주도적으로 도전적 목표를 세우고 일 자체에 몰입하며 창의성을 발휘할 수 있도록 신뢰 환경을 조성하고, 목표를 달성해가는 과정에서 구성원들이 크고 작은 성공을 경험할 수 있도록 지원한다. 구성원들의 혁신 의지와 성장 의지를 제약하는 장애요인들을 제거하면서 실패로부터 학습하고 역량을 키워갈 수 있도록 격려한다. 구성원들이 일에 몰입하고 일의 주인이 되게 하려면, 리더들은 구성원 개개인의 목표가 상위 조직의 전략적 목표와 잘 정렬되도록 돕되, 도전적 목표 수립부터 실행까지 구성원 스스로 이끌어갈 수 있도록 그들에게 주도권을 부여해야 한다.

전통적 관리 중심의 조직에서는 리더들이 상황을 판단하고, 주요 사안에 대해 의사결정을 주도하며, 주어진 목표를 달성하기 위해 구성원들 앞에서 이끄는 역할을 수행했다. 하지만 자율 기반 조직에서는 구성원들로 하여금 설익은 아이디어라도 자유롭게 제안하도록 장려하고 가능한 한 다양하고 많은 아이디어를 혁신의 결과로 전환할 수 있도록 촉진자의 역할과 지원자의 역할을 수행한다.[11] 창의성과 혁신을 진작하는 것은 리더가 미리 가본 길로 구성원들을 이끄는 것이 아니라 가보지 않은 길을 구성원들이 가보도록 격려하며 동행하는 여정이다. 리더가 답을 가지고 있을 필요는 없다. 리더가 본인이 경험한 길이 답이라고 생각하거나 리더가 답을 가지고 있어야 한다는 강박관념을 가져서도 안 된다.

대신 질문으로 구성원들을 리드해야 한다. 조직 내에서 금과옥조로 여겨왔던 것들에 대해 되짚어보도록 자극하는 '왜?'라는 질문으로, 팀과 구성원의 목표가 조직의 목표와 어떻게 연계성을 갖는지 생각해보도록 자극하는 질문으로, 목표를 이루는 실행 전략과 관련하여 발상의 전환을 자극할 수 있는 질문으로, 앞선 경험과 실패로부터 학습하도록 자극하는 질문으로 구성원들을 이끌어야 한다. 리더가 코칭 과정에서 구성원들에게 본인의 경험을 이야기해줄 수는 있다. 하지만 그것이 구성원들이 따라야 할 지침이 아닌 하나의 참고 사항에 불과하다는 사실을 명백히 밝혀야 한다. 권력 격차$_{\text{power distance}}$가 큰 우리나라 사회문화에서는 구성원들이 상사의 의견을 상사가 의도한 것보다 훨씬 더 크게 받아들일 가능성이 높다. 변동성과 불확실성이 커질수록, 그리고 오늘날과 같은 불연속적 대변혁기에는 더더욱, 리더가 구성원들에게 건네는 경험 기반 조언의 유효성은 반감될 수밖에 없다.

05
국부적 변화부터 시작

패러다임 수준에서의 전환은 근본적인 수준에서 총체적 변화를 추진하는 것이기 때문에 변화관리 차원에서 엄두가 나지 않을 수 있다. 그러나 거대한 변화도 작은 국부적인 변화로부터 시작하여 상태 전환의 임계점에 도달하면 급속하게 진전될 수 있다. 그런 점에서 2005년 노벨 경제학상을 수상한 토머스 셸링Thomas Schelling이 수행한 인종 분리에 관한 실험 연구[12]는 시사하는 바가 크다.

1970년대 초반 미국의 대도시 주거지역에는 인종 분리 현상이 뚜렷하게 존재했다. 흑인들은 주로 슬럼화된 도심 지역에 거주했고 백인들은 부유한 교외 지역에 거주했다. 그 원인에 대해 많은 사람은 그것이 인종주의 때문이라고 생각했다. 그런데 셸링은 이와 같은 인종 분리가 인종주의와는 무관할 수도 있다는 가정하에 바둑판과 바둑돌—여기서 바둑판의 사각형 칸은 집을, 흰 바둑돌은 백인을, 검은 바둑돌은 흑인을 나타낸다—을 가지고 이 현상을 분석했다. 같은 수의 흰 돌과 검은 돌을 무작위로 골고루 섞어 바둑판 위에 배치한 후 거주지를 옮기는 규칙을 바꿔가며 바둑돌의 분포가 어떻게 달라지는지 보았다.

첫 실험에서는 이웃에 자기와 다른 인종이 하나라도 있으면 옮긴다는 '인종주의'에 준하는 규칙을 적용하였다. 결과는 예상했던 바와 같이 인종 분리가 빠르게 일어났다. 이어 실행한 실험에서는 거주지를 옮기는 조건을 대폭 완화하여 이웃에 다른 인종이 거주해도 상관없지만, 자신이 상당히 낮은 비율(예: 35퍼센트)에 속하는 소수자가 되는 경우에 옮기는 규칙을 적용했다. 그런데 이번에도 〈그림 9-1〉에 나타난 바와 같이 바둑돌들이 확연하게 백과 흑으로 나뉘는 결과가 나타났다. 전혀 인종주의라고 할 수 없는, 자신이 극단적 소수자가 되기를 꺼리는 조건에서도 인종 분리 현상이 나타난 것이다.[13]

이러한 셸링의 연구가 주는 중요한 시사점 중 하나는 "겉보기에는 복잡한 사회 현상이 실은 아주 단순한 이유에서 시작될 수"[14] 있다는 점이다. 이 점은 복잡계의 특성과도 맞닿아 있다. 복잡계에서는 개체들 간 단순한 국부적local 규칙에 따른 제한된 상호작용이 일정한 메커니즘(예: 양의 되먹임)을 통과하면서 비선형적인 방식으로 전체의 패턴 구조에 큰 영향을 미칠 수 있다. 다시 말해 구성요소들 간 혹은 개체들 간 상호작용에서 작동하는 아주 단순한 규칙들이 계속 되풀이됨으로써 의도와는 무관하게 복잡한 전체 패턴이 출현할 수

<그림 9-1> 초기 무작위 분포 상태(a)와 수차례 이동 후 백과 흑이 분리된 상태(b)

(a)   (b)

출처: Erez Hatna and Itzhak Benenson, 2012.[15]

있다는 것이다. 이는 고도로 복잡한 현상이나 동역학이 개별 개체들 사이의 상호작용을 지배하는 아주 단순한 규칙에서 기원할 수 있음을 시사한다.

    기존 통제 지향 인사 시스템을 혁신 지향 몰입형 인사 시스템으로 전환할 때도 각 조직이 처한 상황에서 지렛대 효과가 있는 변화 지점을 찾아내고 상태 전환의 임계점에 이를 때까지 변화 노력을 기울인다면, 생각보다 빠르게 혁신의 시대에 새로운 경쟁 생태계에서 경쟁우위를 확보할 수 있는 위치에 오르게 될 것이다.

에필로그

기존 사고의 경계를 넘어

도가도 비상도 道可道 非常道 명가명 비상명 名可名 非常名
도가 말해질 수 있으면 진정한 도가 아니고, 이름이 개념화될 수 있으면 진정한 이름이 아니다.[1]

- 노자

달이 차면 기울듯이 관료제와 통제 지향 사람경영의 뒷받침을 받으며 만개했던 산업화 시대가 1990년대를 전후로 점차 저물기 시작했다. 개인용 컴퓨터의 보급이 본격화되고 인터넷 통신망이 확장되면서 디지털 기술을 기반으로 한 지식정보화 시대가 열리기 시작했다. 그에 이은 모바일 스마트폰, 초연결 디지털 플랫폼, 빅데이터와 인공지능, 블록체인, 자율주행, 3D 프린팅 기술 등 디지털 첨단 기술의 폭발적 발전이 4차 산업혁명이라는 전대미문의 대격변을 일으키며 예측불허의 새 시대를 열어가고 있다. 오프라인과 온라인이 융합된 메타버스 세계가 미지의 문명 창조의 새로운 공간으로 열리고, 기존의 경제사회 질서로는 담아낼 수 없는 돌연변이 현상들이 파괴적 혁신의 모습으로 곳곳에서 돌출하고 있다. 경쟁의 인프라가 전면적으로 바뀌면서 기존의 경쟁 질서가 해체되고 혼돈 속에서 미지의 경쟁 질서가 태동하고 있다.

중원의 지배력에 공백이 생긴 춘추전국시대가 새로운 질서와 도道를 탐색하는 제자백가諸子百家의 시대였듯 4차 산업혁명의 대격변기는 인재의 시대이다. 혼동 속에서 새로운 질서와 길을 만들어가는 주체는 창의적 혁신을 주도할 수 있는 인재들이기 때문이다. 구성원들이 혁신의 주체가 되게 하려면 그들을 정해진 틀과 규격 안에 가둬선 안 된다. 그들이 중앙집중식 계획과 위계적 통제 아래서 주어진 제한적 역할을 수행하는 수동적 조직인으로 머물게 해선 안 된다. 구성원들이 자유인으로서 자신들의 개성과 사고방식을 거리낌 없이 표출하고, 독창적이고 다양한 아이디어들을 집단적 창의성으로 전환할 수 있도록 그들의 주도성과 독립성을 보장해줘야 한다.

그들이 익숙함과 낯섦 사이의 경계, 명료함과 모호함 사이의 경계, 존재하는 유有와 존재하지 않는 무無 사이의 경계에 서서 지각변동의 긴장을 느끼며 새로움에 도전할 수 있는 실험과 실패의 공간을 열어줘야 한다. 급변하는 시장과 기술의 접경에서 정의되어 있지 않은 문제와 새로운 기회를 포착하고 주도적으로 창의적 해법을 찾아나갈 수 있는 탈중심화된 자율과 기회의 공간을 넓게 열어줘야 한다. 관료제와 통제 지향 사람경영을 자율경영과 혁신 지향 사람경영으로 전환해야 할 이유가 바로 그 때문이다.

천동설 패러다임으로는 지구가 태양 주위를 어떤 규칙성을 갖고 도는지, 지구와 다른 행성들과의 위치 궤적이 어떤 규칙성을 갖는지 포착할 수도, 이해할 수도 없다. 그와 마찬가지로 관료제와 통제 패러다임으로는 조직 내에서 창의적 혁신이 창발하게 하는 길을 찾기도, 이해하기도 어렵다. 오히려 그 길을 볼 수 있는 눈을 가린다. 기존의 패러다임과 그에 기반해 학습한 것들을 해소unlearning하는 과정이 필요한 이유이다. 새로운 학습은 전혀 연결되지 않던 뇌의 시냅스들 사이에 새로운 길이 만들어지고 루틴이 생기는 것을 의미한다. 그것이 가능하게 하려면 과거에 익숙했던 사고의 패턴, 강화된 시냅스들의 연결구조에 대한 의존성에서 벗어나야 한다.

설혹 새로운 길을 찾고 이해했다 해도 효율성 게임에서 성공해 온 기업이나 조직이 창의적 혁신의 길로 뛰어들기는 여전히 어렵다. 그 과정에서 기존에 누려왔던 효율성이 저하되는 것을 감수해야 하기 때문이다. 이것이 신생 기업과 달리 기존 기업이 파괴적 혁신을 추구할 때 직면하게 되는 딜레마, 즉 제 살 깎기 현상이다. 자기 부정의 어려움에 대해 토로한 어느 기업 경영자의 이야기를 들어보자.

기업이 영원히 생존하고자 한다면 기업은 과거에 하고 있던 일을 어느 시점에선가 부인할 수 있는 용기가 있어야 한다. 생물학에서 말하는 '탈피'가 바로 그 개념이다. 낡은 껍질을 벗어버리고 새로운 형태로 다시 태어나는 것이다. 인간이라는 존재가 자신이 이제까지 쌓아 올린 것을 부정하고 파괴한다는 것은 정말 어려운 일이다. 그러나 그렇게 할 수 없다면 기업은 영원히 생존할 수 없다. 나 스스로도 과거 내가 했던 일을 부정하기 어렵다. 그래서 과거를 부정해야 할 시간이 오면 나로서는 물러설 수밖에 없을 것이다.[2]

이 책이 제시하고 있는 혁신 지향 사람경영 패러다임이 이전에 존재하지 않았던 낯설고 생소한 것은 결코 아니다. 1980년대 들어 시장의 글로벌화가 빠르게 진행되고 경쟁 환경이 지식 기반 경쟁 중심으로 전환되면서 지식노동자들이 기업 경쟁우위의 핵심 원천으로 인식되기 시작했을 때 그들의 지적 역량과 정서적 몰입을 제고하기 위한 몰입 지향 사람경영이 주목받기 시작했다. 이 책이 혁신 지향 사람경영의 밑그림을 몰입 지향 사람경영의 기초 위에 그리고 있다는 점에서 특별히 새로울 것은 없다. 그럼에도 1980년대 이래 주목을 받아온 몰입 지향 사람경영이 널리 확산되지 못한 이유는 경쟁 질서의 지각판이 전면적으로 바뀌기 전까지는 규모의 경제와 효율성 극대화에 초점을 맞춘 전통적 사람경영 패러다임이 잔존 효력을 발휘할 수 있는 여지가 상당 정도 남아 있었기 때문이다.

그러나 21세기로 접어들면서 두 경쟁 질서의 지각판이 충돌하는 데서 오는 강도 높은 지진이 곳곳에서 감지되고 있다. 코로나19는 그 지각 변동을 지구촌 전역에서 감지할 수 있게 했고, 디지털 가상세계와 온-오프가 융합된 메타버스를 새로운 경제·사회·문화 생활의 주 활동공간이자 새로운 경쟁 질서가 태동하는 장場으로 전면에 부상시켰다. 한 사물이 움직이면 다른 사물도 그만큼의 속도로 따라 움직이는 '거울 나라'[3]에서는 다른 사물들보다 빨리 뛰어야 현재의 상대적 위치를 벗어날 수 있듯이 새롭게 태동되는 경쟁 질서에서 우위를 점하려면 조직 내 혁신 엔진의 출력을 높여야 한다. 창의적 혁신의 씨앗이 싹을 틔우고 자라나 꽃을 피우고 열매를 맺을 수 있도록 자갈들을 걷어내고 양질의 토양을 조성하는 것이 그 어느 때보다 절실하다.

인류는 과거에 경험해보지 못한 세계 속으로 점차 빨려 들어가고 있다. 그 세계는 과거의 성공 공식이 효과를 거두기 어려운 변화무쌍하고 불확실성이 높은 세계이며, 변화에 대한 민첩성과 새로운 성공 공식을 만들기 위한 창의적 혁신에 뒤처지면 한순간에 존속을 위협받을 수 있는 세계이다. 적어도 새로운 질서가 윤곽을 드러낼 때까지는 낯설고 생소한 것들이 우후죽순처럼 튀어나와 기존의 질서를 뒤엎고 새롭게 형성되는 질서에서 우위를 점하기 위해 각축을 벌이게 될 것이다.

4차 산업혁명이라는 불연속적 대격변을 탐색하는 여정은 노자의 『도덕경』 첫 구절에 나오는 도가도 비상도道可道 非常道 명가명 비상명名可名 非常名이라는 경구를 실감케 한다. 기존에 확립된 사고체계와 지식체계는 변화하는 현실을 있는 그대로 담아낼 수 없기에 우리 안에 정답으로 자리 잡은 것들의 경계 너머에 있는 이질적이고 다양한 사고 및 지식체계와 끊임없이 대화해야 할 필요성을 절감한다. 오늘날과 같은 대격변기의 역동적 환경은 더 이상 정답을 전제한 사고방식을 허용하지 않으며, 앎과 모름 사이의 경계에 서 있는 개인과 조직들에게만 창의적 혁신의 길을 빼꼼히 보여줄 것이다.

참고문헌

가스통 바슐라르(김웅권 역), 2007, 『몽상의 시학』, 동문선.
강성춘, 2020, 『인사이드 아웃』, 21세기북스.
공원국, 2010~2017, 『춘추전국이야기 1~11권』, 위즈덤하우스.
대니얼 카너먼(이진원 역), 2012, 『생각에 관한 생각』, 김영사.
댄 애리얼리(김원호 역), 2011, 『경제 심리학』, 청림출판.
댄 애리얼리(장석훈 역), 2008, 『상식 밖의 경제학』, 청림출판.
도모노 노리오(이명희 역), 2007, 『행동경제학』, 지형.
라즐로 복(이경식 역), 2015, 『구글의 아침은 자유가 시작된다』, RHK.
로버트 라이트(임지원 역), 2009, 『Nonsero(넌제로)』, 말글빛냄.
로버트 프랭크(안세민 역), 2011, 『경쟁의 종말』, 웅진지식하우스.
리드 헤이스팅스·에린 마이어(이경남 역), 2020, 『규칙 없음』, RHK.
리처드 니스벳(최인철 역), 2004, 『생각의 지도』, 김영사.
리처드 탈러·캐스 선스타인(안진환 역), 2009, 『넛지』, 리더스북.
린다 그래튼(조성숙 역), 2008, 『핫스팟』, 21세기북스.
마이클 샌델(함규진 역), 2020, 『공정하다는 착각』, 와이즈베리.
마틴 노왁·로저 하이필드(허준석 역), 2012, 『초협력자』, 사이언스북스.
마크 뷰캐넌(김희봉 역), 2010, 『사회적 원자』, 사이언스북스: 85, 87.
마크 휴슬리드·브라이언 베커·리처드 비티(정종섭 역), 2008, 『WORKFORCE SCORECARD: 전략적 인력 경영을 위한 인력 성과표』, 비즈니스북스.
막스 베버(이상률 역), 2018, 『관료제』, 문예출판사.
말콤 글래드웰(노정태 역), 2009, 『아웃라이어』, 김영사.
말콤 글래드웰(김규태 역), 2020, 『티핑 포인트』, 김영사.
미하이 칙센트미하이(이희재 역), 1999, 『몰입의 즐거움』, 해냄.
박명성, 2019, 『드림 프로듀서』, 북하우스.

브라이언 J. 로버트슨(홍승현 역), 2017, 『홀라크라시』, 흐름출판.
사마천(김원중 역), 2015, 『사기열전 1, 2권』, 민음사.
사티아 나델라(최윤희 역), 2018, 『히트 리프레시』, 흐름출판.
사피 바칼(이지연 역), 2020, 『룬샷』, 흐름출판.
생텍쥐페리(유혜순 역), 2002, 『바람과 모래와 별들』, 도서출판 세림.
수만트라 고샬·크리스토퍼 바틀렛 (장동현 역), 『개인화 기업』, 세종연구원.
신동엽·김은미·이중식, 2013, 『창조성의 원천』, 김영사.
알베르 카뮈(김화영 역), 2016, 『시지프 신화』, 민음사.
애덤 스미스(박세일, 민경국 역), 2009, 『도덕감정론』, 비봉.
양혁승, 2007, 「사람중심경영의 실현방안에 관한 연구」, 뉴패러다임센터.
양혁승 외 공저, 2016, 『호모 컨버전스: 제4차 산업혁명과 미래사회』, 아시아.
양혁승·장은미·송보화, 2005, 『포지티브-섬 패러다임에 부합한 한국형 인사 시스템에 관한 연구』, 뉴패러다임센터.
애덤 그랜트(홍지수 역), 2016, 『오리지널스』, 한국경제신문사.
애덤 그랜트(이경식 역), 2021, 『싱크 어게인』, 한국경제신문사.
에드 캣멀·에이미 월러스(윤태경 역), 2014, 『창의성을 지휘하라』, 와이즈베리.
에이미 에드먼슨(최윤영 역), 2019, 『두려움 없는 조직』, 다산북스.
에릭 모슬리(HCG 역), 2018, 『성과관리 4.0』, 나남.
에릭 슈미트·조너선 로젠버그·앨런 이글(박병화 역), 2014, 『구글은 어떻게 일하는 가』, 김영사.
에릭 슈미트·조너선 로젠버그·엘런 이글(이렵 역), 2020, 『빌 캠벨 실리콘밸리의 위대한 코치』, 김영사.
유정식, 2013, 『착각하는 CEO』, RHK.
유향(여설하 역), 2017, 『전국책』, 3쇄, 학술편수관.
이가미 미츠루(류순미 역), 2019, 『혁신의 경제학』, 더봄.
이근식, 2018, 『애덤 스미스 국부론』, 쌤앤파커스.
이학종·양혁승, 2012, 『전략적 인적자원관리』, 오래 출판사.
임채성, 2020, 『관인지법』, 홍제.
정재승, 2018, 『열두 발자국』, 어크로스.
제임스 서로위키(홍대운·이창근 역), 2004, 『대중의 지혜』, 랜덤하우스중앙.

제프리 웨스트(이한음 역), 2018, 『스케일』, 김영사.
존 밀러(정형채·최화정 역), 2017, 『전체를 보는 방법』, 에이도스.
짐 콜린스·모르텐 한센(김명철 역), 2012, 『위대한 기업의 선택』, 김영사.
찰스 오레일리·제프리 페퍼(김병두 역), 2002, 『숨겨진 힘』, 김영사.
최진석, 2001, 『도덕경』, 소나무.
최진석, 2017, 『경계에 흐르다』, 소나무.
캐럴 드웩(김준수 역), 2017, 『마인드셋』, 스몰빅라이프.
클라우스 슈밥(송경진 역), 2016, 『제4차 산업혁명』, 메가스터디북스.
클레이튼 크리스텐슨(이진원 역), 2009, 『혁신기업의 딜레마』, 세종서적.
토마스 말론(함규진 역), 2005, 『노동의 미래』, 넥서스Biz.
피터 드러커(이재규 역), 2002, 『21세기 지식경영』, 한국경제신문사.
피터 드러커(이재규 역), 2003, 『단절의 시대』, 한국경제신문사.
피터 드러커(남상진 역), 2004, 『드러커 100년의 철학』, 청림출판.
하버드 비즈니스 리뷰 편(현대경제연구원 역), 2004, 『창의와 혁신의 핵심전략』, 청림출판.
한국인사조직학회, 2015, 『K-매니지먼트: 기로에 선 한국형 기업경영』, 클라우드나인.
한국인사조직학회, 2016, 『K-매니지먼트 2.0: 지속가능한 혁신공동체를 향한 실천전략』, 클라우드나인.
한비자(신동준 역), 2020, 『한비자 상, 하』, 인간사랑.
헨리 체스브로(김기협 역), 2009, 『오픈 이노베이션』, 은행나무.
홍명희, 2005, 『상상력과 가스통 바슐라르』, 살림.
Amabile, Teresa & Steven Kramer, 2011, *The Progress Principle: Using Small Wins to Ignite Joy, Engagement, and Creativity at Work*, MA, Boston: Harvard Business Review Press.
Bicchieri, Cristina, 2006, *The Grammar of Society: The Nature and Dynamics of Social Norms*, Cambridge: Cambridge University Press.
Burns, T. & Stalker, G. M., 1961, *The Management of Innovation*, Tavistock, London.
Cappelli, Peter, 1999, *The New Deal at Work: Managing the Market-Driven*

Workforce. Harvard Business School Press.

Chandler, Alfred D., 1962, *Strategy and Structure*, Cambridge, MA: MIT Press.

Goffman, Erving, 1959, *The Presentation of Self in Everyday Life*, Garden City, NY: A Doubleday.

Herbert A. Simon, 1997, *Administrative Behavior: a Study of Decision-Making Processes in Administrative Organization* (4th ed.). New York: Macmillan.

Hofstede, Geert, 2001, *Culture's Consequences: Comparing Values, Behaviors, Institutions, and Organizations across Nations*. 2nd ed. Thousand Oaks, CA: Sage Publishing

Jon R. Katzenbach, 2000, *Peak Performance: Aligning the Hearts and Minds of Your Employees*, Boston, MA: HBSP.

Kaufman, Bruce E., 1993, *The Origins and Evolution of the Field of Industrial Relations in the United States*, Ithaca, NY: ILR Press.

McGregor, Douglas, 1960, *The Human Side of Enterprise*, NY: McGraw-Hill.

Morgan, Gareth, 2006, *Images of Organization*, Sage Publications.

Pfeffer, Jeffrey and Gerald R. Salancik, 1978, *The External Control of Organization: A Resource Dependence Perspective*, NY: Harper & Row.

Taylor, F. W., 1911, *The Principles of Scientific Management*, NY: Harper & Brothers.

Thomas, Kenneth W., 2002, *Intrinsic Motivation at Work*, Berrett-Koehler Publishers.

Thomas C. Schelling, 1971, Dynamic model of segregation, *Journal of Mathematical Sociology*, 1(2): 143-186.

Thompson, James D., 1967, *Organizations in Action*, Manchester: Routledge.

Vroom, Victor, 1964, *Work and Motivation*, NY: John Wiley and Sons.

주석

프롤로그 혁신의 시대가 요구하는 경영 패러다임으로의 전환

1 과학철학자 토마스 쿤Thomas Kuhn이 『과학혁명의 구조』(김명자 역, 2013, 까치)에서 사용한 용어로서 어떠한 한 시대 사람들의 견해 또는 사고를 지배하고 있는 인식의 틀을 가리킨다. 코페르니쿠스가 태양이 지구 주위를 돈다는 당대 인식의 틀(즉 천동설)을 벗어나 지구가 태양 주위를 돈다는 새로운 인식의 틀(즉 지동설)을 제안했던 것이 과학혁명을 견인한 대표적 패러다임 전환의 사례로 인용되듯이 패러다임 수준의 변화는 대상을 바라보는 인식의 틀을 바꾸는 깊은 수준의 변화를 일컫는다.

1부 조직경영 패러다임의 대전환

1장 4차 산업혁명 전개와 조직 변화

1 https://www.cnbc.com/2018/02/01/google-ceo-sundar-pichai-ai-is-more-important-than-fire-electricity.html
2 사티아 나델라(최윤희 역), 2018, 『히트 리프레시』, 흐름출판: 15.
3 딥러닝deep learning 알고리즘은 사람이 정보를 받아들이면 거대한 신경세포 네트워크가 가동되어 인지하고 판단하는 것처럼 컴퓨터가 주어진 정보로부터 스스로 추론하고 판단할 수 있게 하는 인공지능 알고리즘을 가리킨다. 인공지능의 발전은 딥러닝 알고리즘의 등장을 계기로 획기적인 전환점을 맞는다.
4 자본시장, 법률, 의료, 생체 인식, 이미지 생성, 작곡, 그림, 자율 자동차, 홈 관리, 개인비서, 유통, 노동 등 다양한 분야에서 인공지능을 활용하고 있다.
5 디지털 데이터량을 측정하는 기본단위인 1바이트byte는 8비트bit로 구성되

어 있고, 1,000바이트는 1킬로바이트$_{KB}$, 1,000킬로바이트는 1메가바이트$_{MB}$, 1,000메가바이트는 1기가바이트$_{GB}$, 1,000기가바이트는 1테라바이트$_{TB}$, 1,000테라바이트는 1페타바이트$_{PB}$, 1,000페타바이트는 1엑사바이트$_{EB}$, 1,000엑사바이트는 1제타바이트$_{ZB}$, 1,000제타바이트는 1요타바이트$_{YB}$이다. 따라서 5엑사바이트는 5×10^{18}바이트를 가리킨다.

6 중앙일보, 2019.09.10. 마이크로소프트사 킴킴, "빅데이터와 인공지능, 그리고 명상"

7 의료, 법률회사, 개인 비서, 작곡, 미술, 자본시장 등으로 그 활용 범위를 넓혀 가고 있다. 향후 휴대폰을 플랫폼으로 한 앱들은 인공지능이 장착된 앱들로 채워질 것이다.

8 이미지와 동영상과 자연어와 소리와 수치 정보 등을 종합적으로 고려하여 최종 결과물을 내는 알고리즘을 개발하는 연구가 활발하게 이루어지고 있다.

9 세계적 물리학자로 천체물리학에 크게 기여한 고 스티븐 호킹Stephen Hawking 박사는 "인류의 발전은 생물학적 진화 속도에 의해 제한을 받기 때문에 인공지능 발전 속도와 경쟁할 수 없을 것이다. 인공지능은 인류의 종말을 불러올 수도 있다"라고 경고해왔으며, 파괴적 혁신을 일으키고 있는 대표적 기업가인 일론 머스크Elon Musk는 "인공지능 기술은 인류에 가장 큰 위협이 될 수 있다. 인공지능 연구는 악마를 소환하는 것과 같다"라고 경고한 바 있다 (출처: "Stephen Hawking warns artificial intelligence could end mankind", BBC News, 2014.12.2. http://www.bbc.com/news/technology-30290540 2021.12.15. 접속). "Elon Musk: 'With artificial intelligence we are summoning the demon.'" Washington Post, 2014.10.2(https://www.washingtonpost.com/news/innovations/wp/2014/10/24/elon-musk-with-artificial-intelligence-we-are-summoning-the-demon/ 2021.12.15. 접속).

10 4차 산업혁명이 고용 생태계에 미칠 파장에 대해서는 권호정 외, 2016, 『호모 컨버전스: 제4차 산업혁명과 미래사회』, 아시아: 106-133. "제4차 산업혁명과 고용 생태계 변화"(양혁승 작성)을 참조할 것.

11 http://mrktcap.com/(2021.10.25. 접속)

12 https://oakwoodsys.com/the-time-to-adapt-to-disruptions-is-shrinking/(2021.9.1. 접속)

13 Jennifer S. Mueller, Shimul Melwani, and Jack A. Goncalo, 2012, The bias against creativity: Why people desire but reject creative ideas, *Psychological Science, 23*: 13-17. 애덤 그랜트(홍지수 역), 2016, 『오리지널스』, 한국경제신문사: 83에서 재인용.

14 Audia, P. G., Locke, E. A., and Smith, K. G., 2000, The paradox of success: An archival and a laboratory study of strategic persistence following radical environmental change, *Academy of Management Journal, 43*: 837-853.

15 피터 드러커(이재규 역), 2003, 『단절의 시대』, (한국경제신문사 출간)에 수록된 문장으로 기억하나, 정확한 페이지를 찾지 못했음.

16 Chandler, Alfred D., 1962, *Strategy and Structure*, Cambridge, MA: MIT Press.

17 기능적 유연성functional flexibility 조직구성원들의 다기능역량을 향상시킴으로써 환경의 변화에 따라 새롭게 요구되는 기능이나 역할의 변화를 조직구성원들이 유연하게 흡수할 수 있는 측면을 강조하는 유연성 개념으로서, 인력의 규모를 키우거나 줄이는 면에서의 유연성을 가리키는 수적 유연성numerical flexibility과 대비되는 개념이다.

18 애자일agile 방식은 소프트웨어 개발 방식에서 유래한 개념이다. 전통적인 소프트웨어 개발 방식은 계획 단계에서부터 개발 목표에 비춰 완결성을 갖춘 세부 기능 및 특성들을 설계하고, 이어 선형적이고 순차적인 프로세스를 따라 통제·관리되는 방식으로 진행되었다. 그러나 IT 기술의 급격한 발전에 따라 소프트웨어의 수명 주기가 매우 짧아졌고, 고객들의 취향 또한 매우 유동적이 된 상황에서 사전에 계획하고 긴 개발 시간을 들여 완결성을 갖추는 개발 방식은 환경과의 적합성이 떨어진다. 이러한 배경에서 등장한 것이 애자일 소프트웨어 개발 방식이다. 이 개발 방식은 교차기능팀들과 최종 사용자들의 협력적 노력을 통해 유기적으로 문제점과 개선책을 찾아가며 그것들을 개발에 반영해가는 방식이다. 즉 고객의 새로운 필요를 감지하고 자기조직화 과정을 통해 꾸려진 교차기능팀이 미완의 초기 버전을 시장에 내놓고, 고객들의 피드백을 받아 개선하고, 그다음 버전을 시장에 내놓고, 그에 대한 고객의 피드백을 받아 또 개선해나가는 개발 방식이다. 이러한 개념을 조직에 적용한 것이 애자

일 조직이다.
19 짐 콜린스·모르텐 한센(김명철 역), 2012, 『위대한 기업의 선택』, 김영사.

2장 경영 패러다임에 영향을 미치는 요인

1 한비자(신동준 역), 『한비자 하』, 인간사랑: 오두편五蠹篇 615.
2 Frederick W. Taylor, 1919, *The Principles of Scientific Management*, Harper & Brothers Publishers.
3 Gareth Morgan, 2006, *Images of Organization*, Sage Publications.
4 Burns, T. & Stalker, G. M., 1961, *The Management of Innovation*, Tavistock, London.
5 Aghina, W., Ahlback, K., Smet, A.D., Lackey, G., Lurie, M., Murarka, M., & Handscomb, C., 2018, *The Five Trademarks of Agile Organizations*, McKinsey&Company.
6 홀라크라시 조직에 대해 정리한 내용은 홀라크라시 조직을 처음 주창한 브라이언 J. 로버트슨의 저서 『홀라크라시』(홍승현 역, 2017, 흐름출판)를 참조하여 작성하였다.
7 브라이언 로버트슨(홍승현 역), 2017, 『홀라크라시』, 흐름출판: 89, 92.
8 자연세계 속에 존재하는 질서를 연구하는 자연과학에서는 패러다임이 그 자연질서 속에 존재하는 규칙성을 규명해내느냐 못 해내느냐에 영향은 미치지만, 그 질서 자체에 영향을 미치지는 않는다. 그러나 인간사회 속에 존재하는 질서를 연구하는 사회과학에서는 패러다임이 관찰 대상인 사회 구성원들의 태도와 행동에 영향을 미친다는 점에서 자연과학과 다르다. 피터 드러커(이재규 역), 2002, 『21세기 지식경영』, 한국경제신문사: 283~285.
9 이기적 경제인 대 협력적 사회인 차원의 구분에 대해서는 본서 5장. 사람경영에 대한 통념 넘어서기에서 상세하게 다룬다.
10 Douglas McGregor, 1960, *The Human Side of Enterprise*, NY: McGraw-Hill.
11 토마스 말론(함규진 역), 2005, 『노동의 미래』, 넥서스Biz: 119.
12 통제 지향 모형과 대비되는 몰입 지향 모형은 하버드대학 리처드 왈튼Richard Walton 교수가 정리한 바 있으며 본서 3장에서 자세하게 다룬다. Walton,

Richard E, 1985, From control to commitment in the workplace, *Harvard Business Review*, Mar/Apr85, Vol. 63(2): 77-84.

13 성장 마인드growth mindset는 개인의 역량이 타고나는 속성을 가진다고 생각하는 고정 마인드fixed mindset와 대비되는 개념으로서 개개인의 역량은 다양한 도전적 경험과 학습을 통해 지속적으로 향상될 수 있다는 마음가짐을 가리킨다. 성장 마인드와 고정 마인드에 대해서는 캐럴 드웩의 저서 『마인드셋』(김준수 역, 2017, 스몰빅라이프)을 참조할 것.

14 Coase, R. H., 1937, The nature of the firm, *Econometrica*, 4(16): 386-405.

15 Williamson, O. E., 1981, The economics of organization: The transaction cost approach, *American Journal of Sociology*, 87(3): 548-577.

16 Peter Cappelli, 1999, *The New Deal at Work: Managing the Market-Driven Workforce*, Harvard Business School Press.

17 토마스 말론(함규진 역), 2005, 『노동의 미래』: 3부, 넥서스Biz: 46.

18 위 책 153쪽.

19 위 책 155쪽.

20 토마스 말론이 명명한 '명령과 통제 모델'은 통제 지향 사람경영 모델과, '조정과 촉진 모델'은 몰입 지향 사람경영 모델과 맥을 같이한다.

3장 경영 패러다임의 세기적 변화 방향

1 토마스 말론(함규진 역), 2005, 『노동의 미래』: 3부, 넥서스Biz: 249.

2 Kaufman, B. E., 1993, *The Origins and Evolution of the Field of Industrial Relations in the United States*, Ithaca, NY: ILR Press. Poole, M. & Warner, M. (eds.), 1998, *The IEBM Handbook of Human Resource Management*, UK: Thompson Learning. 참조.

3 Baron, J. N. & Hannan, M. T., 2002, Organizational blueprints for success in high-tech start-ups: Lessons from the Stanford Project on Emerging Companies, *California Management Review*, 44(3): 8-36.

4 강성춘, 2020, 『인사이드 아웃』, 21세기북스.

5 수만트라 고샬·크리스토퍼 바틀렛(장동현 역), 2000, 『개인화 기업』, 세종연구원.

6 린다 그래튼(조성숙 역), 2008, 『핫스팟』, 21세기북스: 227.

7   홍명희, 2005, 『상상력과 가스통 바슐라르』, 살림: 79~80.
8   Taylor, F. W., 1911, *The Principles of Scientific Management*, NY: Harper & Brothers.
9   Kaufman, B. E., 1993. *The Origins and Evolution of the Field of Industrial Relations in the United States*, Ithaca, NY: ILR Press.
10 막스 베버(이상률 역), 2018, 『관료제』, 문예출판사.
11 수만트라 고샬·크리스토퍼 바틀렛(장동현 역), 2000, 『개인화 기업』, 세종연구원.
12 피터 드러커(이재규 역), 2002, 『21세기 지식경영』, 한국경제신문사: 162.
13 Walton, R. E. 1985, From control to commitment in the workplace, *Harvard Business Review*, 63(2): 81.

2부 사람경영에 대한 전략적 접근

4장 전략적 사람경영의 이해

1   클라우스 슈밥(송경진 역), 2016, 『제4차 산업혁명』, 메가스터디북스.
2   Barney, J., 1991, Firm resources and sustained competitive advantage, *Journal of Management*, 17(1): 99-120.
3   짐 콜린스·모르텐 한센(김명철 역), 2012, 『위대한 기업의 선택』, 김영사.
4   Barney, J., 1991, Firm resources and sustained competitive advantage, *Journal of Management*, 17(1): 99-120.
5   Bhattacharya, M. and Wright, P. M. 2005, Managing human assets in an uncertain world: Applying real option theory to HRM, *International Journal of Human Resource Management*, 16(6): 929-948.
6   Tsui, A. S. & Wu, J. B., 2005, The new employment relationship versus the mutual investment approach: Implications for human resource management, *The Future of Human Resource Management*, Mike Losey, Sue Meisinger and Dave Ulrich (eds). ch. 5.
7   Michael L. Tushman and Charles A. O'Reilly III, 1996, Ambidextrous organizations: Managing evolutionary and revolutionary change,

California Management Review, 38(4): 8-30. 피터 드러커는 점진적 변화와 급진적 변화 간 균형은 기업이 갖춰야 할 필연적 조건임을 강조하면서 "인류 역사상 변혁을 위한 최초의 조직이 기업이었다. 그때까지는 모든 인간 집단과 조직이 계속을 위한 조직으로 변화를 저지하거나 최소한 감속시키고자 했다. 오늘날에도 변혁을 위한 조직은 기업뿐이다. 그리고 바로 그렇기 때문에 기업만이 인간 사회의 유일한 부의 증식 기관이 되었다. 조지프 슘페터도 말한 바와 같이 의도한 변화인 변혁만이 부를 낳기 때문이다. 그러나 기업 또한 다른 조직과 마찬가지로 사람으로 이루어진다. 그리고 사람은 계속 필요로 한다. 따라서 기업은 변혁을 위한 기관인 동시에 계속을 위한 기관이다. 때문에 변혁과 계속의 균형이 매니지먼트의 변함없는 과제가 되었다"라고 갈파하였다. 피터 드러커(남상진 역), 2004, 『드러커 100년의 철학』, 청림출판: 130.

8 Michael L. Tushman and Charles A. O'Reilly III (1996) 위 논문 11쪽.

9 James G. March, 1991, Exploration and exploitation in organizational learning, *Organization Science*, 2: 71-87.

10 허문구, 2015, "추격과 추월을 넘어 혁신과 개척으로 - 동적 역량과 양면 경영", 한국인사조직학회편집, 『K-매니지먼트』, 클라우드나인: 179~180.

11 본문에서 룬샷은 그 주창자를 나사 빠진 사람 취급하는, 대다수가 무시하고 홀대하는 미친 프로젝트를 나타내며, 프랜차이즈는 최초 제품이나 서비스의 후속작을 일컫는다. 사피 바칼(이지연 역), 2020, 『룬샷』, 흐름출판: 465, 467.

12 Michael L. Tushman and Charles A. O'Reilly III, 1996, Ambidextrous organizations: Managing evolutionary and revolutionary change, *California Management Review*, 38(4): 12.

13 Posthuma, R. A., Campion, M. C., Masimova, M., & Campion, M. A., 2013. A high performance work practices taxonomy: Integrating the literature and directing future research, *Journal of Management*, 39(5): 1184-1220.

14 1990년대 이래 학계에서는 고몰입 인사 시스템high-involvement HR system으로 통용되어왔으나, 이후 서술에서는 통제 지향 인사 시스템과 대비되는 의미를 살려 몰입 지향 인사 시스템으로 명명하기로 한다. 몰입 지향 인사 시스템의 세부 특성에 대해서는 '7장 새로운 인사 시스템의 기초 모델'에서 상세하게 다룬다.

15 그동안 인사 시스템과 전략 간 적합성의 효과에 관한 실증 연구들은 통계적으로 유의미한 결과를 보여주지 못하였다. 그러나 그 이유는 둘 사이에 높은 적합성을 측정하는 방법론상의 한계와 둘 사이에 높은 적합성을 이룬 기업 사례가 많지 않은 데 따른 결과로 판단된다.
16 동서양의 사회문화 차이에 대해서는 리처드 니스벳(최인철 역), 2004, 『생각의 지도』(김영사)을, 국가 간 사회문화 차이에 대해서는 Geert Hofstede, 2001, *Culture's Consequences: Comparing Values, Behaviors, Institutions, and Organizations across Nations*. 2nd ed. Thousand Oaks, CA: Sage Publishing을 참조할 것.
17 노벨 경제학상을 받은 행동경제학자 리처드 탈러Richard H. Thaler는 강요에 의하지 않은 부드럽고 유연한 개입을 통해 사람들의 행동 선택을 유도하는 효과에 대해 연구함으로써 넛지 이론nudge theory을 세웠다. 리처드 탈러·캐스 선스타인(안진환 역), 2009, 『넛지』, 리더스북.
18 다양한 문화는 문화 간 차이 때문에 구성원들 간에 혼돈과 갈등의 원인이 될 수 있는 반면, 다양한 관점과 아이디어 그리고 창의력의 원천도 될 수 있다. 따라서 다양한 문화 간의 시너지 효과는 오늘날 기업들에 무한한 성장의 기회를 제공한다.

5장 사람경영에 관한 일반 통념 넘어서기

1 알베르 카뮈(김화영 역), 2016, 『시지프 신화』, 민음사: 48.
2 대니얼 카너먼(이진원 역), 2012, 『생각에 관한 생각』, 김영사.
3 마크 뷰케넌(김희봉 역), 2010, 『사회적 원자』, 사이언스북스: 85, 87.
4 댄 애리얼리(장석훈 역), 2008, 『상식 밖의 경제학』, 청림출판.
5 댄 애리얼리(김원호 역), 2011, 『경제 심리학』, 청림출판: 18.
6 애덤 스미스, 1776, *An Inquiry into the Nature and Causes of the Wealth of Nations*, London: W. Strahan and T. Cadell. 이근식, 2018, 『애덤 스미스 국부론』, 쌤앤파커스.
7 애덤 스미스(박세일, 민경국 역), 2009, 『도덕감정론』, 비봉.
8 로버트 라이트(임지원 역), 2009, 『Nonsero(넌제로)』, 말글빛냄. 마크 뷰케넌(김희봉 역), 2010, 『사회적 원자』, 사이언스북스: 177에서 재인용.

9 Fehr, E. & Fischbacher, U., 2003, "Nature of human altruism", *Nature*, 425: 785-791.
10 마크 뷰캐넌(김희봉 역), 2010, 『사회적 원자』, 사이언스북스: 174.
11 Terence Burnham and Dominic Johnson, 2005, "The Biological and Evolutionary Logic of Human Cooperation", *Analyse & Kritik, 27*: 113-135. 마크 뷰캐넌(김희봉 역), 2010, 『사회적 원자』에서 재인용.
12 마크 뷰캐넌(김희봉 역), 2010, 『사회적 원자』, 사이언스북스: 166-167.
13 린다 그래튼(조성숙 역), 2008, 『핫스팟』, 21세기북스: 91.
14 마이클 샌델(함규진 역), 2020, 『공정하다는 착각』, 와이즈베리: 52.
15 말콤 글래드웰(노정태 역), 2009, 『아웃라이어』, 김영사: 34-49.
16 Pew Research Center, "Emerging and Developing Economies Much More Optimistic than Rich Countries about the Future", October 9, 2014. https://www.pewresearch.org/global/2014/10/09/emerging-and-developing-economies-much-more-optimistic-than-rich-countries-about-the-future/ 2021.10.11. 접속)
17 Groysberg, B. & Lee, L. E., 2009, Hiring stars and their colleagues: Exploration and exploitation in professional service firms, *Organization Science, 20*(4): 740-758. 강성춘, 2020, 『인사이드 아웃: 사람이 만드는 기업의 미래』, 21세기북스: 91에서 재인용.
18 이 주제에 대해서는 경쟁과 협력 사이의 역동적 관계에 대해 깊이 있게 연구한 수학자이자 진화생물학자인 마틴 노왁이 로저 하이필드와 공저로 출간한 『초협력자』(허준석 역, 2012, 사이언스북스)를 주로 참고하였다.
19 상충되어 보이는 둘 사이의 역동적 긴장이 발전의 원동력이라는 관점은 동양철학자 노자의 유무상생有無相生 사상과 맥을 같이 한다.
20 서양철학자 프리드리히 니체의 '힘에의 의지' 사상에 따르면, 나를 둘러싼 다른 사람들의 '힘에의 의지'가 작용하는 것으로 인해 나의 '힘에의 의지'가 더 강해지기 때문에 나를 둘러싼 동료들이 더 나은 발전 의지, 즉 경쟁에서 이기려는 의지를 갖는 것은 내가 더 나아지려는 의지를 자극하게 되고 그렇게 서로 얽혀서 보다 나은 상태로의 발전을 견인한다. 그런 의미에서 니체는 '힘에의 의지'가 갖는 본래 속성인 이기성은 곧 다른 사람들의 힘에의 의지를 자극

하고 함께 발전을 이끈다는 의미에서 이타적이라고 말한다.

21 인재의 밀도를 높이는 것이 직원들이 거추장스럽게 여기는 통제 장치들을 없애고 그들에게 높은 수준의 자유를 줄 수 있게 한다는 모토하에 인력을 운영하는 대표적인 기업이 넷플릭스이다. 넷플릭스의 사람경영에 대해서는 리드 헤이스팅스·에린 마이어의 『규칙 없음』(이경남 역, 2020, RHK)을 참조하기 바란다.

22 로버트 프랭크(안세민 역), 2011, 『경쟁의 종말』, 웅진지식하우스: 51-52.

23 죄수의 딜레마 게임은 두 명의 사건 용의자가 체포되어 서로 다른 취조실에서 격리되어 심문을 받고 있는 상황에서 이들의 선택에 따라 각자에게 돌아오는 결과가 달라지게 보상구조—① 둘 중 하나가 배신하여 죄를 자백하면 자백한 사람은 즉시 풀어주고 자백하지 않은 나머지 한 명이 10년을 복역해야 한다. ② 둘 모두 서로를 배신하여 죄를 자백하면 둘 다 5년을 복역한다. ③ 둘 모두 죄를 자백하지 않으면 둘 모두 6개월만 복역한다—를 설정한 딜레마 게임이다.

24 여기에서 그들이 말하는 협력은 '단지 공동의 목적을 향해 함께 일하는 것을 넘어 보다 구체적으로 잠재적인 경쟁자들이 경쟁 대신 서로를 돕기로 결정하는 것'을 의미한다.

25 마크 뷰캐넌(김희봉 역), 2010, 『사회적 원자』, 사이언스북스: 176, 184.

26 마틴 노왁·로저 하이필드(허준석 역), 2012, 『초협력자』, 사이언스북스.

27 팃 포 탯의 변종은 '너그러운 팃 포 탯generous TFT', '승리하면 그대로, 패배하면 바꾸기WSLS: Win Stay, Lose Shift' 등이 있는데, 자세한 내용은 마틴 노왁·로저 하이필드 『초협력자』(허준석 역, 2012) 제1장을 참고하기 바란다.

28 마틴 노왁·로저 하이필드(허준석 역), 2012, 『초협력자』, 사이언스북스: 99-100.

29 위 책 111쪽.

30 마크 뷰캐넌(김희봉 역), 2010, 『사회적 원자』, 사이언스북스: 174에서 재인용.

31 위 책 174쪽.

32 조직시민행동이란 조직구성원이 직무를 수행할 때 자신의 직무에 매몰되지 않고 보상과 무관하게 조직의 사회적·심리적 환경을 유지하고 강화하기 위해 행하는 자발적인 행동을 일컫는다.

33 존 밀러(정형채·최화정 역), 2017, 『전체를 보는 방법』, 에이도스: 38.

34 Ernst Fehr and Simon Gächter, 2002, "Altruistic Ounishment in Humans", Nature, 415: 137-140. 마크 뷰캐넌(김희봉 역), 2010, 『사회적 원자』:

172에서 재인용.
35 마틴 노왁·로저 하이필드(허준석 역), 2012, 『초협력자』, 사이언스북스: 358.
36 Rand, D.G., A. Dreber, T. Ellingsen, D. Fudenberg, and M.A. Nowak, 2009, Positive interactions promote public cooperation, Science, 325: 1272-1275.
37 James D. Thompson, Organizations in Action, 1967, Manchester: Routledge.
38 여기에서 '집합적'으로 번역한 'pooled'는 독립된 개체들을 끌어모아 놓은 상태를 나타낸다. 제임스 톰슨이 상호의존성을 기준으로 분류했기 때문에 'pooled' 뒤에 'interdependence'를 붙였지만, 상호의존성이 없는 것들을 모아놓은 상태를 나타낸다.
39 Craft, R. C., & Leake, C., 2002, The Pareto principle in organizational decision making, Management Decision, 40(8): 729-733.
40 Grosfeld-Nir, A., Ronen, B., & Kozlovsky, N., 2007, The Pareto managerial principle: When does it apply? International Journal of Production Research, 45(10): 2317-2325. Koch, R. 2011, The 80/20 principle: The Secret to Achieving More with Less, Crown Business.
41 마크 휴슬리드·브라이언 베커·리처드 비티(정종섭 역), 2008, 『WORKFORCE SCORECARD: 전략적 인력 경영을 위한 인력 성과표』, 비즈니스북스.
42 찰스 오레일리·제프리 페퍼(김병두 역), 2002, 『숨겨진 힘』, 김영사.
43 Deming, W. E., 1994, The New Economics for Industry, Government, Education, Cambridge, MA: MIT Press.
44 O'boyle, E. & Aguinis, H., 2012, "The best and the rest: Revisiting the norm of normality of individual performance", Personnel Psychology, 65: 79-119.
45 Beck, J. W., Beatty, A. S., & Sackett, P. R., 2014, On the distribution of job performance: The role of measurement characteristics in observed departures from normality, Personnel Psychology, 67: 531-566.
46 Merton, R. K. (1968). The Matthew Effect in Science: The reward and communication systems of science and considered, Science, 159: 56-63.

47 Vancouver, J. B., Li, X., Weinhardt, J. M., Steel, P., & Purl, J. D., 2016, Using a Computational Model to Understand Possible Sources of Skews in Distributions of Job Performance, *Personnel Psychology*, 69(4): 931-974.
48 몬테카를로 시뮬레이션 Monte Carlo simulation은 확률적 시스템을 이용한 모의 실험 방법으로서 많은 횟수의 모의 실험을 바탕으로 얻은 데이터로부터 특정한 수치나 확률분포를 구하는 방법이다.
49 되먹임 효과 positive feedback effect는 어떤 계에서 나오는 결과값을 그 계의 입력에 다시 넣음으로써 결과값을 지속적으로 변화시키는 일련의 과정에서 나타나는 효과로서 통상 복잡계에서 단순한 국지적 상호작용이 복잡한 전체의 패턴을 만들어내는 메커니즘 중 하나로 알려져 있다.
50 댄 애리얼리(장석훈 역), 2008, 『상식 밖의 경제학』, 청림출판: 109-134.
51 Rousseau, D. M., 1989, Psychological and implied contracts in organizations, *Employee Responsibilities and Rights Journal* 2(2):121-139.
52 MacNeil, I. R., 1985, Relational contract: What we do and do not know, Wisconsin Law Review: 483-525. Rousseau, D. M., 1990, New hire perceptions of their own and their employer's obligations: A study of psychological contracts, *Journal of Organizational Behavior*, 11(5): 389-400.
53 Dan Ariely and James Heyman, 2004, Effort for Payment A Tale of Two Markets, *Psychological Science* 15(11): 787-93.
54 댄 애리앨리(장석훈 역), 2008, 『상식 밖의 경제학』, 청림출판: 115.
55 Kathleen Vohs, Nicole Mead, and Miranda Goode, 2006, The Psychological Consequences of Money, *Science*, 314(5802): 1154-1156.
56 Liberman, V., Samuels, S. M., & Ross, L., 2004, The Name of the Game: Predictive Power of Reputations Versus Situational Labels in Determining Prisoner's Dilemma Game Moves, *Personality and Social Psychological Bulletin*, 30(9): 1175-1185.
57 Uri Gneezy and Aldo Rustichini, 2000, A Fine Is a Price, *The Journal of Legal Studies*, 29(1): 1-17. 댄 애리앨리(장석훈 역), 2008, 『상식 밖의 경제학』, 청림출판: 121에서 재인용.

58 Bicchieri, Cristina, 2006, *The Grammar of Society: The Nature and Dynamics of Social Norms*, Cambridge: Cambridge University Press.
59 많은 알고리즘 개발자들이 프로그램 공유 플랫폼인 깃허브Github에 자신들이 작성한 알고리즘을 올려 공유하거나 다른 사람들로부터 피드백이나 교정을 받는 것은 일반적인 관행으로 자리잡았다. 위키피디아처럼 오픈소스 운동의 하나로 수많은 사람들이 어떠한 보수도 받지 않고 자신들의 시간과 재능을 들여 공공재에 해당하는 백과사전을 완성한 것도 사회규범이 적용된 대표적 사례라 볼 수 있다. 이런 커뮤니티에 있는 사람들은 사회를 위해 자신의 시간을 기꺼이 쪼개는데 그렇게 함으로써 공동체나 사회에 기여했다는 자부심을 느낀다.
60 댄 애리얼리(2008)는 우디 앨런Woody Allen의 말을 인용하여 "가장 값비싼 섹스는 돈이 오가지 않는 섹스다"라는 말로 진정 의미 있는 것들은 사회규범 아래서 이루어진다는 점을 강조한다(댄 에리얼리(장석훈 역), 2008, 『상식 밖의 경제학』, 청림출판: 112).
61 클라우스 슈밥(송경진 역), 2016, 『제4차 산업혁명』, 메가스터디북스.
62 댄 애리얼리(장석훈 역), 2008, 『상식 밖의 경제학』, 청림출판: 129.
63 수만트라 고샬·크리스토퍼 바틀렛(장동현 역), 2000, 『개인화 기업』, 세종연구원: 324.

3부 혁신 지향 사람경영의 토대

1 가스통 바슐라르(김웅권 역), 2007, 『몽상의 시학』, 동문선: 206.

6장 창의성과 혁신의 발현 조건

1 린다 그래튼 (조성숙 역), 2008, 『핫스팟』, 21세기북스: 109.
2 신동엽·김은미·이중식, 2013, 『창조성의 원천』, 김영사: 6.
3 제프리 웨스트(이한음 역), 2018, 『스케일』, 김영사: 546~547.
4 복잡계란 수많은 구성요소 혹은 개체가 모여 상호작용하면, 각각의 구성요소 혹은 개체의 특성에서는 잘 드러나지 않는, 그 특성으로부터 쉽게 추론할 수

없는 새롭고 복잡한 특성들이 창발하는emerging 체계를 가리킨다.
5   저선형 스케일링 패턴은 수확체감의 법칙이 적용될 때 나타나는 현상이며, 초선형 스케일링 패턴은 수확체증의 법칙이 적용될 때 나타나는 현상이다. 여기에서 다루는 복잡계 관련 스케일링 법칙에 관한 대부분의 내용은 제프리 웨스트의 『스케일』(이한음 역, 2018)을 참조하여 서술하였다.
6   제프리 웨스트(이한음 역), 2018, 위 책 540쪽.
7   위 책 560~565쪽.
8   사피 바칼은 『룬샷』(이지연 역, 2020, 흐름출판)에서 당장은 무모하고 미친 짓처럼 보이는 프로젝트를 룬샷으로 표현하였다.
9   수만트라 고샬·크리스토퍼 바틀렛(장동현 역), 2000, 『개인화 기업』, 세종연구원: 322.
10 에드 캣멀·에이미 월러스(윤태경 역), 2014, 『창의성을 지휘하라』, 와이즈베리: 14.
11 여기에서 전개하는 핵심 논리는 "[조신의 이로운 경영] 1. 혁신이 곧 답이다." (https://www.eroun.net/news/articleView.html?idxno=25052 2021.9.6. 접속)에 기반하였음을 밝힌다.
12 정재승, 2018, 『열두 발자국』, 어크로스: 138-139.
13 대니얼 커너먼(이진원 역), 2012, 『생각에 관한 생각』, 김영사: 56.
14 도모노 노리오(이명희 역), 2007, 『행동경제학』, 지형: 69.
15 휴리스틱과 편향에 대한 상세한 설명은 대니얼 카너먼(이진원 역), 2012, 『생각에 관한 생각』, 김영사. 2장 참고.
16 이가미 미츠루(류순미 역), 2019, 『혁신의 경제학』, 더봄: 2장.
17 제프리 페퍼Jeffrey Pfeffer와 제럴드 살란식Gerald Salancik이 주창한 자원의존이론은 생존을 위해 중요한 희소 자원을 다른 조직으로부터 의존해야 하는 조직은 그것을 보유·통제하는 조직에 종속되며, 자원의 의존 관계는 조직간 권력 관계의 불균형을 초래한다고 말한다. Jeffrey Pfeffer and Gerald R. Salancik, 1978, The External Control of Organization: A Resource Dependence Perspective, New York: Harper & Row.
18 클레이튼 크리스텐슨(이진원 역), 2009, 『혁신기업의 딜레마』, 세종서적: 25.
19 위 책 30쪽.
20 창발한다emerge는 개념은 복잡계 연구의 핵심 개념 중 하나이다. 물리적인 세

계나 사회적 현상에서 자주 접하는 특정한 패턴은 전체적인 기획에 의해 만들어진 결과라기보다는 그것을 구성하는 요소들 사이에 단순하면서도 국소적인local 상호작용의 결과로서 창발한 결과라는 의미이다. 즉 집단적 수준에서 나타나는 결과가 그 집단을 구성하는 개별 요소들의 기여분의 단순 합과 상당히 다른 특성을 지니게 되는 현상으로서 그것은 중앙의 기획이나 통제를 받아 얻어지는 결과가 아니다. 제프리 웨스트(이한음 역), 2018, 『스케일』, 김영사: 41-42.

21 Daniel Pink, TED 강연("Motivation"). 린다 그래튼(조성숙 역), 2008. 『핫스팟』, 21세기북스.
22 성경 「마태복음」 13: 3-8.
23 댄 애리얼리(장석훈 역), 2008, 『상식 밖의 경제학』, 청림출판.
24 Erving Goffman, 1959, *The Presentation of Self in Everyday Life*, Garden City, NY: A Doubleday.
25 사피 바칼(이지연 역), 2020, 『룬샷』, 흐름출판: 29.
26 Linda Hill, 2015, How to manage for collective creativity, *TED Talk*. https://www.ted.com/talks/linda_hill_how_to_manage_for_collective_creativity(2021.11.26. 접속)
27 신동엽·김은미·이중식, 2013, 『창조성의 원천』, 김영사: 8.
28 수만트라 고샬·크리스토퍼 바틀렛(장동현 역), 2000, 『개인화 기업』, 세종연구원: 209.
29 위 책 180쪽.
30 에릭 슈미트·조너선 로젠버그·엘런 이글(이럼 역), 2020, 『빌 캠벨 실리콘밸리의 위대한 코치』, 김영사: 115. 에이미 에드먼슨(최윤영 역), 『두려움 없는 조직』, 다산북스: 41.
31 애덤 그랜트(이경식 역), 2021, 『싱크 어게인』, 한국경제신문사: 337.
32 Amy C. Edmondson, The competitive imperative of learning, Harvard Business Review, July-August 2008.
33 애덤 그랜트(이경식 역), 2021, 『싱크 어게인』, 한국경제신문: 333쪽.
34 위 책 349쪽.
35 Teresa M. Amabile, 1997, Motivating Creativity in Organizations: On

doing what you love and loving what you do, *California Management Review*, 40(1): 39-58.

36 린다 그래튼(조성숙 역), 2008. 『핫스팟』, 21세기북스: 210~211.

37 '촛불 실험'을 활용하여 인센티브가 창의성에 미치는 부정적 효과를 잘 보여주는 다니엘 핑크Daniel Pink의 TED 동영상 강의를 참고하기 바란다. https://www.ted.com/talks/dan_pink_the_puzzle_of_motivation?language=ko

38 Teresa Amabile & Steven Kramer, 2011, *The Progress Principle: Using Small Wins to Ignite Joy, Engagement, and Creativity at Work*, MA, Boston: Harvard Business Review Press.

39 케네스 토마스Kenneth Thomas는 내재적 동기를 일으키는 네 가지 심리적 동인을 제시한다. 첫째, 의미감sense of meaningfulness이다. 자신이 하는 일이 조직 내에서 중요한 일이나 자신의 가치관에 비춰 의미 있는 일로 느껴질 때 내재적 동기가 일어난다. 직무 특성 모델에서 제시한 직무 특성들 중에서는 과업 정체성과 과업 중요성이 이것과 관련된다고 볼 수 있다. 둘째, 선택감sense of choice이다. 어떤 일을 추진할 때 자신의 선택하에 일을 한다고 느낄 때 내재적 동기가 일어난다. 직무 특성 모델에서 제시한 직무 특성들 중 자율성과 관련된다. 셋째, 역량감sense of competence이다. 일을 통해 자신의 역량에 대한 자신감과 역량 향상에 대한 인식을 갖게 될 때 내재적 동기가 높아진다. 직무 특성 모델에서 제시한 직무 특성들 중에서는 기술 다양성과 관련된다. 넷째, 진척감sense of progress이다. 추진하는 일에서 진척이 이루어지고 있음을 느낄 때 내재적 동기가 향상된다. 직무 특성 모델에서 제시한 직무 특성 중에서는 피드백과 관련된다. Kenneth W. Thomas, 2002, *Intrinsic Motivation at Work*, Berrett-Koehler Publishers.

40 Hasegawa, E., Ishii, Y., Tada, K., Kobayashi, K. & Yoshimura, J., 2016, Lazy workers are necessary for long-term sustainability in insect societies, *Scientific Reports*, 6: 20846.

41 에릭 슈미트·조너선 로젠버그·앨런 이글(박병화 역), 2014, 『구글은 어떻게 일하는가』, 김영사: 320.

42 짐 콜린스·모튼 한센(김명철 역), 2012, 『위대한 기업의 선택』, 김영사.

43 제임스 서로위키(홍대운·이창근 역), 2004, 『대중의 지혜』, 랜덤하우스중앙: 38.

44 위 책 36-37쪽.
45 Charlan J. Nemeth, 1986, Differential contributions of majority and minority influence, *Psychological Review*, 93: 23-32. 애덤 그랜트(홍지수 역), 2016, 『오리지널스』, 한국경제신문사: 312에서 재인용.
46 제임스 서로위키(홍대운·이창근 역), 2004, 『대중의 지혜』, 랜덤하우스중앙: 79.
47 박명성, 2019, 『드림 프로듀서』, 북하우스: 277.
48 제임스 서로위키(홍대운·이창근 역), 2004, 『대중의 지혜』, 랜덤하우스중앙: 116.
49 Daniel Wegner, 1991, Transactive memory in close relationships, *Journal of Personality and Social Psychology*, 61(6): 923-929. 본서의 분산기억에 대한 내용은 말콤 글래드웰, 『티핑 포인트』(김규태 역, 2020, 김영사: 232-237)에서 재인용.
50 인류학자 로빈 던바Robin Dunbar(1992)는 뇌의 크기 대비 신피질의 크기 비율을 기준으로 각 포유동물이 진정한 사회적 관계를 맺을 수 있는 최대 집단 크기를 예측한 바 있다. 그의 예측에 따르면, 호모사피엔스인 인간이 진정한 사회적 관계를 맺을 수 있는 최대 집단 크기는 약 150명이다. Robin I. M. Dunbar, 1992, Neocortex size as a constraint on group size in primates, *Journal of Human Evolution*, 20: 469-493.
51 말콤 글래드웰(김규태 역), 2020, 『티핑 포인트』, 김영사: 237.
52 정재승, 2018, 『열두 발자국』: 220.
53 위 책 200-202쪽.
54 린다 그래튼(조성숙 역), 2008, 『핫스팟』, 21세기북스: 118.
55 신동엽·김은미·이중식, 2013, 『창조성의 원천』, 김영사: 12.
56 개방형 혁신에 대해서는 헨리 체스브로(김기협 역), 2009, 『오픈 이노베이션』을 참고할 것
57 대중을 나타내는 크라우드crowd와 무엇을 얻는다는 의미의 소싱sourcing을 합성한 조어로서 다중의 사람들로부터 필요한 정보나 아이디어를 얻고 활용하는 것을 일컫는다.
58 이정동, "스케일업의 속도가 혁신의 속도이다." 중앙일보, 2021.4.12. https://mnews.joins.com/article/24032710?cloc=joongang-mhome-Group35#home

59 통계학에서 '기각해야 할 가설을 채택하는 오류'를 가리키는 개념으로서 '새로운 시도의 효과가 없을 것임에도 불구하고 있을 것으로 생각하고 그 시도를 실행하는 오류'를 의미한다.
60 짐 콜린스·모튼 한센(김명철 역), 2012, 『위대한 기업의 선택』, 김영사.
61 마크 뷰케넌(김희봉 역), 2010, 『사회적 원자』, 사이언스북스: 88-89.
62 이무원, 2015, "K-매니지먼트 부활을 위한 경영의 조건-경영에 대한 새로운 인식 가지기", 『K-매니지먼트: 기로에 선 한국형 기업경영』, 클라우드나인: 195-234.
63 느린 학습이 탐험 전략에 유용한 이유에 대해 이무원 교수(2015)는 느린 학습을 통해 첫째, 조직이 내적 다양성을 확보함으로써 다양한 대안적 방향을 탐험해나갈 수 있다. 둘째, '뜨거운 난로 효과hot stove effect(뜨거운 난로 뚜껑 위에 앉아본 고양이는 결코 그 위에 앉으려 하지 않을 뿐 아니라 차가운 뚜껑 위에도 앉으려고 하지 않는다는 우화에서 차용한 개념)'를 줄임으로써 단기적인 결과에 일희일비하지 않고 더 나은 창의적 대안들을 지속적으로 탐색할 수 있다. 셋째, 조직이 구성원들로부터 학습할 수 있는 공간을 넓힐 수 있다는 점을 든다.
64 하버드 비즈니스 리뷰 편(현대경제연구원 역), 2004, 『창의와 혁신의 핵심전략』, 청림출판: 156.

7장 새로운 인사 시스템의 기초 모델

1 Jon R. Katzenbach, 2000, *Peak Performance: Aligning the Hearts and Minds of Your Employees*, Boston, MA: HBSP.
2 고몰입 인사 시스템에 관한 주요 내용은 이학종·양혁승, 2012, 『전략적 인적자원관리』, 오래: 13장의 내용을 차용하였다.
3 Richard E. Walton, 1985, From control to commitment in the workplace. *Harvard Business Review*, March-April, 77-85.
4 대체적으로 학계에서는 역량 강화 제도, 동기 강화 제도, 역량 발휘 촉진 제도 등이 몰입 지향 인사 시스템을 구성한다고 본다. 다만 조직성과 및 경쟁력 향상에 사회적 자본의 중요성을 감안할 때 사회적 자본을 강화하는 제도 또한 몰입 지향 인사 시스템에 포함되어야 한다고 판단하기에 이 책에서는 사회적 자본 강화 제도를 포함했다.

5 Jon, R. Katzenbach, 2000, Peak Performance: Aligning the Hearts and Minds of Your Employees, Boston, MA: HBSP.
6 린다 그래튼(조성숙 역), 2008, 『핫 스팟』, 21세기북스: 227.
7 마크 휴셀리드Mark Huselid 등은 동기 강화 목적으로 사용되는 개인 인센티브 제도를 몰입 지향 인사 시스템을 구성하는 제도에 포함시키지만, 제프리 페퍼 Jeffrey Pfeffer 등은 개인 인센티브 제도가 팀워크와 사회적 자본을 약화시킨다는 이유로 제외한다. 필자는 후자의 입장에 동의하기 때문에 개인 인센티브 제도를 제외하였다.
8 애덤 그랜트(홍지수 역), 2016, 『오리지널스』, 한국경제신문사: 308-315.
9 Sally Riggs Fuller and Ramon J. Aldag, 1998, Organizational tonypandy: Lessons from a quarter century of the groupthink phenomenon, *Organizational Behavior and Human Decision Processes*, 73: 163-184. 애덤 그랜트(홍지수 역, 2016)의 위 책 303쪽에서 재인용.
10 애덤 그랜트(홍지수 역), 2016, 『오리지널스』, 한국경제신문: 320쪽.
11 Sanchez, R. 1995. Strategic flexibility in product competition, *Strategic Management Journal*, 16: 135-159.
12 Wright, P. M., & Snell, S. A. 1998. Toward a unifying framework for exploring fit and flexibility in strategic human resource management, *Academy of Management Review*, 23: 756-772.
13 Sanchez, R. 1995. Strategic flexibility in product competition, *Strategic Management Journal*, 16: 135-159.
14 Wright, P. M., & Snell, S. A. 1998. Toward a unifying framework for exploring fit and flexibility in strategic human resource management, *Academy of Management Review*, 23: 756-772. Chang, S., Gong, Y., Way, S. A., & Jia, L., 2013, Flexibility-Oriented HRM Systems, Absorptive Capacity, and Market Responsiveness and Firm Innovativeness, *Journal of Management*, 39: 1924-1951.
15 박명성, 2019, 『드림 프로듀서』, 북하우스: 246.
16 Chang, S., Gong, Y., Way, S. A., & Jia, L., 2013, Flexibility-oriented HRM systems, absorptive capacity, and market responsiveness and firm

innovativeness, *Journal of Management*, 39(7): 1924-1951.
17 Bhattacharya, M. and Wright, P. M. 2005, Managing human assets in an uncertain world: Applying real option theory to HRM, *International Journal of Human Resource Management*, 16(6): 929-948.
18 Michael L. Tushman and Charles A. O'Reilly III(1996), 위 논문: 24.
19 조직의 능력에 대해 자원-프로세스-가치 틀을 제시한 클레이튼 크리스텐슨에 따르면, 자원은 사람, 장비, 기술, 제품 디자인, 브랜드, 정보, 현금, 공급업체, 유통업체, 고객과의 관계 등을 포함하며 조직의 경계선 사이를 비교적 쉽게 바꿀 수 있는 특성을 갖는다. 프로세스는 '자원을 더 나은 가치를 지닌 무언가로 변형시키는 방식을 규정'하며, 가치는 '우선순위에 대한 결정이 이뤄지는 판단 기준'을 일컫는다. 클레이튼 크리스텐슨(이진원 역), 2009, 『혁신기업의 딜레마』, 세종서적: 240-242.
20 클레이튼 크리스텐슨(이진원 역), 2009, 『혁신기업의 딜레마』, 세종서적: 259.
21 클레이튼 크리스텐슨(이진원 역), 2009, 『혁신기업의 딜레마』, 세종서적: 25쪽.

4부 혁신 지향 사람경영의 구현

1 피터 드러커(이재규 역), 2002, 『21세기 지식경영』, 한국경제신문사: 162.
2 생텍쥐페리(유혜순 역), 2002, 『바람과 모래와 별들』, 도서출판 세림: 70쪽에 나온 문장의 일부 문구를 수정하여 간접 인용하였다.

8장 혁신 지향 몰입형 인사 시스템

1 토마스 말론(함규진 역), 2005, 『노동의 미래』, 넥서스Biz: 208.
2 Erik P. M. Vermeulen, 2018, Hello Gig Economy! Get Ready for Our "Digital Relationships", *Medium*, Sep. 2.
3 Zhang, H. & Feinzig, S., "Implementing Agile Performance Management", IBM Smart Workforce Institute White Paper(https://www.ibm.com/downloads/cas/WOZBPR3J 2021.5.17. 접속).
Schrage, M., Kiron, D., Hancock, B., & Breschi, R., "Performance

Management's Digital Shift", *MIT Sloan Management Review*. Feb. 2019.
4   사피 바칼(이지연 역), 2020, 『룬샷』, 흐름출판: 7장.
5   피터 드러커(이재규 역), 2002, 『21세기 지식경영』, 한국경제신문사: 302.
6   신동엽·김은미·이중식, 2013, 『창조성의 원천』, 김영사: 14, 15.
7   임채성, 2020, 『관인지법』, 홍제.
8   여기 실은 일화는 유향(여설하 역), 2017, 『전국책』, 3쇄, 학술편수관: 350-351에서 가져왔다.
9   캐럴 드웩(김준수 역), 2017, 『마인드셋』, 스몰빅라이프.
10 마틴 노왁·로저 하이필드(허준석 역), 2012, 『초협력자』, 사이언스북스: 20-21.
11 Benjamin Schneider, 1987, The people make the place, *Personnel Psychology*, 40: 437-454.
12 박명성, 2019, 『드림 프로듀서』, 북하우스: 89.
13 사피 바칼(이지연 역), 2020, 『룬샷』, 흐름출판: 7장.
14 미하이 칙센트미하이(이희재 역), 1999, 『몰입의 즐거움』, 해냄: 47.
15 수만트라 고샬·크리스토퍼 바틀렛(장동현 역), 2000, 『개인화 기업』, 세종연구원: 331-332.
16 노벨 경제학상을 수상한 게리 베커Gary Becker는 인적자본이론human capital theory에서 인적 자본을 기업 특화 기술—특정 조직에서는 유용하게 쓰일 수 있지만, 다른 조직에서는 그만한 유용성을 갖지 못하는 기술—과 범용적 기술—어느 조직에서나 유용하게 쓰일 수 있는 기술—로 구분하고, 기업 특화 기술을 향상시키기 위한 투자의 수익은 해당 조직이 거두지만, 범용 기술을 향상시키기 위한 투자의 수익은 그 기술을 보유한 개인들에게 돌아가는 특성을 갖는다고 갈파하였다.
17 수만트라 고샬·크리스토퍼 바틀렛(장동현 역), 2000, 『개인화 기업』, 세종연구원: 335.
18 2000년대에 접어들어 글로벌 기업들 사이에 전통적인 평가제도를 폐기하는 움직임이 나타나기 시작하였다. 2015년 9월 8일자 《하버드 비즈니스 리뷰》에 글로벌 기업들 사이에서 전통적인 평가제도를 폐기하는 흐름이 가속화되고 있는 현실과 그 이유를 분석한 글이 실렸다(Rock, D. & Jones, B., 2015, Why more and more companies are ditching performance ratings", *Harvard Business*

Review, September, 8). 미국 기업생산성연구소의 분석에 따르면 IBM, 마이크로소프트, 딜로이트, 갭, 어도비, GE를 비롯하여 미국 경제 전문지《포춘》이 선정한 500대 기업들 가운데 10퍼센트 정도가 기존의 조직구성원 평가제도를 이미 없앴다(매일경제, 2015.8.19). 그중에서도 단연 눈에 띄는 사례는 GE이다. 왜냐하면 잭 웰치가 GE의 최고경영자로 취임하여 조직에 변화의 바람을 불어넣었던 1980년대에 직무수행평가를 통해 조직구성원들을 세 개의 등급으로 변별하고 그들을 차등적으로 대우하는 상대평가제도를 앞장서서 주창했던 기업이었기 때문이다.

19 피드백 중심의 성과관리 시스템 아래서 연례적인 개인 업무수행 평가 결과와 개인 급여 인상 혹은 개인 인센티브 사이의 연계성을 끊을 경우 그 대안으로 생각해볼 수 있는 보상방식으로 업무 현장에서 기여도가 높은 구성원에게 제공하는 현장 즉석 보너스, 의미 있는 혁신을 이루는 데 주도적 역할을 수행하거나 팀 성과 혹은 조직 성과의 향상에 두드러진 기여를 한 구성원들을 발굴하고 그들의 기여를 인정해주는 사후 포상 형식의 특별 보너스, 조직의 경영성과와 연계한 집단 성과급(예: 이익공유제) 등을 생각해볼 수 있다.

20 여기 소개한 OKR의 주요 내용은 구글의 re:Work 팀이 제공한 자료를 참고하여 작성하였다. https://rework.withgoogle.com/guides/set-goals-with-okrs/steps/introduction/(2021.5.18. 접속)

21 Zhang, H. & Feinzig, S., Implementing Agile Performance Management, *IBM Smart Workforce Institute White Paper*(https://www.ibm.com/downloads/cas/WOZBPR3J 2021.5.17. 접속).

22 Ashford, S. J., 1986. Feedback-seeking in individual adaptation: A resource perspective *Academy of Management Journal, 29*: 465-487.

23 Zhang, H. & Feinzig, S., "Implementing Agile Performance Management", *IBM Smart Workforce Institute White Paper*(https://www.ibm.com/downloads/cas/WOZBPR3J 2021.5.17. 접속).

24 자연어 처리NLP: natural language processing는 인간 언어로 서술된 내용들을 분석하는 머신러닝 기법으로 근래에는 이 분야에 딥러닝 알고리즘이 적용되면서 획기적으로 발전하고 있다. 2020년에 오픈AI 사가 개발하여 공개한 GPT-3 알고리즘은 자연어 처리 인공지능이 인간과 지적인 소통을 할 수 있는 수준에

25 Gary Hamel, "First, Let's Fire All the Managers", *Harvard Business Review*, Dec. 2011에 소개된 모닝스타Morning Star의 자율 기반 성과관리를 요약 정리한 것이다.

26 양혁승·장은미·송보화, 2005, 『포지티브-섬 패러다임에 부합한 한국형 인사시스템에 관한 연구』, 뉴패러다임센터.

27 사피 바칼(이지연 역), 2020, 『룬샷』, 흐름출판: 7장.

28 도모노 노리오(이명희 역), 2007, 『행동경제학』, 지형: 114에서 재인용.

29 Tversky, A. & Kahneman, D., 1991, Loss aversion in riskless choice: A reference-dependent model, *Quarterly Journal of Economics*, 106(4): 1039-1061.

30 댄 에리얼리(김원호 역), 2011, 『경제 심리학』, 청림출판: 111.

31 유정식, 『착각하는 CEO』, RHK: 303.

32 Victor Vroom, 1964, *Work and Motivation*, NY: John Wiley and Sons.

33 제도이론institutional theory에서는 이러한 현상을 편승효과bandwagon effect라 한다.

34 린다 그래튼(조성숙 역), 2008, 『핫스팟』, 21세기북스: 100-102, 95.

35 유정식, 2013, 『착각하는 CEO』, RHK: 300.

36 Rand, D.G., A. Dreber, T. Ellingsen, D. Fudenberg, and M.A. Nowak, 2009, Positive interactions promote public cooperation, *Science*, 325: 1272-1275.

37 조직이론의 대가인 칼 와익Karl Weick 교수가 1976년에 처음 소개한 개념으로서 조직을 구성하는 요인들 사이에 각각의 자율적 움직임이 허용되는 느슨한 결합 상태를 일컫는 개념이다. Karl E. Weick, 1976, Educational Organizations as Loosely Coupled Systems, *Administrative Science Quarterly*, 21(1): 1-19.

38 미래 소득에 대한 현재 가치present value란 미래 시점에 얻게 되는 소득에 할인율을 적용하여 현재 시점의 화폐 가치로 환산한 가치를 일컫는다.

9장 패러다임 전환을 위한 변화관리

1 Dave Ulrich, Four principles to make progress without being perfect,

Linkedin, 2021.11.30. 게시글(Four Principles to Make Progress without Being Perfect (linkedin.com) 2021.12.9 접속).

2   Herbert A. Simon, 1997, *Administrative Behavior: a Study of Decision-Making Processes in Administrative Organization* (4th ed.), New York: Macmillan.
3   피터 드러커(이재규 역), 2002, 『21세기 지식경영』, 한국경제신문사: 87~88.
4   에드 캣멀·에이미 월러스(윤태경 역), 2014, 『창의성을 지휘하라』, 와이즈베리: 15.
5   Darley, J. and Batson, D., 1973, From Jerusalem to Jericho: A study of situational and dispositional variables in helping behavior, *Journal of Personality and Social Psychology*, 27: 100-119. 말콤 글래드웰(김규태 역), 2020, 『티핑 포인트』, 김영사: 202-205에서 재인용.
6   Rita G. McGrath, How the growth outliers do it, Harvard Business Review, January-February 2012. Aghina, W., De Smet, A. and Weerda, K. Agility: It rhymes with stability, *McKinsey Quarterly*, Dec. 2015.
7   여기에 소개한 내용은 전자신문 창간 29주년 기념특집으로 구글 기업문화 최고책임자 스테이시 설리반과 인터뷰한 기사 — [창간특집] 글로벌 One IT현장을 가다-구글— 의 일부를 발췌하여 재구성하였다(출처: https://m.etnews.com/201109160109. 2021.10.26 접속).
8   에릭 슈미트·조너선 로젠버그·엘런 이글(이럼 역), 2020, 『빌 캠벨 실리콘밸리의 위대한 코치』, 김영사: 134.
9   수만트라 고샬·크리스토퍼 바틀렛(장동현 역), 2000, 『개인화 기업』, 세종연구원: 316.
10 위 책 21쪽.
11 피터 드러커(이재규 역), 2003, 『단절의 시대』, 한국경제신문사: 416.
12 Thomas C. Schelling, 1971, Dynamic model of segregation, *Journal of Mathematical Sociology*, 1(2): 143-186. 마크 뷰케넌(김희봉 역), 2010, 『사회적 원자』, 사이언스북스: 5-8에서 재인용.
13 단, 관용 임계치가 1/3 이하 수준으로 설정될 경우 초기와 비슷한 무작위 인종 분포가 유지되었으나, 그 이상 수준으로 설정될 경우 분리 현상이 나타났다.
14 마크 뷰케넌(김희봉 역), 2010, 『사회적 원자』, 사이언스 북스: 8쪽.

15 Erez Hatna and Itzhak Benenson, 2012, The Schelling Model of ethnic residential dynamics: Beyond the integrated-segregated dichotomy of patterns, *Journal of Artificial Societies and Social Simulation*, 15(1): Figure. 1.

에필로그 기존 사고의 경계를 넘어

1 최진석, 2001, 『도덕경』, 소나무: 21.
2 수만트라 고샬·크리스토퍼 바틀렛(장동현 역), 2000, 『개인화 기업』: 248에서 재인용.
3 이를 붉은 여왕 효과red queen effect라고 하는데, 루이스 캐럴Lewis Carrol의 동화 『이상한 나라의 앨리스』의 속편인 『거울 나라의 앨리스』에 나오는 이야기에서 유래하였다. 그 동화에는 거울 나라에서 앨리스가 붉은 여왕과 함께 나무 아래에서 계속 달리는 장면이 나오는데, 앨리스가 숨을 헐떡이며 붉은 여왕에게 묻는다. "계속 뛰는데, 왜 나무를 벗어나지 못하나요? 내가 살던 나라에서는 이렇게 달리면 벌써 멀리 갔을 텐데." 붉은 여왕은 답한다. "여기서는 힘껏 달려야 제자리야. 나무를 벗어나려면 지금보다 두 배는 더 빨리 달려야 해."

대전환 시대의 사람경영

초판 1쇄 발행 2022년 3월 11일
초판 2쇄 발행 2023년 3월 24일

지은이 양혁승
펴낸이 안현주

국내 기획 류재운 이지혜 **해외 기획** 김준수 **메디컬 기획** 김우성
편집 안선영 박다빈 **마케팅** 안현영
디자인 표지 최승협 본문 장덕종
외부 편집 진행 제이알컴(주)

펴낸 곳 클라우드나인 **출판등록** 2013년 12월 12일(제2013-101호)
주소 우) 03993 서울시 마포구 월드컵북로 4길 82(동교동) 신흥빌딩 3층
전화 02-332-8939 **팩스** 02-6008-8938
이메일 c9book@naver.com

값 19,000원
ISBN 979-11-91334-61-6 (03320)

* 잘못 만들어진 책은 구입하신 곳에서 교환해드립니다.
* 이 책의 전부 또는 일부 내용을 재사용하려면 사전에 저작권자와 클라우드나인의 동의를 받아야 합니다.
* 클라우드나인에서는 독자 여러분의 원고를 기다리고 있습니다.
  출간을 원하시는 분은 원고를 bookmuseum@naver.com으로 보내주세요.
* 클라우드나인은 구름 중 가장 높은 구름인 9번 구름을 뜻합니다. 새들이 깃털로 하늘을 나는 것처럼 인간은 깃펜으로 쓴 글자에 의해 천상에 오를 것입니다.